转型期中国城市蔓延

内涵、测度与机理

Urban Sprawl in Transitional China

Connotation, Measurement and Mechanism

张琳琳　著

中国社会科学出版社

图书在版编目（CIP）数据

转型期中国城市蔓延：内涵、测度与机理 / 张琳琳著. -- 北京：中国社会科学出版社，2024. 5. -- ISBN 978-7-5227-3965-6

Ⅰ. F299.2

中国国家版本馆 CIP 数据核字第 20246AK991 号

出 版 人	赵剑英	
责任编辑	车文娇	
责任校对	周晓东	
责任印制	郝美娜	
出　　版	中国社会科学出版社	
社　　址	北京鼓楼西大街甲 158 号	
邮　　编	100720	
网　　址	http://www.csspw.cn	
发 行 部	010-84083685	
门 市 部	010-84029450	
经　　销	新华书店及其他书店	
印　　刷	北京君升印刷有限公司	
装　　订	廊坊市广阳区广增装订厂	
版　　次	2024 年 5 月第 1 版	
印　　次	2024 年 5 月第 1 次印刷	
开　　本	710×1000　1/16	
印　　张	16.5	
字　　数	230 千字	
定　　价	98.00 元	

凡购买中国社会科学出版社图书，如有质量问题请与本社营销中心联系调换
电话：010-84083683
版权所有　侵权必究

出 版 说 明

为进一步加大对哲学社会科学领域青年人才扶持力度，促进优秀青年学者更快更好成长，国家社科基金 2019 年起设立博士论文出版项目，重点资助学术基础扎实、具有创新意识和发展潜力的青年学者。每年评选一次。2020 年经组织申报、专家评审、社会公示，评选出第二批博士论文项目。按照"统一标识、统一封面、统一版式、统一标准"的总体要求，现予出版，以飨读者。

全国哲学社会科学工作办公室
2021 年

前　言

　　由于中西方体制背景的差异，当人们用西方城市理论和方法来解释中国城市化现象时需要首先考虑其适用性。"城市蔓延"这一舶来词究竟是否适用中国语境一直以来争议不断。转型期中国城市化发展的主要模式是通过消耗大量空间资源来容纳不断增长的经济和人口的粗放型增长模式。参照被国内外学者广泛使用的蔓延评判标准，即土地城镇化速度显著快于人口城镇化速度，转型期中国的城市扩张已经被打上了蔓延的烙印。有学者认为，西方的城市蔓延是无计划的或者在相对松散的规划控制下发生的，而中国的城市扩张是在严格的用地规划控制下发生的，故不能称其为城市蔓延。然而，这还只是不同方向和学科背景的学者在看到城市蔓延这个主题时摆到台面上来争论的问题之一。争议的根源在于城市蔓延的复杂性和模糊性，以及国情差异对城市蔓延界定、判定标准和机理解释等方面带来的巨大挑战。某种程度上，学术争论对科学研究有重要的推动作用，但是，具有决定意义的仍是科学实验和观察所得的科学事实。争论的存在，更说明了开展更多城市蔓延实证研究的必要性。

　　本书第一章为绪论，介绍对城市蔓延的发展趋势与前沿的背景解读。第二章概述了城市规划、城市空间结构与演化、反城市蔓延等相关理论。第三章对城市蔓延进行文献计量分析，围绕城市蔓延内涵争论、测度方法和机理解释三方面的国内外研究进展进行系统的梳理、归纳和评价。第四章从低密度、形态分散、结构单一、通达性差、低效率等多个维度界定了城市蔓延内涵，辨析了城市蔓延对时间、空间尺度的敏感性，提出了多维多尺度城市蔓延测度体系。第五章为宏观和微观尺度上的城市蔓延多维测度实例，宏观尺度上以全国主要大城市为样本开展单期静态测度、以长江经济带典型城市为样本开展多期测度和动态比较分析；微观尺度上以杭州市区街道为单元分析城市内部街道的蔓延水平分布与动态变化、以杭州市区新增建设用地"1千米×1千米"栅格为单元识别居住用地蔓延和工业用地蔓延。第六章为城市蔓延机理定量解释部分，阐述中国的经济体制转型内涵，分析在分权化、市场化、全球化和城市化进程中城市政府、企业、开发商、居民等多元主体的价值取向和行为选择逻辑，构建基于政府和市场因素的转型期中国城市蔓延机理解释框架。第七章为城市蔓延机理计量解释部分，分别从宏观和微观尺度构建计量模型，分析和比较政府与市场因素在城市蔓延形成中的作用以及交互作用。在宏观尺度上，采用主成分分析和 Logistic 回归方法，分析地理区域、城市规模、社会经济发展水平和土地市场因子等解释变量对全国主要大城市蔓延的作用。在微观尺度上，以居住用地蔓延和工业用地蔓延的测度结果为因变量，采用地理探测器模型探测传统区位因子、人口、土地市场、规划政策等影响因子的作用和因子之间的交互关系。第八章从分析城市蔓延管控"政策失灵"的成因出发，提出新的城市蔓延管控思路。

  本书的撰写与出版得到了很多部门、单位和良师益友的帮助。本书成稿于笔者的博士学位论文，因此，首先要感谢导师浙江大学公共管理学院岳文泽教授的悉心指导和帮助。感谢全国哲学社会科学工作办公室的资助，感谢国家社会科学基金后期资助项目评审专家提出的专业意见，感谢中国社会科学出版社给予的出版机会和出版社工作人员为本书的编辑出版所付出的辛勤努力。感谢浙江工商大学对课题申请、课题管理提供的服务工作。感谢相关论文的合作者——美国密歇根州立大学范蓓蕾教授、重庆大学刘勇教授、美国犹他大学魏也华教授、浙江大学吴次芳教授、浙江工商大学乔光辉副教授、华东师范大学刘学博士、浙江大学博士生吴桐、宁波大学陈阳博士等在相关论文撰写过程中提供的建议和帮助。

  本书仅是阶段性的研究成果，中国的经济体制转型还在不断深化，新的城市空间治理问题也将不断出现，还需要进一步深入跟踪研究。限于知识、能力和水平，在本书付梓出版之际仍存有诸多不足和纰漏，望各位专家学者拨冗雅正。

张琳琳
2021 年 8 月于杭州

摘　　要

　　随着城市化持续快速发展，以消耗大量空间资源来容纳新增人口和产业的蔓延式增长成为转型期中国城市发展的主要模式。城市蔓延严重威胁城市可持续发展，加强对其的监测与防控是城市治理的主要任务之一。与此同时，基于国情差异的城市蔓延界定、多时空尺度下城市蔓延多维测度的案例研究、转型期中国城市蔓延机理解释的相关研究存在明显不足。鉴于此，本书围绕以下三个关键问题展开。第一，辨析城市蔓延本身的复杂性和模糊性，回答城市蔓延是什么和怎么判断的问题。基于国内外城市蔓延定义的共性特征，将蔓延界定为一种低密度、不连续、土地利用单一、通达性差且低效的城市空间扩张模式。进一步地，基于形态、密度、结构、通达性、效率等维度，并结合宏观和微观、静态和动态的时空尺度，构建一个多维多尺度的城市蔓延测度体系。第二，实证测度城市蔓延，回答转型期中国城市蔓延程度、分布规律与演变特征是怎样的问题。宏观尺度实证研究由全国91个主要大城市蔓延水平的静态测度（2014年）和长江经济带6个典型城市蔓延水平的动态测度（1990—2015年）两部分构成，结果表明，转型期中国城市蔓延无论是在空间分布还是在动态演变上都呈现显著的差异。微观尺度实证研究由杭州市区街道单元蔓延测度和"1千米×1千米"栅格单元蔓延测度两部分构成，结果表明，城市内部不同区域蔓延水平的空间分异明显，蔓延的主战场逐渐从近郊区转移到远郊区，且新城和新区在开发早期蔓延水平较高。第三，解释转型期中国城市蔓延的机理，回答政府与市场在城市蔓延中发挥什么作用的问题。从分权化、市场化、全球化、城市化四个方面分析转型期中国政府与市场多元主体（城市政府、开发商、企业、居民）的行为动机，并认为转型期以开发区、新城、大学城等不同载体主导的城市蔓延是政府与市场因素共同作用的结果。进一步地，从宏观和微观层面采用主成分分析、Logistic 模型、地理探测器模型等方法定量分析政府与市场因素对城市蔓延分布和水平差异的影响。宏观尺度模型结果表明，土地要素市场化程度越高、土地出让增长越快，城市蔓延概率越高，这验证了地方政府通过土地市场的运作对城市蔓延所起到的重要推动作用。微观尺度模型结果表明，区位、人口、土地市场、规划政策等因子都对居住用地蔓延和工业用地蔓延有显著影响，且因子之间交互作用形成了增强效应，而土地利用规划作为控制增长的政策工具作用相对有限。本书最后提出，通过深化改革来协调空间管理中各方利益的冲突，构建一个系统化的、多方主体参与的蔓延管控体系，是未来城市蔓延调控的主要方向。

关键词：城市蔓延；多维内涵；多尺度测度；市场化；地方政府

Abstract

The crude growth of the economy and population by consuming large amounts of spatial resources to accommodate them has been the main pattern of China's urbanization during the transition period. Urban sprawl is an "undesirable" land use pattern that can threaten the sustainable development of cities. Therefore, preventing and controlling urban sprawl has become an important task of urban management. However, there are still gaps in the research, especially on the definition of urban sprawl in different contexts, case studies on multidimensional and multiscale measurement of urban sprawl, and mechanisms of urban sprawl in transitional China. Corespondingly, the purpose of this book contains the following three aspects. Firstly, to identify the complexity and ambiguity of urban sprawl, answering the question of what is urban sprawl and how to judge urban sprawl. This book regards whether the performance of urban expansion meets the common characteristics of sprawl in literature as a criterion for judging sprawl, and defines urban sprawl as a pattern of urban expansion that is characterized as low-density, discontinuous, homogeneous, poor-accessibility, and inefficient. Furthermore, a multidimensional and multiscale measurement approach of urban sprawl is constructed based on the dimensions of morphology, density, structure, accessibility, and efficiency, combining macro and micro, static and dynamic scales. Secondly, case studies of measuring urban sprawl, answering the questions of how the degree, distribution, and evolution of urban sprawl vary across China. The macro-scale measurement case studies consist of a static measurement of sprawl in 91 major cities across China (2014) and a dynamic measurement of sprawl in 6 typical cities in the Yangtze River Economic Belt (1990–2015). The results show that urban sprawl in China during the transition period differs significantly in both spatial distribution and dynamic evolution. The micro-scale case studies consist of a street unit measurement and a 1km×1km grid unit measurement of sprawl in Hangzhou city. The results show that the intra-city spatial disparity of sprawl levels is obvious, with the main battlefield of sprawl gradually shifting from the inner suburbs to the outer suburb, and that new towns and development zones have higher sprawl levels in their earlier phases. Thirdly, to interpret the mechanism of urban sprawl in transitional China, answering the question of what role the government and the market play in urban sprawl. The motivations of multiple subjects during the transition period are analyzed, namely city governments, developers, companies, and residents, from aspects of decentralization, marketization, globalization, and urbanization. It is proposed that the urban sprawl led by development zones, new towns, and universities is the result of the combined effects of government and market factors during the transition period. Moreover, the effects of government and market factors on the disparity of urban sprawl are quantitatively analyzed at macro and micro levels using principal component analysis, logistic model, and GeoDetector model. The results of the macro-scale model indicate that the higher the degree of land marketization and the faster the growth of land concessions, the higher the probability of urban sprawl, which verifies the important role of local governments in promoting urban sprawl through the operation of the land market. The results of the micro-scale model show that factors such as location, population, land market, and planning policy have significant effects on residential land sprawl and industrial land sprawl, and the interactions among the factors form enhancement effects. Whereas, the role of land use planning as a policy tool to control growth is relatively confined. The book proposes to coordinate the conflicting interests of various stakeholders in spatial management by deepening reforms and to construct a systematic and multi-participant sprawl control system.

Keywords: Urban Sprawl; Multidimensional Connotation; Multiscale Measurement; Marketization; Local Government

目　录

第一章　绪论 …………………………………………………………（1）
　　第一节　城市蔓延的发展趋势 ………………………………………（1）
　　第二节　城市蔓延研究的前沿与挑战 ………………………………（4）
　　第三节　拟解决的问题与研究设计 …………………………………（9）
　　本章小结 ………………………………………………………………（16）

第二章　相关理论 ……………………………………………………（17）
　　第一节　城市规划相关理论…………………………………………（17）
　　第二节　城市空间结构与演化理论…………………………………（19）
　　第三节　反城市蔓延思潮与相关理论………………………………（23）
　　本章小结 ………………………………………………………………（26）

第三章　国内外城市蔓延研究进展 …………………………………（27）
　　第一节　文献计量分析………………………………………………（27）
　　第二节　关于城市蔓延内涵的争论…………………………………（42）
　　第三节　城市蔓延测度方法与案例研究进展………………………（49）
　　第四节　城市蔓延形成机理研究进展………………………………（62）
　　本章小结 ………………………………………………………………（67）

第四章　城市蔓延内涵与测度体系 …………………………………（69）
　　第一节　城市蔓延概念、特征与标准辨析…………………………（69）

第二节　多维多尺度内涵与测度体系 …………………………（76）
　　本章小结 ………………………………………………………………（86）

第五章　多维多尺度的城市蔓延测度实例 …………………………（88）
　　第一节　全国主要大城市的蔓延静态测度 …………………………（89）
　　第二节　长江经济带典型城市的蔓延动态测度 …………………（102）
　　第三节　街道单元的蔓延动态测度 …………………………………（109）
　　第四节　栅格单元的蔓延动态测度 …………………………………（122）
　　本章小结 ………………………………………………………………（129）

第六章　经济体制转型下的蔓延机理解释框架 ……………………（131）
　　第一节　中国的经济体制转型 ………………………………………（131）
　　第二节　城市蔓延机理解释框架 ……………………………………（137）
　　本章小结 ………………………………………………………………（153）

第七章　宏观和微观尺度城市蔓延机理定量分析 …………………（154）
　　第一节　宏观尺度城市蔓延影响因素分析 …………………………（154）
　　第二节　微观尺度城市蔓延影响因素分析 …………………………（161）
　　本章小结 ………………………………………………………………（176）

第八章　转型期中国城市蔓延管控 ……………………………………（178）
　　第一节　西方城市蔓延调控的经验启示 ……………………………（178）
　　第二节　转型期中国城市蔓延管控的政策成效 ……………………（183）
　　第三节　城市蔓延治理思路与多导向的管控策略 …………………（193）
　　本章小结 ………………………………………………………………（195）

参考文献 ……………………………………………………………………（197）

索　引 ………………………………………………………………………（239）

Contents

Chapter 1 Introduction ……………………………………… (1)
  1.1 Trends of Urban Sprawl ……………………………… (1)
  1.2 Frontiers and Challenges of Urban Sprawl Research ……… (4)
  1.3 Purpose and Design ……………………………………… (9)
  Summary of this Chapter ………………………………… (16)

Chapter 2 Related Theories ………………………………… (17)
  2.1 Urban Planning Theories ……………………………… (17)
  2.2 Urban Spatial Structure and Evolution Theory ………… (19)
  2.3 Anti-urban Sprawl Theories …………………………… (23)
  Summary of this Chapter ………………………………… (26)

Chapter 3 Progress of Urban Sprawl Research ……………… (27)
  3.1 Bibliometric Analysis …………………………………… (27)
  3.2 Debate on the Connotation of Urban Sprawl …………… (42)
  3.3 Progress of Urban Sprawl Measurement Methods and
      Case Studies ……………………………………………… (49)
  3.4 Progress of Urban Sprawl Mechanisms ………………… (62)
  Summary of this Chapter ………………………………… (67)

Chapter 4　Urban Sprawl Connotation and Measurement System ……………………………………………………（69）
4.1　Identifying the Concept, Characteristics, and Criteria of Urban Sprawl ……………………………………………（69）
4.2　Multidimensional and Multiscale Connotation and Measurement System ……………………………………（76）
Summary of this Chapter ………………………………………（86）

Chapter 5　Case Studies of Multidimensional and Multiscale Urban Sprawl Measurement ………………………（88）
5.1　Static Measurements of Sprawl for Major Large Cities in China ……………………………………………（89）
5.2　Dynamic Measurement of Urban Sprawl for Typical Cities in the Yangtze River Economic Belt …………（102）
5.3　Dynamic Measurement of Sprawl on Street Units ………（109）
5.4　Dynamic Measurement of Sprawl on Grid Cells …………（122）
Summary of this Chapter ……………………………………（129）

Chapter 6　Explanatory Framework of Sprawl Mechanisms under the Economic System Transition …………（131）
6.1　China's Economic System Transition ………………………（131）
6.2　Interpretation Framework of Urban Sprawl Mechanisms ……（137）
Summary of this Chapter ……………………………………（153）

Chapter 7　Quantitative Analysis of Urban Sprawl Mechanisms at Macro and Micro Scales ………………………（154）
7.1　Macro-scale Analysis of Factors Affecting Urban Sprawl ……………………………………………………（154）

7. 2　Micro-scale Analysis of Factors Affecting Urban
　　　Sprawl ………………………………………………… (161)
Summary of this Chapter ………………………………… (176)

**Chapter 8　Urban Sprawl Control in China during the
　　　　　　Transition Period** …………………………… (178)
8. 1　Insights from Urban Sprawl Control Practices in the
　　　Western Countries ………………………………… (178)
8. 2　The Effectiveness of Urban Sprawl Control Policies
　　　in China during the Transition Period ……………… (183)
8. 3　Treatment Ideas of Urban Sprawl and Multi-Oriented
　　　Control Strategies ………………………………… (193)
Summary of this Chapter ………………………………… (195)

References ……………………………………………… (197)

Index …………………………………………………… (239)

第一章

绪 论

城市蔓延（Urban Sprawl）通常被当作一种分散、低密度、低效和无序的城市空间增长模式（Ewing，1994；Galster et al.，2001；Frenkel and Ashkenazi，2008）。城市蔓延已不再只是北美、西欧和日本等发达地区和国家的专属标签，而是一个世界性的现象和趋势。其负面效应会加剧快速城镇化带来的空间资源约束，如何预防和管控城市蔓延及其带来的城市病是建设可持续发展城市需要解决的难题。

第一节 城市蔓延的发展趋势

一 城市蔓延加剧成为全球性的问题

城市蔓延是第二次世界大战后（甚至更早）出现在美国许多大城市的一个普遍现象（Jacobs，1961；Clawson，1962；Malpezzi，1999），并且在长达半个多世纪的时期内被视作美国郊区化的鲜明标签（Hamidi and Ewing，2014；Herzog，2014）。大多数人居住在郊区低密度住宅区且依赖小汽车通勤是美国城市蔓延的显著特征（Wilson and Chakraborty，2013）。之后，城市蔓延逐渐影响到北美其他国家、西欧、日本等许多发达国家（Batty et al.，1999；EEA，2006；Pernice，2007；Sun et al.，2007；Filion et al.，2010）。美国学者和规划学家在对抗城市蔓延过程中形成了精明增长、新城市主义、紧凑城市等理论（Dantzig and Saaty，1973；Fulton，1996；Jenks et al.，1996；Frece，2008）。城市蔓延概念和上述反对城市蔓延的理念与方法一起传播到世界各地。

随着全球城市化步伐快速推进，城市蔓延逐渐成为一个全球性的问题（张庭伟，1999；Sheehan，2001；Herzog，2014；Gielen et al.，2017）。从德国（Nuissl and Rink，2005；Jetzkowitz et al.，2007；Schmidt，2011；Ghazaryan et al.，2021）、意大利（Martellozzo and Clarke，2011；Salvati and Carlucci，2016；Moroni and Minola，2019）、拉丁美洲（Herzog，2014；Espindola et al.，2017；Coq-Huelva and Asián-Chaves，2019）、非洲（Shalaby and Moghanm，2015；Magidi and Ahmed，2019；Marais et al.，2020；Salem et al.，2020）、印度（Sokhi et al.，1989；Jothimani，1997；Dey et al.，2020；Chettry and Surawar，2021）到中国（Wei and Min，2009；王家庭、张俊韬，2010；Gao et al.，2016），都能看见蔓延加剧的明显趋势。

二 趋紧的空间资源约束提高城市蔓延的成本

中国城市化的规模和速度是世界上前所未有的，并且长期内还将保持高速增长的态势。1978年，中国的城镇化率仅17.92%，远远落后于同期的发达国家。2020年，城镇化率已增至63.89%，与世界上城镇化水平最高的地区（北美82%、欧洲74%）的差距不断缩小。据《世界城市化展望报告》（2018年修订版）：2018—2050年，全球新增加的城市人口中有近90%将发生在亚洲和非洲，其中，中国城市人口预计将增加2.55亿。如何满足日益激增的城市人口的空间和资源需求，成为中国城市可持续发展的一个关键挑战。

中国持续快速的城镇化进程的一个重要特征是城镇土地扩张速度显著快于人口增长速度（李强，2013）。这种通过消耗大量空间资源来容纳不断增长的经济和人口的粗放型增长是转型期中国城镇化发展的主要模式。根据《中国城市统计年鉴》，2008—2018年中国的城市人口数量累计增长 30.36%，而同期城市建成区面积增长 54.91%，土地扩张速度远快于人口增长速度（岳文泽等，2020）。参照被学者广泛使用的蔓延评判标准——土地扩张速度快于人口增长速度（Lopez and Hynes，2003；傅建春等，2015；Gao et al.，2016；Yue et al.，2016；张潇等，2021），转型期中国的快速城镇化显然已经打上了城市蔓延的深深烙印。城市建设用地大规模、低密度地向外扩张（曾晨，2016；孙斌栋、魏旭红，2016），使得空间和资源约束日益趋紧。

城市蔓延作为一种"不理想"的土地使用模式（Marzluff et al.，2008），可能带来巨大的社会、经济和生态成本（Ewing et al.，2002；Lopez and Hynes，2003；王家庭等，2014；EEA，2016）。城市蔓延与能源消耗（Navamuel et al.，2018）、空气污染（Stone，2008；Bart，2010）、极端高温天气（Stone et al.，2010）、城市热岛（Singh and Kalota，2019）、肥胖和慢性病发生率（Frumkin，2002；Ewing et al.，2014）、交通拥堵（Batty et al.，2003；Zhao，2010）、社会分隔（Monkkonen et al.，2018）等有较强的正相关关系，且与生态系统服务功能和价值（Burchell et al.，1998；Brueckner，2000；Dupras and Alam，2015）、城市开放空间数量（Harvey and Clark，1965；Ewing et al.，2002）以及社会流动性（Ewing et al.，2016b）等存在负相关关系。粗放型增长下，日益趋紧的城市空间和资源约束会提高城市蔓延可能带来的社会、经济、生态成本，蔓延的负面效应又会加剧这种空间资源约束，二者形成恶性循环。由于中国的空间资源高度紧缺、人口基数大、社会经济发展水平相对落后、社会治理转型滞后，以及不成熟的政策工具，城市蔓延可能对中国的社会、经济和生态可持续性构成更大的威胁（Marcotullio，2001；Cohen，2006；曾晨，2016）。

三 新时代中国城市蔓延监测与防控的需求升级

人类社会已经跨入生态文明新时代（姜春云，2008），中国也正处在城镇化深入发展的关键时期，原先的粗放型增长模式已不符合新时代的要求，必须抑制城市单一、无序的外延式扩张，预防和治理城市蔓延（王家庭等，2019）。控制城市无序蔓延成为当前中国城市管理的重要目标。2014 年发布的《国家新型城镇化规划（2014—2020 年）》提出了"城市规划要由扩张性规划逐步转向限定城市边界、优化空间结构的规划""严格规范新城新区建设条件，防止城市边界无序蔓延……加强现有开发区城市功能改造，推动单一生产功能向城市综合功能转型，为促进人口集聚、发展服务经济拓展空间""加快绿色城市建设……节约集约利用土地、水和能源等资源"等要求。同年，按照中央政府推进新型城镇化的工作部署，住房和城乡建设部与国土资源部在全国选取了北京、沈阳、上海等 14 个城市开展城市开发边界划定试点工作。2015 年中央城市工作会议再次明确了"科学划定城市开发边界，推动城市发展以外延扩张式向内涵提升式转变"的要求。2017 年发布的《省级空间规划试点方案》指出，要科学划定城镇、农业、生态空间与生态保护红线、永久基本农田红线和城镇开发边界。2019 年中共中央办公厅、国务院办公厅联合发布的《关于在国土空间规划中统筹划定落实三条控制线的指导意见》对三条控制线的总体划定和实施提出了总体要求，其中针对城镇开发边界划定的总体要求是"按照集约、适度、绿色发展的要求划定城镇开发边界"。可见，在坚持新型城镇化和可持续发展的新时代，国家对于优化城市空间结构、遏制城市无序蔓延的要求不断升级。

第二节　城市蔓延研究的前沿与挑战

一　国情差异影响对城市蔓延的界定与判断

城市蔓延缺少一个统一的定义和衡量标准。由于其内涵的模糊性和外延的广泛性，大部分人提起城市蔓延时可能仅有一个笼统的认知。不仅如此，城市蔓延的特征和形成机理对区域背景差异的敏感性较高。不同国家和地区的地域差异明显，其城市蔓延特征也不完全相似（Hamidi and Ewing, 2014; EEA, 2016）。早期美国学者和规划学家基于本国的蔓延案例表现出来的特征来界定城市蔓延，并被传播到全世界。然而，西方学者给出的蔓延定义中有些特征并不适用于所有国情（Jaeger et al., 2010; Wilson and Chakraborty, 2013）。比如，中心区衰退是美国城市蔓延的典型特征（Ewing et al., 2002; Lopez and Hynes, 2003），但在许多其他国家和地区的城市蔓延研究中这一现象并未得到广泛印证（冯科，2010；曾晨，2016）。再比如，"低密度"被认为是城市蔓延的核心特征之一（张琳琳等，2014），但不同国家和地区的水平也有很大差异（冯科，2010；曾晨，2016）。国情差异带来的城市蔓延特征差异对城市蔓延界定的普遍性提出了巨大的挑战。如何基于城市蔓延在不同国家的共性特征和差异化特征，科学界定城市蔓延，使其定义满足清晰、易识别和普遍性的要求，仍需要进一步研究。

二 城市蔓延多维测度方法还需更多案例验证

由于缺少统一、明确的界定，城市蔓延测度也具有一定难度。尽管中国城市蔓延的定量评价积累了大量的案例研究经验，但总体上多案例比较研究仍局限于单维测度方法（王家庭、张俊韬，2010；Gao et al., 2016），多维测度方法主要运用在单个案例研究中（Yue et al., 2013; Zhang et al., 2021）。目前，中国缺乏基于多指标测度方法的城市蔓延多案例比较研究。因此，对城市蔓延开展多案例比较、多维度测度对于推进中国城市蔓延的研究进程具有重要意义。

城市蔓延测度的结果之间的可比性尚未得到很好的证实。通过下面两组对照研究，可以充分说明目前城市蔓延测度研究在可比性和连续性上还有很大的提升空间。两组研究都比较了中国不同规模、不同地区、不同经济发展水平的城市在宏观尺度上的蔓延程度分布规律，但是因为测度时期、案例样本、测度方法、数据来源的差异，测度结果的可比性并不高。

对照组一：①王家庭、张俊韬（2010）采用单维测度方法，以建成区面积增长率与市辖区人口增长率的比率作为蔓延指数，使用统计数据测度了中国35个大、中城市在1999—2008年的蔓延水平，发现大、中城市的蔓延程度呈"东部地区>中部地区>西部地区"的规律。②Gao等（2016）采用同样的测度指标，基于夜灯影像数据提取城市建成区范围，计算了中国657个大、中、小城市在1990—2010年的蔓延水平，结果发现大城市和特大城市的蔓延程度相对较低，中、小城市的蔓延程度相对较高，其中，以西部的中、小城市的蔓延程度最为严重。两项研究测度方法相同，测度的时间阶段有部分重叠，但选取的城市样本和数据来源有较大差异，测度结果并不可比。

对照组二：①张潇等（2021）使用建成区面积增长率与市辖区人口增长率的比率作为蔓延指数，计算了中国278个城市在2002—2017年的蔓延状况，结果发现全国城市蔓延程度总体呈"中西部地区>东部地区，中、小城市>大城市"的态势。②王家庭等（2019）采用结合了人口、经济、土地利用、基础设施等指标的多维测度方法，对中国69个大、中城市在2000—2014年的蔓延水平进行了测度，结果发现城市蔓延水平排序为"东部>中部>西部城市"，极度蔓延类型对应发生的城市均为规模大、发展快的特大和超大型城市，中高度蔓延类型对应发生的城市为经济相对发达、综合发展水平较高的大中城市，中低度蔓延类型主要发生在综合发展水平相对滞后、发展速度相对较慢的一些城市。这两项研究，一个采用单维测度法，另一个采用多维测度法，在时间阶段有较大重叠的情形下，选取的城市样本不同，结果差异较大。

此外，尽管多维测度的结果更加深入、详细（Yue et al., 2016），但是，因为选取的维度和指标差异巨大，其结果也可能大相径庭。多维测度由于维度选取标准不一、数据不易获取、计算复杂等问题，其可复制性会大大降低。既有的多维测度研究大多是以单个的、经济发展水平高的大城市为研究对象（Yu and Ng, 2007；Zhao, 2010；Lv et al., 2011；Yue et al., 2013；Feng et al., 2015；曾晨，2016；Tian et al., 2017；Liu et al., 2018），缺少充足的、差异化的样本案例研究来验证多维测度方法的可复制性和研究结果的可比性。多维测度方法对于分析转型期中国城市蔓延的适用性还需要通过开展更多的大样本研究来验证。

三　多时空尺度城市蔓延比较研究存在较大空缺

城市蔓延不仅可以表示一种空间状态，也可以表示一个变化过程（Couch et al., 2007；Bhatta, 2010），具有时间和空间双重属性。因此，有必要捕捉和比较不同时间或不同区域的相对蔓延强度（Wilson et al., 2003）。在时间尺度上，不论是单一时间段下的城市蔓延状态（Galster et al., 2001；Lopez and Hynes, 2003；Hamidi et al., 2015；岳文泽等，2020），还是连续多个时间段下的城市蔓延动态变化趋势（Frenkel and Ashkenazi, 2008；EEA, 2016；Tian et al., 2017；王家庭等，2019；张潇等，2021），都积累了丰富的案例研究。在空间尺度上，以城市整体单元为研究对象的宏观尺度研究占主导，对单个或多个城市（Hamidi et al., 2015；王家庭等，2019）、都市区（Galster et al., 2001；Hamidi et al., 2015）、国家（OECD, 2018）的蔓延水平进行比较；而以城市内部单元为研究对象的微观尺度研究相对较少，一般是对城市内部的街道和镇（Yue et al., 2013）、街区（Song and Knaap, 2004）、栅格（Zhang et al., 2021）的蔓延分布进行分析。

尽管城市蔓延测度的时间和空间尺度的多样性不断提升，但这些尝试大多分散在不同的研究中。目前，国内外研究大多是在单一尺度下开展的，仅个别研究从多个时空尺度对城市蔓延进行多维测度（EEA, 2016；曾晨，2016）。所以，基于多样化的时空尺度的蔓延测度与实例比较研究还存在较大空缺。

四 转型期中国城市蔓延机理解释研究滞后

改革开放40多年来，中国的社会经济体制经历了一系列重大变革，从计划经济体制环境向市场经济和社会治理环境转变（Naughton，2007；Wei，2012；洪世键、张京祥，2012）。值得注意的是，尽管计划配置方式逐渐被市场配置方式取代，但是中国的市场机制还不完善，政府对市场活动的干预依然十分强大（Wang，2014；Liu et al.，2016a）。一方面，地方政府严重依赖土地财政（Liu et al.，2018），通过征地从农村获得大规模的土地来保障城市建设的用地需求，并通过土地一级市场的招、拍、挂方式以高价出让商住用地来获得巨额财政收入（Zhang et al.，2018；Zhang et al.，2021）。另一方面，地方政府还通过城市空间格局调整和规划政策，配合积极的土地供应计划和基础设施建设，引导开发区、新城和大学城等城市空间的发展（熊国平，2006；丁成日，2008b）。因此，中国的城市开发具有明显的自上而下、政府主导的特点（Tian et al.，2017），土地资源成为政府经营城市的政策工具之一（陶然、汪晖，2010），土地财政以及规划政策的失灵在中国城市蔓延的形成过程中起着至关重要的作用（Yue et al.，2013；Liu et al.，2018）。政府的制度和政策对转型期中国城市空间布局演变可能起着主导作用（He et al.，2008；Li et al.，2017）。西方的蔓延机理解释是针对一个自由市场占主导、政府有限干预的经济体制而提出的，因此，不能系统全面地解释转型期中国城市蔓延的形成机理。然而，当前对转型期中国城市蔓延形成机理的探索还处于起步阶段。国内城市蔓延机理研究较为分散，而且大部分以经验描述为主，缺少系统性的机理解释研究，定性与定量解释研究都比较滞后，是中国城市蔓延理论推进中需要突破的"瓶颈"之一。

第三节 拟解决的问题与研究设计

一 拟解决的关键问题

（一）什么是城市蔓延，怎么判断城市蔓延

学术界对于中国城市的快速扩张是否属于蔓延范畴这一问题争论已久。在规划视角下，城市蔓延经常被当作一种无序、无计划、不均衡的增长模式（Bhatta，2010；Fuladlu et al.，2021），一般发生在相对松散的规划控制下（Gielen et al.，2017）。但也有学者指出，城市蔓延的"无计划"特征并不具有普遍性，有很多地区的城市蔓延就是规划所致的（EEA，2016）。仍处于转型期的中国，其城镇化发展不可避免地带有曾经计划管理模式的行政强制性色彩。因此，中国的城市扩张是在严格的规划控制下发生的，那么，这种城市扩张是城市蔓延吗？本质上，这是在讨论城市蔓延的内涵以及它的判断标准是什么。作为评判蔓延的前提，本书将辩证地借鉴西方城市蔓延概念，在充分考虑国情差异的前提下，科学界定城市蔓延的内涵，进而构建一个城市蔓延的判断标准，然后用这个标准去衡量中国各个城市的扩张是否属于城市蔓延的范畴。这有助于厘清中国城市蔓延的特殊性与复杂性，对城市蔓延的内涵界定具有一定的学术增量价值。

（二）中国城市蔓延程度及其动态演变和空间分异特征是怎样的

开展城市蔓延测度研究，揭示城市蔓延水平和空间分异特征，是调控城市蔓延的前提与基础。开展城市蔓延测度研究还面临两大难题：一个是城市蔓延是一个程度问题，其标准是相对的，理论上很难给出绝对的判断标准；另一个是城市蔓延是一个多维的复杂过程，且对时间和空间尺度有高度敏感性。要解决这两个难题，就需要构建一个多维多尺度的测度体系，并采用多案例比较的范式来避免标准绝对化的难题。从不同的时空尺度来测度城市蔓延能够更加全面地诊断城市蔓延严重程度。然而，当前基于多时空尺度的城市蔓延多维测度比较研究还存在较大空缺。为了填补这一空缺，并为城市蔓延监测提供一个可行的方法，本书拟提出一个多维多尺度的城市蔓延测度体系。

进一步地，按照不同时空尺度组合开展城市蔓延测度实例研究。通过宏观尺度和微观尺度城市蔓延多维测度，分别比较不同城市、城市内部不同地区的蔓延水平差异、动态变化与分布规律。这将补充和丰富多维多尺度蔓延测度的研究案例，并且提供更多的差异化的样本案例来验证多维测度方法的可复制性和可比性。通过横向比较揭示若干城市之间或者城市内部不同地区之间的蔓延程度差异，为蔓延管控和差异化治理实践提供决策依据。通过纵向比较刻画城市蔓延动态变化态势，实现对其的预警和动态监测。对城市整体单元的宏观尺度研究可以服务于区域宏观管理，对城市内部网格的微观尺度研究将有助于对城镇化和城市增长的精细化管理。

（三）经济体制转型下城市蔓延的主要驱动因子有哪些

国内学者对城市蔓延机理的经验性解释有一个共同主张就是，转型期中国城市蔓延的根本原因是"政策失灵"，这不同于西方发达国家以"市场失灵"为主导的城市蔓延。但这些分散的、经验性的解释尚缺少更加系统的定性解释框架和定量解释研究来支撑和佐证。尤其是，将经济体制转型内涵系统化来解读城市蔓延内在机理的理论研究十分缺少。经济体制转型影响滋生城市蔓延的制度环境，不仅使参与主体越来越多元，而且改变了这些主体的价值取向与行为选择。因此，本书对转型期中国城市蔓延的机理解释着重研究政府与市场多元主体在其中所起的作用及其交互关系。基于经济体制转型内涵构建城市蔓延机理的理论解释框架，分析经济体制转型下地方政府、市场不同主体的价值取向与行为选择，定性地阐明政府和市场因素的相互关系及其在城市蔓延形成中起到的作用。进一步，通过构建计量模型定量地分析和比较宏观与微观尺度城市蔓延的驱动因素及其交互作用，从而验证城市蔓延机理理论框架的解释力。

二 主要研究内容

(一) 构建城市蔓延多维多尺度内涵与测度体系

运用文献研究法，总结主要国家城市蔓延的共性特征与差异化特征。基于共性特征提出形态、密度、结构、通达性、效率多个维度内涵。城市蔓延作为状态时反映的是静态的时间属性，而作为过程时反映的是动态的时间属性。城市蔓延的空间属性体现为其对不同空间尺度的敏感性。通过整合多维内涵与时空属性，构建一个多维多尺度的城市蔓延测度体系。按照宏观与微观、静态与动态多重时空尺度组合，设计城市蔓延多维测度指标体系（见图1-1）。

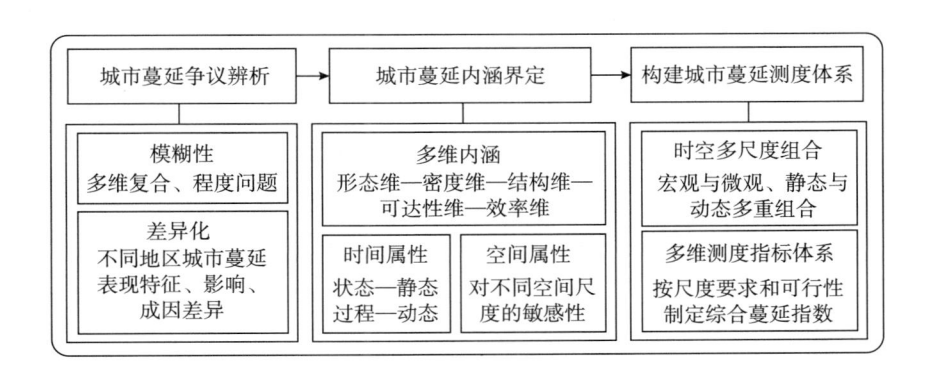

图 1-1 关键问题一的相关研究内容

(二) 城市蔓延多维多尺度测度案例研究与比较分析

在不同时空尺度上开展城市蔓延多维测度的实例研究（见图1-2），考察中国城市蔓延的现状表现和发展变化。宏观尺度蔓延多维测度按照时间尺度划分为两部分：第一部分以全国主要大城市为样本开展静态测度，分析和比较中国不同地区、经济发展水平和规模等级的城市2014年城市蔓延状态、蔓延水平差异与分布规律；第二部分以长江经济带典型城市为样本开展静态和动态测度，分析和比较这些不同自然地理环境、发展水平、规划战略下的城市 1990—2015 年蔓延水平差异与动态变化。微观尺度蔓延多维测度则按照测度对象和测度单元划分为两部分：第一部分以杭州市区街道为测度单元对 2000 年和 2010 年城市建设用地的蔓延程度开展静态和动态测度，比较分析城市内部不同街道的蔓延分布、水平差异和变化趋势；第二部分以杭州市区"1 千米×1 千米"栅格为测度单元对 2000—2010 年新增建设用地（以居住用地和工业用地为例）的蔓延情形开展动态测度，比较分析城市居住用地蔓延和城市工业用地蔓延的空间分布与动态变化趋势。

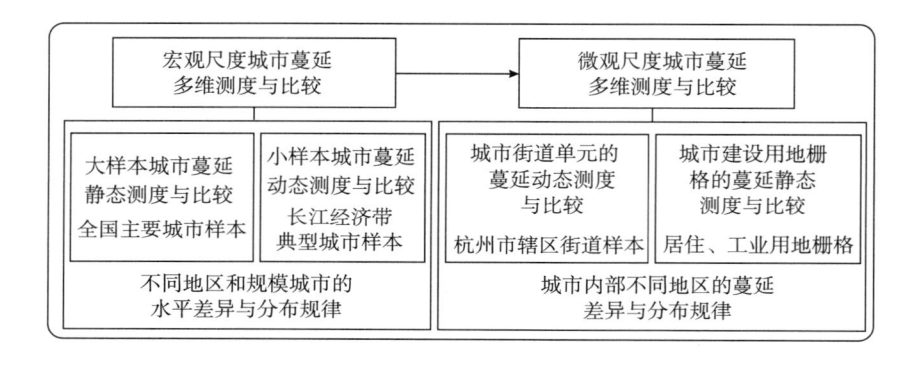

图 1-2　关键问题二的相关研究内容

（三）经济体制转型下城市蔓延机理的定性解释和定量解释

从分权化、市场化、全球化、城市化四个方面阐述中国的经济体制转型，定性分析经济体制转型下地方政府与开发商、企业、居民等市场主体的相互关系，构建一个转型期中国城市蔓延机理的解释框架（见图 1-3）。制度变迁使中国城市空间开发的参与主体更加多元化，城市空间开发过程中出现了以新城和新区为主要空间载体的城市蔓延现象。本书分析中国经济体制转型下城市开发中政府和市场多元主体的目标追求、行为选择和行为效应，针对开发区、新城、大学城等不同载体类型主导的城市蔓延，分别解释政府和市场主体在其中所起的作用。

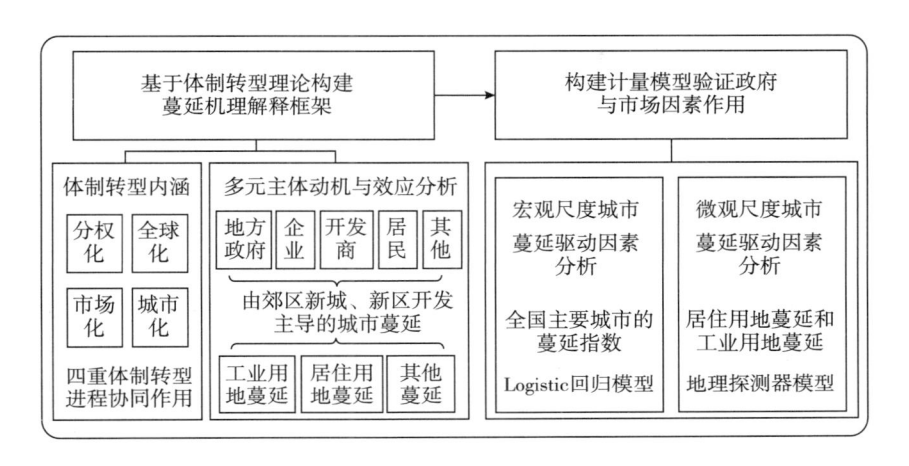

图 1-3 关键问题三的相关研究内容

进一步地，构建计量模型定量地分析政府与市场因素对城市蔓延分布和水平差异的影响，以实证研究验证本书构建的机理解释框架的合理性与解释力。在宏观尺度城市蔓延驱动因素分析部分，采用主成分分析和 Logistic 回归方法，以全国主要大城市的蔓延测度结果为因变量，构建回归模型。在微观尺度城市蔓延驱动因素分析部分，以居住用地蔓延和工业用地蔓延的测度结果为因变量，采用地理探测器模型探测影响因子和因子之间的交互作用。解释变量以反映政府与市场因素的变量为主，比如选取规划政策变量来反映政府作用，选取土地价格变量来反映市场作用。

三 研究思路与方法设计

研究设计图如图 1-4 所示，按照"提出问题—分析问题—应对问题"的思路开展，主要采用的研究方法包括文献研究法、比较研究法、空间分析法、定性分析法和计量模型法。

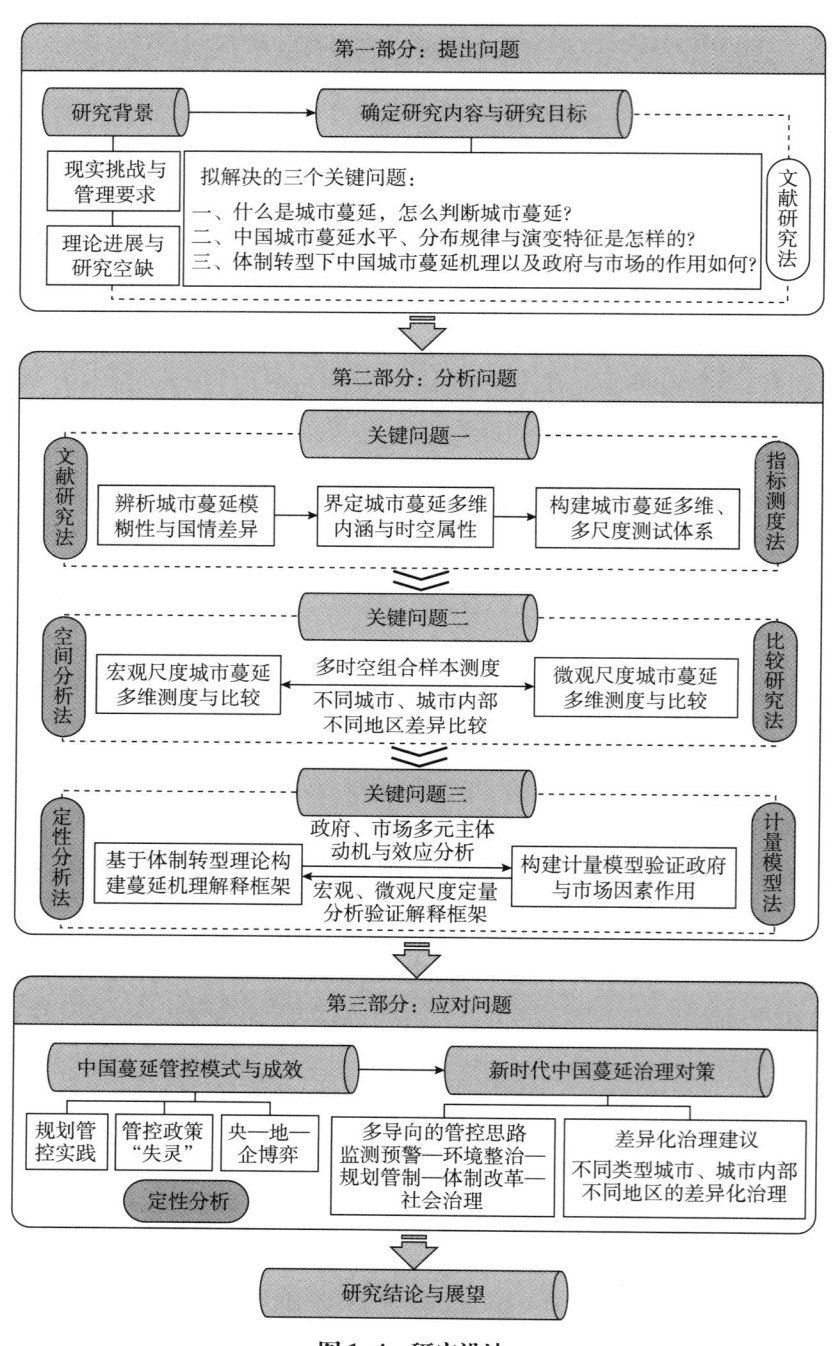

图 1-4　研究设计

（一）文献研究法

采用文献研究法总结国内外文献时序变化、发表国家与地区分布、主要关键词和研究方向、代表学者等，以帮助梳理国内外城市蔓延研究的总体概况。在此基础上，围绕国内外研究对城市蔓延内涵的争论、测度方法与类型、机理解释三方面展开综述。

（二）比较研究法

城市蔓延缺少统一的判断标准，测度一个城市在某一时段绝对的、准确的蔓延度是不可能的（Yue et al.，2016）。尽管学者在具体的城市蔓延测度指标选择和计算上都不相同，但都不约而同地采用了比较研究的方法。本书也采用比较研究法来判断城市蔓延的相对程度：通过横向比较，评判哪个样本更蔓延或更紧凑；通过纵向比较，评判一个样本的蔓延水平动态变化趋势（Feng et al.，2015），从而实现蔓延的全方位测度。

（三）空间分析法

城市蔓延的测度与定量解释对空间数据存在很强的依赖性，本书对多源数据的处理与分析，都需要借助空间分析工具。采用空间分析的方法对遥感卫星影像、行政区划地图与规划图件、网络爬虫数据、人口社会经济统计数据等多源数据进行处理。主要运用遥感和地理信息系统相结合的技术方法，基于 ERDAS IMAGINE、eCognition Developer、ArcGIS 和 Google Earth 等软件，进行空间叠加、掩膜分析、栅格计算、空间插值、抽样等分析。

（四）定性分析法

定性分析主要采用历史和逻辑相统一的抽象方法，归纳、分析影响研究对象运行机制的主要因素，演绎其发展的一般规律（曹均伟、李凌，2007）。本书采用定性分析法辨析政府与市场多元主体的价值取向与行为选择，阐明政府因素与市场因素在不同主导类型的城市蔓延形成过程中发挥的作用，演绎在经济体制转型下中国城市蔓延形成的一般规律，并分析主要因素间的抽象关系，在此基础上构建城市蔓延机理理论解释框架。

（五）计量模型法

本书将定性分析与定量分析相结合，运用计量模型法从宏观和微观两个层面探讨转型期中国城市蔓延的主导驱动因素。应用主成分分析、二元 Logistic 回归模型和地理探测器（GeoDetector）模型，对宏观尺度和微观尺度城市蔓延的主要影响因素进行显著性检验、因子探测、交互关系探测等。

本章小结

本章介绍了城市蔓延的发展趋势、前沿挑战，提出拟解决的关键问题与研究设计。中国主要大城市在快速城市化进程中低密度、分散、单一化、粗放的郊区土地开发模式逐渐占据主导，表现出城市蔓延特征。快速城镇化导致城市发展的空间资源约束升级，监测与防控城市蔓延成为城市治理的主要任务之一。然而，由于城市蔓延缺少统一、明确的界定，国情差异使得部分学者对中国的城市扩张表现是否属于城市蔓延范畴仍然存疑。此外，城市蔓延界定、多时空尺度下城市蔓延多维测度的案例研究、经济体制转型下中国城市蔓延机理解释等方面的相关研究存在明显不足。加强对城市蔓延内涵界定、测度体系构建和驱动机理解释等问题的深入探索，具有十分重要的理论和现实意义。

第二章

相关理论

第一节 城市规划相关理论

一 田园城市

田园城市（Garden City）是 1898 年英国城市规划师、建筑学家、社会活动家艾比尼泽·霍华德（Ebenezer Howard）在其著作《明日：真正改革的和平之路》中提出的规划设想。田园城市理念是为了应对当时英国快速城市化带来的"城市病"所提出的（宋逸，2014；宗仁，2018），主张要建立一种城市与乡村相结合、景观优美且环境调节能力较强的新型城市结构形式（何刚，2007），这种作为城市—乡村结合体的新型城市既避免了二者的缺点，又发挥了各自的优势（金经元，1996）。人口规模和人口密度的控制是田园城市的核心思想之一，主张当城市人口达到一定规模时，在中心城市周围建设若干个新的田园城市来疏散人口，构成一个由铁路或公路连接起来的城市组群，避免出现"摊大饼"式扩张（宗仁，2018）。霍华德的田园城市理论具有重大而深远的影响（何刚，2007），并且对卫星城、多中心、绿带等多种规划理论和实践的发展演化起到了重要作用。

二 卫星城

卫星城（Satellite City）理论是 1915 年美国学者格林汉姆·泰勒（Graham Taylor）在其著作《卫星城镇》中基于田园城市理论而提出的。该理论主张在大城市外围建立卫星城来疏散大城市的人口和职能（杨长明，1995）。这些卫星城通常有两种建设途径：一种是另辟空地新建而成；另一种是从原有的小城镇发展形成，并且卫星城市与中心大城市在生产、生活等方面存在着紧密的联系，而不是完全独立的（李倞、秦柯，2008；廖莹，2012）。卫星城理论也被应用到许多城市规划实践中（李万峰，2014）。例如，20 世纪 20 年代雷蒙德·恩温（Raymond Unwin）提出在伦敦周围建立卫星城从而将伦敦过度密集的人口与就业疏散到卫星城的想法，之后在 1924 年明确提出了卫星城的概念与详细的设想，这一理念在 1964 年的大伦敦规划中得以落实。

三 有机疏散

有机疏散（Organic Decentration）理论是 1942 年伊利尔·沙里宁（Eliel Saarinen）在其著作《城市：它的发展、衰败与未来》中正式提出的。这一思想同样受到田园城市理论的影响，反对城市过度集中，最早在 20 世纪 20 年代一些城市的规划中就已出现（郝晓斌、章明卓，2014）。沙里宁的有机疏散理论主张城市应该是由多个"小市镇"或"区域"组成的有机整体，区域之间用绿带分隔；城市居民和工作岗位分布于各个区域而不是集中在城市中心区，以此削减中心区的虹吸作用；这些区域配备完善的生活服务设施和独立的生产功能产业，使居民的日常生活和工作集中在区域内，严格控制各区规模，最大限度地降低居民的通勤成本；并且用交通干道与各区域相联系（由嘉欣，2021）。

四 功能分区

功能分区是 1933 年《雅典宪章》中提出的思想，即根据居住、就业、娱乐、交通四大城市活动功能的特点，将城市土地划分为居住、就业、娱乐等分区，并建立交通网将不同分区联系起来（续子林，2014；孙超英、赵芮，2016）。但是《雅典宪章》中过于强调死板的功能分区造成分区内城市功能过于单一化、城市不断地向外扩展、城市的传统格局和历史文脉被打破等负面影响。

五 混合功能与城市多样性

1961 年简·雅各布斯（Jane Jacobs）在其著作《美国大城市的死与生》中提出了混合不同城市功能的设想。雅各布斯反对现代城市规划对城市活动的功能分区，认为其分割了城市功能之间的有机联系、破坏了城市原有的有机构成，并且导致城市生活的多样性缺失（许学强等，2009；续子林，2014）。而土地混合利用（Mixed Use）则被认为是激发城市活力的有效路径（郑红玉，2018），通过混合功能可以加强人与人的交流与联系，提高城市活力，还可以提高土地使用强度（Jacobs，1961）。1977 年《马丘比丘宪章》提出了将集中的单一功能分区转变为分散的综合多功能分区的思想理论（赵和生，1999；续子林，2014）。

第二节 城市空间结构与演化理论

一 单中心城市模型

1923 年欧尼斯特·伯吉斯（Ernest Burgess）提出了同心圆理论（Concentric Zone Theory），这是最早的城市空间结构理论（叶锦远，1985）。在同心圆结构模式中，不同的城市功能用地围绕单一的核心，以同心圆的方式有规律地向外扩展（张舒，2001）。伯吉斯的同心圆结构模式从中心向外依次为中心商务区、过渡带（原先是居住区，后来逐渐成为贫民窟）、低收入居住带、高收入居住带、通勤带（帕克等，1987；许学强等，2009）。1939 年霍默·霍伊特（Homer Hoyt）在同心圆理论的基础上提出了扇形理论（Sector Theory）。扇形理论强调交通路线对城市空间布局的作用，沿交通运输路线发展的城市扩张会形成从市中心向外伸展的扇形区（叶锦远，1985）。

无论是同心圆理论还是扇形理论，都是基于单中心这一假设，即城市地区是由一个中心发展起来的（叶锦远，1985）。Alonso（1964）在其著作《区位与土地利用》中提出：假设在一个圆形城市中，居民需要在市中心的就业场所与城市外围的居住区之间通勤往返，通勤成本随着通勤距离的增加而递增，离市中心越远，通勤成本越高，居住用地竞价租金越低，反之亦然。Mills（1972）和 Muth（1969）通过对居民的住宅偏好和住房生产函数进行假设，建立了一般化的单中心城市空间结构及土地利用模型。Brueckner 等（1999）从城市居民的异质性出发提出不同收入群体在城市内的居住模式，与欧洲城市中高收入群体紧邻城市中心居住不同，美国城市的白人、富人阶层偏好郊区的住宅（陈扬科，2017）。尽管 Fujita（1989）证明了在单中心模型假设下，城市区位决策在均衡时可达到帕累托最优，不存在外部性，然而事实上，居民的生活和生产活动高度集聚于单一的城市核心区，可能造成交通拥堵、环境污染和集聚不经济等问题（陈扬科，2017；张亮等，2017）。

二 多中心城市模型

关于城市多中心性思想的讨论由来已久，其理论的形成与演化在很大程度上受到田园城市、卫星城、有机疏散等经典理论的影响（杨振山、蔡建明，2008；罗显正，2014）。美国地理学家哈里斯（C. D. Harris）和厄尔曼（E. L. Ullman）在 1945 年提出了多中心理论（Multiple-Nuclei Theory），他们认为城市由若干个不连续的地域所组成，并且有不同的核心（郑长德，2007；许学强等，2009）。

比如，中央商务区、轻工业区和低级住宅区在靠近城市中心的一侧，而中高级住宅区则偏向另一侧发展且具有对应的城市次中心，卫星城镇分布在更外围的郊区。1981 年穆勒（Muller）对哈里斯和厄尔曼的多中心理论作了进一步的扩展，建立了一种由衰退的城市中心、内郊区、外郊区、城市边缘区组成的新的大都市空间结构模式（李江，2003），即在城市外郊区逐渐形成若干个小城市，它们根据自然环境、区域交通网络、经济活动的内部区域化，形成各自特定的城市地域，再由这些特定的城市地域组合成大都市地区（许学强等，2009）。

在多中心理论的推动下，20 世纪 90 年代，欧洲、北美及日本的城市空间发展逐渐引入卫星城、副中心来建立多中心空间结构（杨振山、蔡建明，2008），通过人口和工业的迁移疏解城市核心区的承载压力（张亮等，2017），核心区与副中心共同形成互补、竞争的现代多中心城市网络结构模型（石忆邵，1999）。多中心模式也被认为是发达社会经济下的最典型的城市和区域空间形态（Hall，1997；Kloosterman and Musterd，2001）。

三 城市演变模型

城市演变模型是由彼得·霍尔（Peter Hall）提出的，该模型把都市区分为中心城市和郊区，城市演变可以划分成流失中的集中、绝对集中、相对集中、相对分散、绝对分散、流失中的分散共六个阶段，其中，流失中的集中、绝对集中、相对集中这三个阶段表现出向心集聚主导的特点，相对分散、绝对分散、流失中的分散这三个阶段则表现出离心分散主导的特点，通过这些过程，城市的性质也发生了变化，从单中心模式向多中心模式发展（许学强等，2009）。

四 城市空间扩展

随着城市化的推进，城市人口密度增大、地价上升、集聚不经济的问题凸显，城市就会向外扩展并将周边的非建设用地转变为城市建设用地，以满足新增居民和产业发展的用地需求（唐彬杰，2018）。城市扩展一般经历四个阶段：第一阶段是中心城区经济活动的聚集；第二阶段是中心城区经济活动的进一步聚集，土地开始向集约空间方向配置；第三阶段是经济活动由中心区向次中心转移；第四阶段是城市边缘地区发展势头明显（丁娇，2011）。

五 空间生产

资本流动过程中的积累与循环是新马克思主义城市理论中解释城市发展的重要逻辑（杜志威、李郇，2017）。城市是资本积累与循环最为集中的空间，资本流动在不断追寻利益的同时也在不断塑造城市空间，资本的不断积累带动城市的增长和扩张（Harvey，1985）。

1974 年，亨利·列斐伏尔（Henri Lefebvre）在其著作《空间的生产》中引入了"空间生产"（Production of Space）的概念来描绘资本主义通过城市化方式转移资本的机理。1979 年，他在《空间：社会产物与实用价值》中指出，当代资本主义已经从空间中事物的生产转向空间本身的生产（韩婷，2018）。

大卫·哈维（David Harvey）基于空间生产理论提出"时间—空间修复"的观点，解释资本主义通过资本的时间推移和空间扩张来延缓或推迟过度积累危机的发生（杜志威、李郇，2017）。哈维构建了三次资本循环（Circuits of Capital）分析框架来解释基于资本积累的城市过程（Harvey，1978）：初级循环是指资本在生产领域（如制造业）的流通；当初级循环中出现生产过剩危机时，资本将流向以建筑环境（如道路建设、房地产开发）为主要内容的第二级循环；而当城市建设领域中的资本也出现过度积累时，过剩的资本将流向以科研、教育、卫生等社会公共事业为主要内容的第三级循环（杜志威、李郇，2017）。资本的空间扩张和时间推移都必须通过物化在空间之上的各种建成环境才能再次进入积累循环（陈嘉平，2013），因此资本积累与流动最终影响城市空间生产和景观格局。

第三节 反城市蔓延思潮与相关理论

一 区域主义

区域主义理论起源于格迪斯（P. Geddes）和芒福德（L. Mumford）的区域规划思想。1915 年，格迪斯提出了城市区域的观点，其核心是"城市的形成取决于整个区域"（Geddes，1915；格迪斯，2012）。他指出，城市不是封闭和孤立的，而是和外部环境相互联系、相互依存的，因此，城市规划应当成为城市区域规划，即城乡规划应该整合到同一体系中（贡瀛翰，2014）。1923 年，美国区域规划协会成立，格迪斯的追随者芒福德成为该协会的主要发言人和理论家。芒福德提倡的区域整体论（Regional Integration）主张大中小城市相结合、城市与乡村相结合、人工环境与自然环境相结合（吴良镛，1996）。"区域主义"和"区域城市"是美国区域规划协会的核心理念，该协会虽然在 1934 年解散，但是在协会的原成员不断传播区域主义理念的努力下，区域主义在 20 世纪六七十年代重新复苏，并且实践和发展了"邻里单位"的概念（张威，2008）。

二 紧凑城市

紧凑城市（Compact City）理念最先于 1973 年由丹齐克（G. B. Dantzig）和萨蒂（T. L. Satty）在《紧凑型城市——适于居住的城市环境计划》中正式提出。之后，Dantzig（1973）进一步阐述了采用紧凑城市理念的原因、要点，但是，当时紧凑城市理念并未获得学术界的广泛关注。直到 20 世纪 90 年代初，紧凑城市理念才引起学者和政策制定者的关注。欧洲共同体委员会在 1990 年发布的《城市环境绿皮书》中极力提倡城市发展应回归紧凑形态，认为紧凑城市可被视为一种满足住房需求和解决环境问题的途径，是具有可持续性的城市空间形态（方创琳、祁巍锋，2007；闫兵，2012；杨书航，

2020）。书中还总结了紧凑城市的概念：紧凑城市是一种功能混合、适当高密度、社会文化多样化发展的模式（张昌娟、金广君，2009）。

之后，西方学术界对紧凑城市理念展开了一场激烈的大讨论，有不少国家还将紧凑城市的发展策略纳入规划政策。关于紧凑发展与城市形态结构，Gordon 和 Richardson（1997b）认为，紧凑城市是单中心与高密度的；而 Anderson 等（1996）则认为，紧凑不仅局限于单中心，也可以是多中心形态的。Jenks 等（1996）梳理了学者关于紧凑城市的不同观点，并认为紧凑城市的目的是控制城市无序扩张，通过对功能设施的集中、混合布置以及高效综合利用，将有效地减少通勤距离、节能减排，促进城市的可持续发展。Breheny（1997）给出的紧凑城市的阐述是：促进城市更新、中心区复兴；限制农村大规模开发，保护农地；城市集中、高密度；用地功能混合；TOD 发展等。尽管紧凑城市的概念多种多样，但方创琳、祁巍锋（2007）认为，对紧凑城市概念已经达成共识，即紧凑城市是高密度的、功能混合的城市形态。

近年来，学者对于紧凑城市的正反面影响依然争论不断。比如，在交通方面，一方认为，紧凑城市能促进低碳出行、缩短通勤时间；另一方则认为，城市过于密集会引发停车难、交通堵塞等集聚不经济的新问题。在社会公平方面，支持方认为，紧凑模式能减少公共服务和基础设施供应成本，通过为人们提供本地化的服务，使资源分配更加合理；而反对方则认为，高密度会导致土地价格上升，生活成本增加，加剧社会隔离（曾晓文，2020）。

三　城市增长管理

城市增长管理（Growth Management）思想源于 20 世纪 60 年代的美国，并在 70 年代以及 80 年代在世界范围内广泛流传开来（张进，2002；王春杨，2008）。1975 年美国城市土地协会在《对增长的管理与控制》中给出了城市增长管理的定义（张进，2002）："政府运用各种传统与演进的技术、工具、计划及活动，指导当地土地利用模式（包括开发模式、位置、速度和性质）。"70年代以后，城市增长管理的思想从最初的通过限制新的开发来保护环境资源，逐步演化成协调城市发展、均衡各种公共目标的过程（Chinitz，1990；王春杨，2008）。Porter（1997）将管控城市增长的区间和特点，保护资源、环境和生态，以及提供有效的公共基础设施作为城市增长管理的主要目标（吴冬青等，2007）。

四　新城市主义

20世纪80年代，城市规划专家开始提倡从蔓延式发展模式转变为紧凑的发展模式，并逐步形成了新城市主义（New Urbanism）的社区规划设计思潮（沈清基，2001）。1993年第一届"新城市主义代表大会"的召开（王慧，2002）以及1996年《新城市主义宪章》的提出是新城市主义思想发展的重要里程碑。新城市主义将缺少区域规划、缺少邻里设计、分区制和政府政策、城市开发的专门化和标准化以及小汽车和高速公路的发展一起视为导致城市蔓延的原因（Dutton，2000）。新城市主义的理念主要包括两套城市社区规划设计模式，即卡尔索普（P. Calthorpe）提出的公共交通导向社区发展模式（TOD），以及安德烈斯·杜安伊（Andres Duany）提出的传统社区发展模式（TND）。新城市主义者解决城市蔓延的主要思路是通过紧凑的发展和土地的混合利用，打破简单化、单一的城市土地利用功能分区，追求步行和公共交通友好的社区建设模式（李强、戴俭，2006）。

五　精明增长

精明增长（Smart Growth）最先于1997年由美国马里兰州州长格兰邓宁（Parris N. Glendening）提出，是基于美国规划界应对大都市增长与蔓延的一系列政策和技术措施发展起来的理论（李珊珊，2009）。20世纪90年代风行全美的精明增长计划的主要策略包括协调区域规划、保护开放空间、划定发展边界、紧凑开发、发展公共交通、内城复兴、资源共享与费用分摊等（Gillham，2002）。美国规划师协会经过 8 年时间完成了对精明增长的城市规划立法纲要（官玉洁，2013），并于 2000 年与 60 家公共机构组成了"美国精明增长联盟"（Smart Growth America）。该联盟提出，精明增长的核心内容包括：充分挖掘存量空间，避免过度扩张；推进社区更新和工业用地更新；提倡集中、紧凑、混合用地功能的城市开发模式，鼓励公共出行和步行方式，保护开放空间和环境，追求社会、经济和环境的全面协调（诸大建、刘冬华，2006；李珊珊，2009；王国爱、李同升，2009）。从美国精明增长实践的策略与相关主张可以看出，精明增长的内涵是与可持续发展一致的，是一种紧凑、集中、可持续高效的发展模式（张雯，2001；李彦军，2009），它并不反对城市增长，而是主张在满足城市发展的同时，尽可能地规避或降低增长带来的不利影响（Gillham，2002；洪世键、张京祥，2012）。

本章小结

本章介绍了城市规划、城市空间结构与演化、反城市蔓延等相关理论。多中心模型与花园城市、卫星城、新城及有机疏散理论所主张的城市空间结构也逐渐成为转型期中国一些大城市空间发展的主导模式，这启发我们在城市蔓延测度和蔓延机理解释的研究中，关注多中心发展对城市蔓延的作用。反城市蔓延思潮与相关理论是规划界对城市增长管理理念与方法的总结，对城市蔓延管控与空间治理有借鉴价值。此外，相关理论涵盖了经济学、规划学、社会学和地理学等多个学科，不同理论之间也存在一定联系，这种多学科性使得城市蔓延研究具有更多的范式可能。

第 三 章

国内外城市蔓延研究进展

城市蔓延理论和方法从 20 世纪 60 年代开始逐步在西方发展起来，并于 20 世纪晚期成为西方城市学者关注的一大热点问题。较早出现城市蔓延的北美洲和欧洲国家的学者在城市蔓延概念、测度方法、驱动原因等方面积累了丰富的研究基础，他们所提出的理论和方法对全世界城市蔓延研究都产生了深刻影响。发展中国家，尤其是中国的城市蔓延理论和方法研究虽然起步晚，但是发展迅速，逐渐成为城市蔓延研究的生力军。

第一节　文献计量分析

一　英文文献计量分析

在 Web of Science 核心合集数据库中以检索式（Topic = urban sprawl AND Title = sprawl）对城市蔓延英文文献进行检索。1950—2021 年，共检索到 738 篇。从发表时间分布（见图 3-1）可知，城市蔓延研究出现于第二次世界大战之后，并且在 20 世纪 90 年代末进入迅速增长阶段。1999—2021 年，城市蔓延英文文献年均增长超过 31 篇。

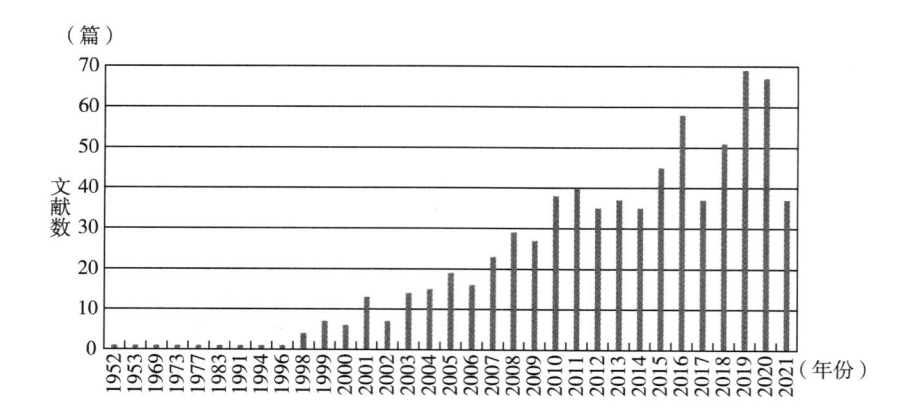

图 3-1 城市蔓延历年英文文献数量变化

从发表英文文献的国家和地区分布来看（见图3-2），欧洲国家的文章发表量最大，以西班牙、意大利、德国、法国、英国、瑞士、比利时、希腊等国为主。北美洲国家的城市蔓延英文文献发表量仅次于欧洲，主要分布在美国和加拿大，其中，美国是所有国家中发文量最多的。亚洲国家的论文发表量排在第三位，主要集中在中国、印度、伊朗、土耳其、韩国、日本、以色列等国，其中，中国的发文量已逾100篇，仅次于美国。非洲、南美洲和大洋洲国家的论文发表量相对较少。从英文文献的国家地域时序分布来看，美国城市蔓延研究起步最早，其次是加拿大；21世纪以后，英国、中国、西班牙、德国、意大利、印度等国的蔓延研究发展十分迅速。西班牙和意大利是欧洲新增发文量最多的国家，而中国和印度则是亚洲新增文献数量最多的国家。尽管中国的城市蔓延研究起步比北美洲国家晚，但是中国已跃身成为城市蔓延论文发表量增长最快的国家之一。发展中国家正在逐渐成长为国际城市蔓延研究的重要阵地。

根据文献引用率排序，影响力最大的文章是 Ewing 等（2014）对城市蔓延与肥胖等健康问题关系的研究，被引频次最高。被引频次位居前30的文献中，Frumkin（2002）、Johnson（2001）、Stone 等

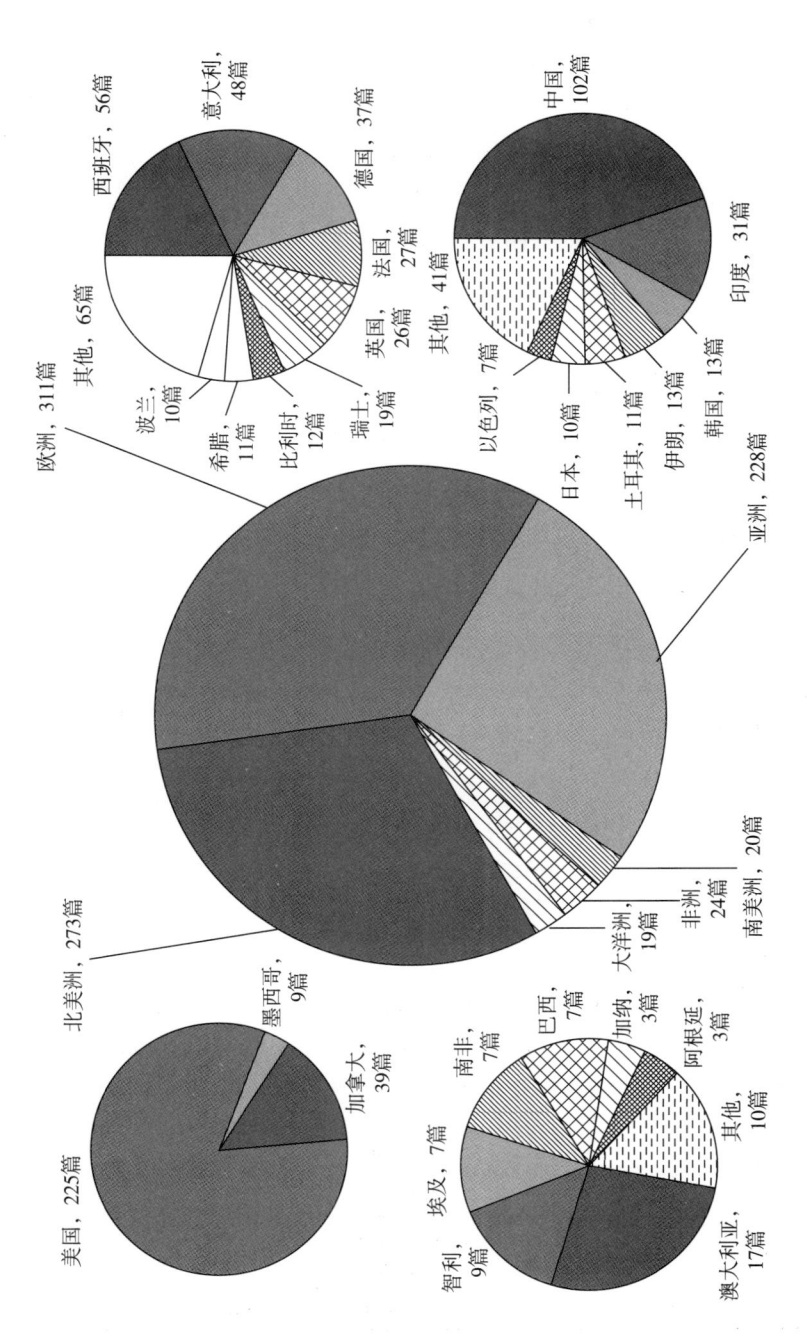

第三章 国内外城市蔓延研究进展　29

图 3-2　发表城市蔓延英文文献的国家和地区分布

(2010)、Stone（2008）、Lopez（2004）等同样关注城市蔓延的效应，引起了学术界的巨大响应。其余大多数高被引文献则聚焦在城市蔓延测度方法和表现特征上，Brueckner（2000）、Hasse 和 Lathrop（2003）、Lopez（2004）是城市蔓延测度研究的经典文献，为全世界蔓延测度研究的推进做出了重要贡献。在这些早期研究的带动下，Jat 等（2008）、Bhatta（2010）、Frenkel 和 Ashkenazi（2008）、Jaeger 等（2010）、Yue 等（2013）等实证研究层出不穷，并且继续扩大其影响力（见表 3-1）。

表 3-1　　　　　　　　　引用率最高的 30 篇 SCI/SSCI 论文

作者	论文标题
Ewing 等（2003b）	"Relationship between Urban Sprawl and Physical Activity, Obesity, and Morbidity"
Brueckner（2000）	"Urban Sprawl: Diagnosis and Remedies"
Catalán 等（2008）	"Urban Sprawl in the Mediterranean? Patterns of Growth and Change in the Barcelona Metropolitan Region 1993-2000"
Jat 等（2008）	"Monitoring and Modelling of Urban Sprawl Using Remote Sensing and Gis Techniques"
Frumkin（2002）	"Urban Sprawl and Public Health"
Metre 等（2000）	"Urban Sprawl Leaves Its PAH Signature"
Johnson（2001）	"Environmental Impacts of Urban Sprawl: A Survey of the Literature and Proposed Research Agenda"
Stone 等（2010）	"Urban Form and Extreme Heat Events: Are Sprawling Cities More Vulnerable to Climate Change than Compact Cities?"
Bhatta（2010）	"Urban Sprawl Measurement from Remote Sensing Data"
Zhao（2010）	"Sustainable Urban Expansion and Transportation in a Growing Megacity: Consequences of Urban Sprawl for Mobility on the Urban Fringe of Beijing"
Stone（2008）	"Urban Sprawl and Air Quality in Large US Cities"
Lopez（2004）	"Urban Sprawl and Risk for Being Overweight Or Obese"
Irwin 和 Bockstael（2007）	"The Evolution of Urban Sprawl: Evidence of Spatial Heterogeneity and Increasing Land Fragmentation"
Frenkel 和 Ashkenazi（2008）	"Measuring Urban Sprawl: How Can We Deal with It?"

续表

作者	论文标题
Jaeger 等（2010）	"Suitability Criteria for Measures of Urban Sprawl"
Hasse 和 Lathrop（2003）	"Land Resource Impact Indicators of Urban Sprawl"
Yue 等（2013）	"Measuring Urban Sprawl and its Drivers in Large Chinese Cities: The Case of Hangzhou"
Tsai（2005）	"Quantifying Urban Form: Compactness Versus 'Sprawl'"
Airoldi 等（2015）	"Corridors for Aliens But Not for Natives: Effects of Marine Urban Sprawl at a Regional Scale"
Song 和 Knaap（2004）	"Measuring Urban Form: Portland Winning the War on Sprawl?"
Poelmans 和 Van Rompaey（2009）	"Detecting and Modelling Spatial Patterns of Urban Sprawl in Highly Fragmented Areas: A Case Study in the Flanders-Brussels Region"
Ewing 等（2006）	"Relationship between Urban Sprawl and Weight of United States Youth"
Yu 和 Ng（2007）	"Spatial and Temporal Dynamics of Urban Sprawl along Two Urban-Rural Transects: A Case Study of Guangzhou, China"
Inostroza 等（2013）	"Urban Sprawl and Fragmentation in Latin America: A Dynamic Quantification and Characterization of Spatial Patterns"
Nechyba 和 Walsh（2004）	"Urban Sprawl"
Deng 和 Huang（2004）	"Uneven Land Reform and Urban Sprawl in China: The Case of Beijing"
Hamidi 和 Ewing（2014）	"A Longitudinal Study of Changes in Urban Sprawl between 2000 and 2010 in the United States"
Ewing 等（2014）	"Relationship between Urban Sprawl and Physical Activity, Obesity, and Morbidity-Update and Refinement"
Ewing 等（2003a）	"Urban Sprawl as a Risk Factor in Motor Vehicle Occupant and Pedestrian Fatalities"
Terando 等（2014）	"The Southern Megalopolis: Using the Past to Predict the Future of Urban Sprawl in the Southeast US"

城市蔓延英文文献的主要研究领域非常广泛（见图3-3）。其中，环境科学与生态学（Environmental Sciences Ecology）领域的英文文献数量最多，占总数的45.12%。其次是城市研究（Urban Studies）和地理学（Geography）领域，占比分别高达18.83%和14.63%。此外，城市蔓延的主要研究领域还包括经济学（Business Economics）、公共管理（Public Administration）、遥感（Remote Sensing）、公共环

境和职业健康（Public Environmental Occupational Health）、交通（Transportation）、计算机科学（Computer Science）、生物多样性保护（Biodiversity Conservation）、能源燃料（Energy Fuels）等，这说明城市蔓延具有多学科性和多面性。

研究领域	发文量
Environmental Sciences Ecology	333
Urban Studies	139
Geography	108
Business Economics	82
Public Administration	70
Science Technology Other Topics	62
Remote Sensing	45
Physical Geography	36
Public Environmental Occuppational Health	35
Engineering	34
Geology	28
Biodiversity Conservation	23
Transportation	18
Imaging Science Photographic Technology	17
Agriculture	13
Meteorology Atmospheric Sciences	13
Government Law	11
General Internal Medicine	10
Water Resources	9
Forestry	8
Computer Science	7
Sociology	6
Physics	5
Operations Research Management Science	5
Social Sciences Other Topics	5
Development Studies	5
Endocrinology Metabolism	4
Chemistry	3
Life Sciences Biomedicine Other Topics	3
Area Studies	3
Construction Building Technology	3
Health Care Sciences Services	3
Architecture	2
Energy Fuels	2
Materials Science	2
Nutrition Dietetics	2
Plant Sciences	2
Spectroscopy	2
Toxicology	2
Energy Fuels	2

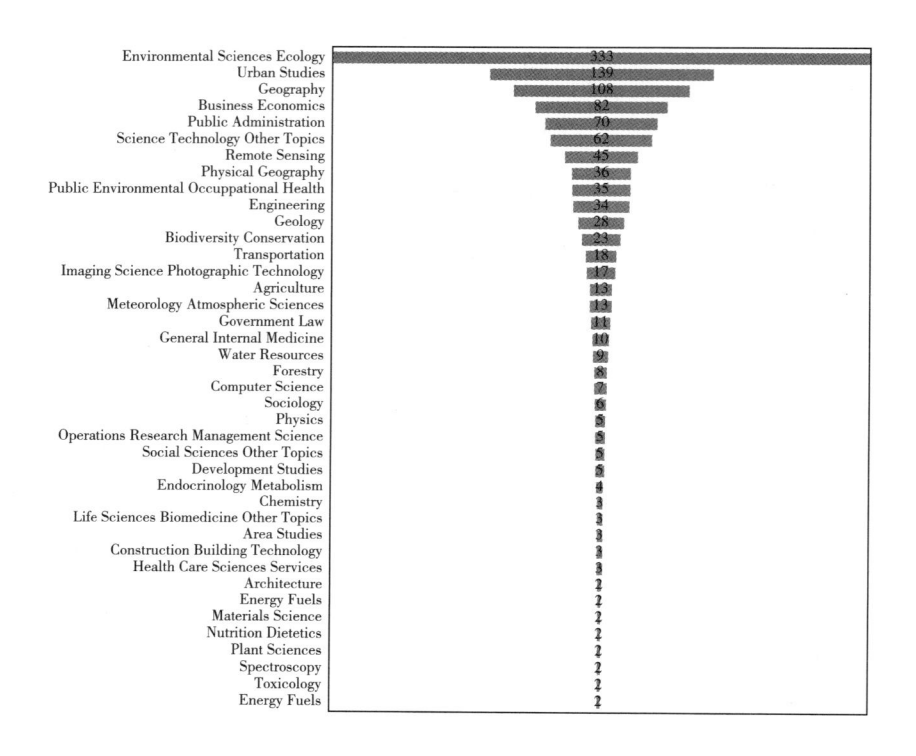

图 3-3 城市蔓延英文文献主要研究领域发文量（单位：篇）

从图 3-4 和图 3-5 可以看出，城市蔓延是伴随城市化（Urbanization）与城市增长（Urban Growth）或城市扩张（Urban Expansion）过程出现的，并且是一种特殊的空间形态与格局状态，与城市形态（Urban Form）、土地利用（Land Use）和土地利用变化（Land Use Change）密不可分。城市蔓延与可持续发展（Sustainability）、肥胖（Obesity）、体育活动（Physical Activity）、建设环境（Built Environment）之间的关系备受关注，而且研究视角越来越推陈出新。地理信息系统（GIS）、遥感（Remote Sensing）、景观指数（Landscape Metrics）等技术和方法被广泛使用。值得注意的是，中国（China）的城市蔓延成为近十年国际城市蔓延研究的热点。

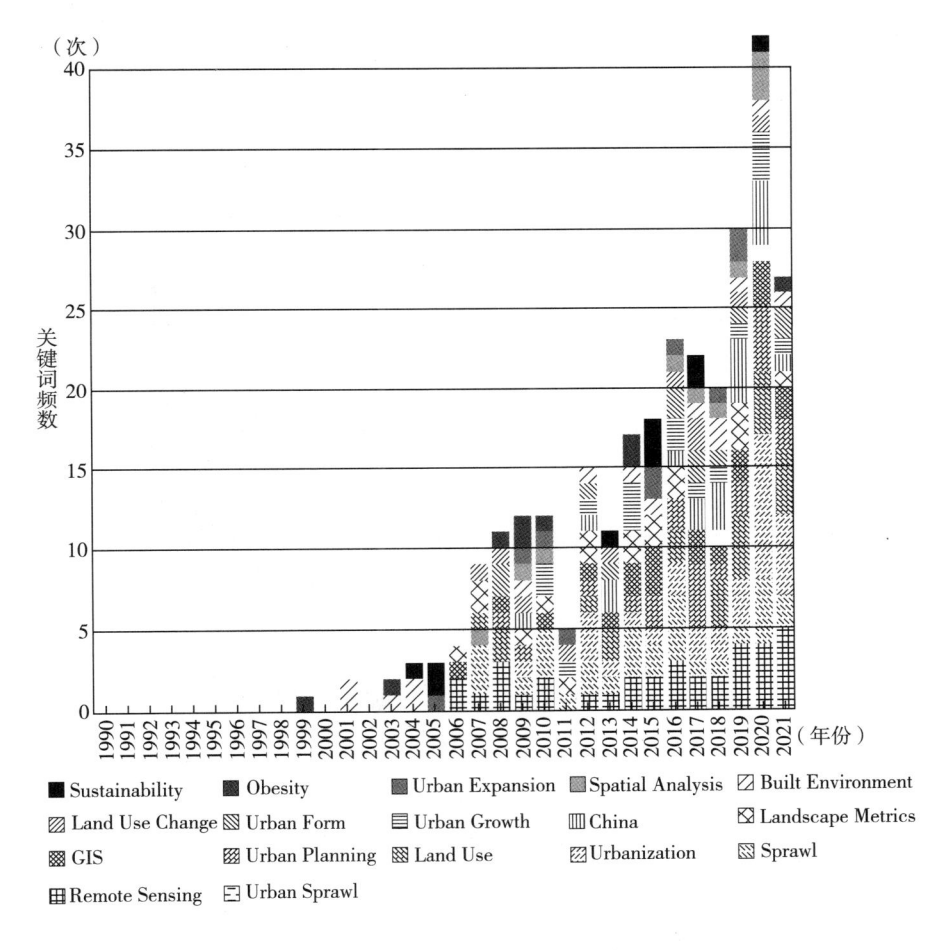

图3-4 城市蔓延英文文献关键词

除以上期刊文献之外，城市蔓延研究领域已产生数部具有世界影响的英文著作，如表3-2所示。大部分著作是在学者论文成果的基础上编著而成，此处不再重复讨论。此外，学者也不遗余力地与科研单位或政策机构开展合作，由此形成了一些具有影响力的研究报告，如 Ewing 等（2002）的 *Measuring Sprawl and Its Impact* 就是基于美国罗格斯大学的 R. Ewing、美国康奈尔大学的 R. Pendall、美国精明增长政策机构（SGA）的 D. Chen 等学者的前期研究成果完成的。再如，瑞士联邦环境办公室（FOEN）与欧洲环境署（EEA）合作的研究成果 *Urban Sprawl in Europe*（Joint EEA-FOEN Report）（EEA，2016）。

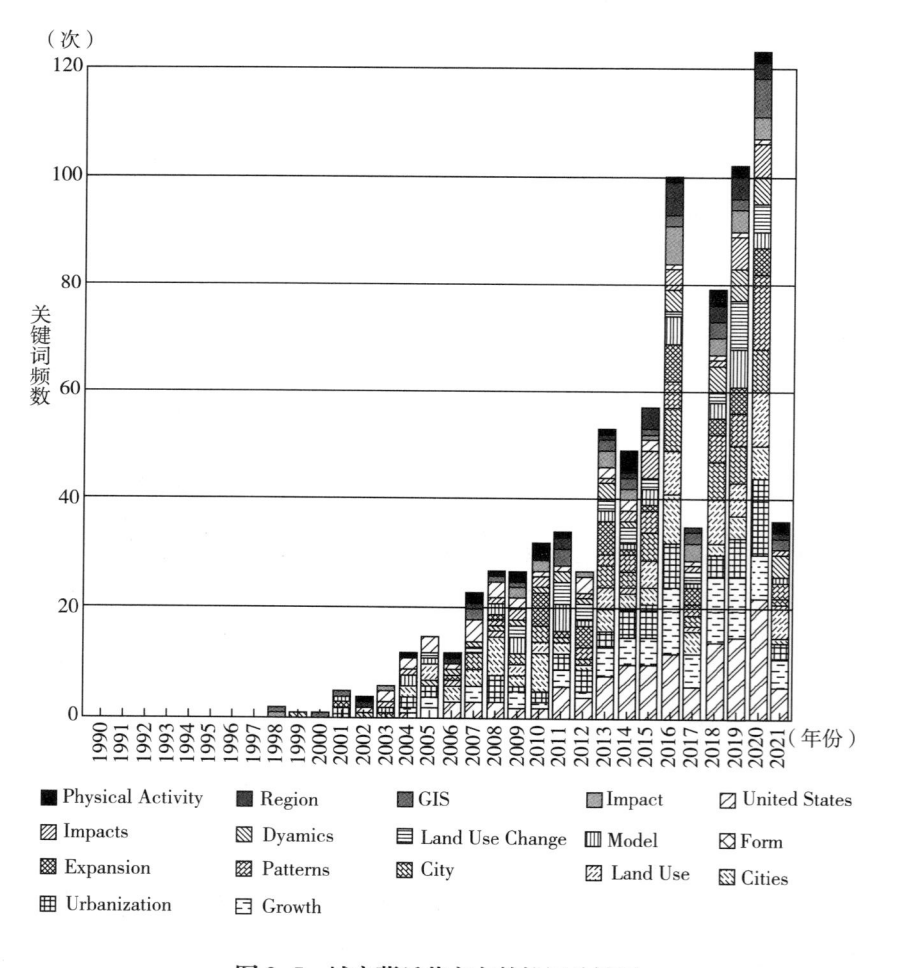

图 3-5　城市蔓延英文文献扩展关键词

表 3-2　　　　　　　　　城市蔓延英文著作或研究报告

作者（年份）	标题
Gottmann（1961）	*Megalopolis: The Urbanized Northeastern Seaboard of the United States*
Logan（1995）	*Fighting Sprawl and City Hall: Resistance to Urban Growth in the Southwest*
Bullard 等（2000）	*Sprawl City: Race, Politics, and Planning in Atlanta*
Williams（2000）	*Urban Sprawl: A Reference Handbook*
Gillham（2002）	*The Limitless City: A Primer on the Urban Sprawl Debate*
Chin（2002）	*Unearthing the Roots of Urban Sprawl: A Critical Analysis of Form, Function and Methodology*
Hasse（2002）	*Geospatial Indices of Urban Sprawl in New Jersey*
Wiewel 和 Persky（2002）	*Suburban Sprawl: Private Decisions and Public Policy*
Squires（2002）	*Urban Sprawl: Causes, Consequences and Policy Responses*
Bae 和 Richardson（2004）	*Urban Sprawl in Western Europe and the United States*
Frumkin 等（2004）	*Urban Sprawl and Public Health: Designing, Planning, and Building for Healthy Communities*
Wagner 等（2005）	*Revitalizing the City: Strategies to Contain Sprawl and Revive the Core*
Bruegmann（2006）	*Sprawl: A Compact History*
Soule（2006）	*Urban Sprawl: A Comprehensive Reference Guide*
Bernhardt（2007）	*Urban Sprawl: Origins and Environmental Consequences*
Couch 等（2007）	*Urban Sprawl in Europe: Landscapes, Land-Use Change and Policy*
Frece（2008）	*Sprawl and Politics: The Inside Story of Smart Growth in Maryland*
Foran（2009）	*Expansive Discourses: Urban Sprawl in Calgary, 1945-1978*
Bhatta（2010）	*Analysis of Urban Growth and Sprawl from Remote Sensing Data*
Phelps（2012）	*An Anatomy of Sprawl: Planning and Politics in Britain*
Verderber（2012）	*Sprawling Cities and Our Endangered Public Health*
Stanilov 和 Sykora（2014）	*Urban Sprawl on the Danube*
Herzog（2014）	*Global Suburbs: Urban Sprawl from the Rio Grande to Rio de Janeiro*
Lewyn（2017）	*Government Intervention and Suburban Sprawl: The Case for Market Urbanism*
Ewing 和 Hamidi（2017）	*Costs of Sprawl*
Pradhan（2017）	*Spatial Modeling and Assessment of Urban Form—Analysis of Urban Growth: From Sprawl to Compact Using Geospatial Data*
OECD（2018）	*Rethinking Urban Sprawl: Moving Towards Sustainable Cities*

续表

作者（年份）	标题
Burchell 等（1998）	*The Costs of Sprawl-Revisited*（TCRP Report 39）
Batty 等（1999）	*The Dynamics of Urban Sprawl*（CASA Paper 15）
Torrens 和 Alberti（2000）	*Measuring Sprawl*（CASA Paper 27）
Ewing 等（2002）	*Measuring Sprawl and Its Impact*（Smart Growth America）
Uhel（2006）	*Urban Sprawl in Europe：The Ignored Challenge*（EEA Report No. 10/ 2006）
EEA（2016）	*Urban Sprawl in Europe*（Joint EEA-FOEN Report）

二 中文文献计量分析

关于城市蔓延的中文文献数量激增。在 CNKI 中国知网检索平台的中国学术期刊网络出版总库、中国博硕士学位论文库以及会议论文等数据库中，检索截至 2021 年 6 月 30 日已发表的城市蔓延中文文献。由于城市增长、城市扩张等与城市蔓延相关的主题众多，本书采用两个检索式，检索式 1（主题＝"城市蔓延"）选取主题为城市蔓延的文献，检索式 2（标题＝"城市蔓延" AND 关键词＝"城市蔓延"）选取标题和关键词为城市蔓延的文献。检索结果如图 3-6 所示。

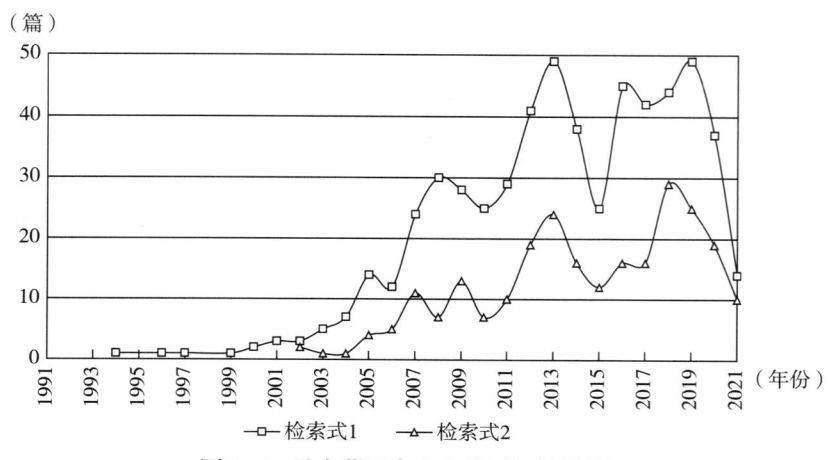

图 3-6 城市蔓延中文文献历年新增数量

以检索式 1 共检索到 626 篇文献，剔除 56 篇不相关或非正规文献，剩余 570 篇文献。20 世纪 90 年代，城市蔓延开始被国内学者注意到，最早是由顾朝林、陈振光（1994）在《中国大都市空间增长形态》一文中提到，城市蔓延与卫星城建设、郊区城市化一同被视为中国大都市增长的三个主要空间过程。后来，张庭伟（1999）提出城市蔓延是一个全球性问题，城市扩张是城市化和人口经济增长的必然结果，有其合理的一面，但过度的、不成比例的城市扩张会造成城市蔓延。进入 21 世纪以后，城市蔓延受到越来越多国内学者的关注，相关中文文献数量快速增加，平均每年新增 25 篇。

以检索式 2 共检索到 250 篇文献，剔除 3 篇不相关或非正规文献，剩余 247 篇文献。这部分中文文献出现于 2002 年以后，早期文献以谷凯（2002）和李强等（2005）为典型代表，致力于介绍西方城市蔓延研究进展，总结北美洲国家城市蔓延的经验和教训；在国内城市蔓延早期研究的影响下，从 2005 年开始以城市蔓延为主题和关键词的文献数量迅速增多，平均每年新增约 15 篇。

对检索式 2 检索结果做进一步分析，图 3-7 统计了出现频次较高的主题，中文文献研究着重关注中国城市空间的快速扩张（相关主题包括"建成区面积""城市规模""城市空间扩张""城市扩张""城市空间扩展"等）、城市蔓延测度（相关主题包括"蔓延指数""人口密度""测度方法""蔓延测度""GIS"）、城市蔓延治理的理论与方法（相关主题包括"精明增长""新城市主义""紧凑城市""城市治理""城市边界""城市发展边界""蔓延控制策略""蔓延治理"），并且城市蔓延与中国的"快速城市化""郊区化""新型城镇化""第二产业""第三产业""房地产投资""土地出让"等主题紧密结合。相对而言，城市蔓延机理（相关主题包括"推动作用""内在机理"）相关主题出现的频次较少，表明国内对城市蔓延形成机理的关注程度仍不高。

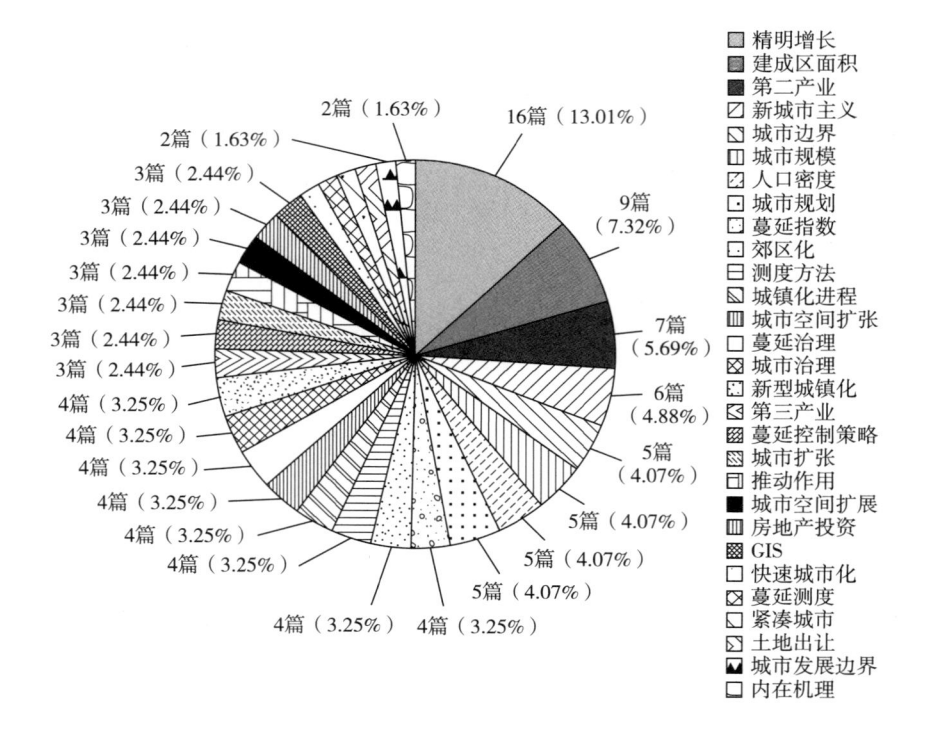

图 3-7 中文文献的研究主题分布

图 3-8 统计了中文文献的关键词网络，从中可以看出上述主要研究主题的关键词出现频次也较高。其中，城市蔓延的空间形态特征最受关注，其相近的高频关键词数量最多，包括"城市规模""城市空间""城市形态""城市增长""无序扩张""城市用地""土地利用""摊大饼"等。此外，关键词网络还揭示了国内研究除了"理论分析"和"研究进展"描述，开始更多地运用"GIS"手段和"计量经济模型"等方法对城市蔓延开展定量研究。

如表 3-3 所示，在被引频次最高的 20 篇中文期刊文献中，城市蔓延测度的实证研究影响力较大，典型代表如蒋芳等（2007a），王家庭、张俊韬（2010），刘卫东、谭韧骠（2009），孙平军等（2013），张琳琳等（2014），李一曼等（2013）等。文献综述类或经验描述型文章被引量也较高，比如谷凯（2002），冯科等

(2009),饶传坤、韩卫敏(2011),于文波等(2004)等。此外,秦蒙、刘修岩(2015),魏守华等(2016),李强、高楠(2016)等关注城市蔓延效应的文章,以及董爽、袁晓勐(2006),陈鹏(2007),黄晓军等(2009),李博(2009),李效顺等(2011)等关注蔓延机理和对策的文章在知网的被引频次也十分可观。

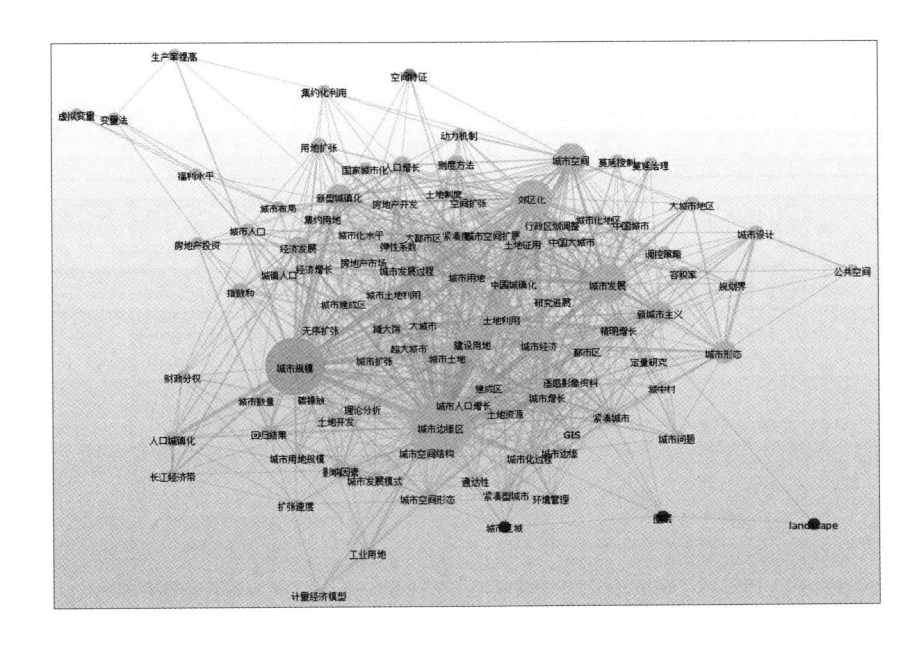

图 3-8　中文文献的关键词网络

表 3-3　　　　　被引频次最高的 20 篇中文期刊文献

作者(年份)	文献标题	被引次数
蒋芳等(2007a)	《北京城市蔓延的测度与分析》	201
王家庭、张俊韬(2010)	《中国城市蔓延测度:基于35个大中城市面板数据的实证研究》	125
李博(2009)	《绿色基础设施与城市蔓延控制》	89
魏守华等(2016)	《城市蔓延、多中心集聚与生产率》	86
黄晓军等(2009)	《长春城市蔓延机理与调控路径研究》	86

续表

作者（年份）	文献标题	被引次数
秦蒙、刘修岩（2015）	《城市蔓延是否带来了中国城市生产效率的损失？——基于夜间灯光数据的实证研究》	81
于文波等（2004）	《美国城市蔓延之后的规划运动及其启示》	81
刘卫东、谭韧骠（2009）	《杭州城市蔓延评估体系及其治理对策》	77
冯科等（2009）	《国内外城市蔓延的研究进展及思考——定量测度、内在机理及调控策略》	71
陈鹏（2007）	《基于土地制度视角的中国城市蔓延的形成与控制研究》	67
李效顺等（2012）	《经济发展与城市蔓延的 Logistic 曲线假说及其验证——基于华东地区典型城市的考察》	62
孙平军等（2013）	《2000—2009 年长春、吉林城市蔓延特征、效应与驱动力比较研究》	60
张琳琳等（2014）	《中国大城市蔓延的测度研究——以杭州市为例》	58
谷凯（2002）	《北美的城市蔓延与规划对策及其启示》	55
饶传坤、韩卫敏（2011）	《中国城市蔓延研究进展与思考》	54
李强、高楠（2016）	《城市蔓延的生态环境效应研究——基于 34 个大中城市面板数据的分析》	53
董爽、袁晓勐（2006）	《城市蔓延与节约型城市建设》	52
Oliva 等（2002）	《关于城市蔓延和交通规划的政治与政策》	51
李一曼等（2013）	《长春城市蔓延时空特征及其机理分析》	50
李效顺等（2011）	《基于国际比较与策略选择的中国城市蔓延治理》	48

此外，还有一些城市蔓延的著作未被中国知网收录。目前关于城市蔓延的中文专著数量不多，表 3-4 列出了主要的几部著作。其中，最具代表性的两部专著是洪世键、张京祥（2012）的《城市蔓延机理与治理：基于经济与制度的分析》和王家庭（2020）的《快速城市化时期中国城市蔓延的理论与实证研究》。前者从中国快速城镇化、经济体制转型的特殊制度背景出发探讨了中国城市蔓延的内在机理。后者对中国城市蔓延的表现、内涵、测度、驱动力及其影响，蔓延成本—收益的评估以及治理模式构建等问题进行了较为系统的研究。曾晨（2016）的《城市蔓延的多层次多维度测度和多尺

度多策略空间回归建模》是目前国内较有代表性的城市蔓延定量研究。

表 3-4　　　　　　　　城市蔓延相关的中文著作

作者（年份）	著作标题	内容概要
李强、杨开忠（2006）	《城市蔓延》	介绍西方城市蔓延的理论与方法，并以北京为例分析中国转型时期大城市蔓延的基本特征和影响因素，讨论中西方城市蔓延内在机理的差异，最后提出治理对策
阎川（2008）	《开发区蔓延反思及控制》	聚焦开发区蔓延现象，分析政府主导开发与土地依赖式增长下开发区蔓延的形成机理，重点探析交易成本在开发区蔓延产生中的作用，并进一步讨论开发区蔓延的维持与专业分工、单一理性的负面效应、开发蔓延的控制框架
洪世键、张京祥（2012）	《城市蔓延机理与治理：基于经济与制度的分析》	分析中国政治、经济、社会体制转型等深层次制度变迁对城市空间增长特别是城市蔓延的巨大影响，揭示城市蔓延的微观和宏观机理，进而构建弹性、集约、高效的城市空间增长管理政策工具体系
曾晨（2016）	《城市蔓延的多层次多维度测度和多尺度多策略空间回归建模》	阐释城市蔓延多维度测度的内涵，运用多指标评价的方法，对武汉市进行城市蔓延的多层次多维度测度和多策略多尺度空间回归建模
陈建华（2017）	《中国三大都市圈城市蔓延研究》	实证研究中国三大都市圈城市蔓延状况并探析其经济与制度成因
刘勇等（2019）	《快速城市化下的土地利用：格局、效应与政策》	基于土地利用视角对比分析中国多个城市的城市蔓延、郊区化、多中心开发特征，并揭示其动力机制和外在效应
王家庭（2020）	《快速城市化时期中国城市蔓延的理论与实证研究》	界定中国城市蔓延的表现和内涵，运用单指标和多指标方法测度 70 个大中城市的蔓延水平，从市场、社会、交通、政府等方面分析蔓延驱动机制，评估案例城市的蔓延成本—收益综合指数，比较中西方城市蔓延的特征并提出政策建议

第二节 关于城市蔓延内涵的争论

一 对城市蔓延概念模糊性的共识

城市蔓延的含义界定吸引了无数学者的关注,并且因其模糊性和复杂性,研究人员、政策制定者、活动家和公众对蔓延的看法大相径庭（Bhatta,2010）。城市蔓延在不同的学科中有不同的定义,经济学家、地理学家、环境科学家、城市和交通规划师对其赋予了不同的含义（OECD,2018）。不同时期和不同地区的研究者对蔓延的定义也有所不同（Lopez and Hynes,2003）。尽管国内外学者提出的城市蔓延定义版本众多,但是迄今为止仍没有达成统一的概念界定。Wilson等（2003）还指出"蔓延现象旨在描述而非定义",大众也经常在不给出准确定义的情况下就讨论城市蔓延（Bhatta,2010）。

城市蔓延是一个复合体（Gielen et al.,2017）,很难概念化。Galster等（2001）指出"城市蔓延是一个非常模棱两可的词",它涵盖了多种不同情形。Fulton等（2001）和Ewing等（2002）进一步强调了城市蔓延是一个难以捉摸的术语,界定城市蔓延像法官判定什么是色情的标准一样困难,但是"当人们看到它时就能知道这是蔓延"。由此可见,城市蔓延含义的模糊性是具有一定共识的（Arribas-Bel et al.,2011）。

二 城市蔓延界定的多维化趋势

（一）早期的城市蔓延界定探索

人们对城市蔓延的认知呈现从浅到深的过程,其概念内涵也经历了从简单到不断丰富的过程。Whyte（1958）认为城市蔓延是"城市郊区采用飞地式开发方式产生的蔓延现象"。Gottmann（1961）将城市蔓延界定为"大城市边缘带状区域从乡村向城市转化、持续不断扩张的过程"。Clawson（1962）将西方国家战后不连续的、与未利用地无序地混杂在一起的大型居住区开发等不连续的城市扩张认定为城市蔓延。Ewing（1994）认为，城市蔓延是一种"不理想的土地利用模式"，有分散开发、跳跃式开发、条带状开发、连续的低密度开发等类型。Anderson 等（1996）将城市外围郊区大规模的、单一的、与其他用地分离的居住用地布局视为城市蔓延。Burchell 等（1998）与 Sierra Club（2000）给出的界定相似，即城市蔓延是超过服务和工作边缘的一种低密度的、不同用地功能分隔（不连续的）、依赖机动化出行的开发建设模式。Malpezzi（1999）尝试给出城市蔓延在密度和不连续性等多个维度的定义。

Galster 等（2001）归纳了早期城市蔓延界定的六种类型：①通过一些体现蔓延特点的城市实例来定义蔓延；②蔓延被视作一种不美观的城市发展模式，被用于表达一种审美判断；③以造成的负面影响和负外部性来界定蔓延，例如对小汽车的高度依赖、中心区贫困、职住空间失配、环境质量下降等；④蔓延是多种驱动因素作用导致的，以这些形成原因来界定城市蔓延，如分权化的地方政府、无效规划或排斥性分区；⑤以空间发展格局与现状来界定蔓延，最常提到的是低密度、跳跃式开发、到中心的距离、就业和住宅开发的分散、连续的带状开发等；⑥从动态变化的视角来界定蔓延时，蔓延是一个动词，代表城市发展过程中的一个阶段，而不是一种静态状态。Chin（2002）给出的蔓延定义的常见类型与 Galster 等（2001）大同小异：①基于城市形态，城市蔓延通常被认为是与理想类型的"紧凑型城市"相悖的，因而郊区增长、带状发展、跳跃式发展和分散式发展等偏离紧凑型城市的发展模式都可能被视为城市蔓延；②基于土地利用，蔓延通常是与土地用途分离相关的，土地利用过于单一，比如独户住宅开发或独立式购物中心、工业、办公园区；③根据蔓延可能引起的影响，蔓延可以定义为"土地用途的可达性差""缺乏功能性开放空间"等（Ewing，1994），但是这种定义方式将任何具有负面影响的发展都贴上蔓延的标签，会造成无益的重言式；④基于密度界定城市蔓延是最常见的。此外，还有基于实例的定义以及基于美学的定义。

（二）城市蔓延多维内涵界定的发展

随着对城市蔓延多维内涵的认识越来越深入（Galster et al., 2001；Frenkel and Ashkenazi, 2008；Hamidi et al., 2015；Fuladlu et al., 2021），学者尝试从蔓延的区位、空间形态、土地利用、外部影响、社会经济活动密度等不同维度上的表现特征来界定它（Clawson, 1962；Ottensmann, 1977；Downs, 1994；Ewing, 1994, 1997；Burchell et al., 1998；Torrens and Alberti, 2000；Fulton et al., 2001；Lopez and Hynes, 2003；Frenkel and Ashkenazi, 2008；Hamidi et al., 2015；Amarawickrama et al., 2015），促使城市蔓延概念界定更丰富、多样，也更复杂。

Ewing（1994）提出了蔓延的五个突出特征：①分散和不连续的发展模式，在建成区留下未利用空间；②低密度住宅区的发展，这使得拥有私人庭院的独户住宅单元大量扩张，并导致公共开放空间的缺失；③沿主要交通轴线的商业地带开发；④土地用途分离，使城市功能相互分离，尤其是将住宅区与其他城市土地用途分隔开；⑤低通达性和对小汽车出行的高度依赖。Burchell 等（1998）归纳了城市蔓延的八个特征：①低密度的土地开发；②单一、功能空间分离的土地利用；③"蛙跳式"或零散的扩展形式；④带状商业开发；⑤依赖小汽车出行；⑥开发城市边缘区，牺牲城市中心（中心区衰败）；⑦就业岗位分散；⑧农业用地和开敞空间的消失。Galster 等（2001）指出城市蔓延是密度、连续性、集中性、聚集性、中心性、核心性、混合度和邻近性八个维度低水平组合下的土地利用模式。Gillham（2002）将蔓延的特征总结为低密度、跳跃式开发、商业走廊、土地使用功能分离、以私家车出行为主、公共空间缺失等。Ewing 等（2002）提出了城市蔓延的四个特征：低密度开发与人口分散；严格划分的居住、商业、办公区；巨型以及低通达性的街区街道；缺少明确的、富有活力的中心。Lopez 和 Hynes（2003）通过总结文献认为蔓延的定义通常包含以下一个或多个要素：①低密度发展；②分离的土地用途；③跳跃式开发；④带状零售发展；⑤依赖小汽车的发展；⑥城市外围开发的同时中心区却逐渐衰退；⑦就业分散；⑧农业和开放空间的减少；⑨分散的政府责权。Arribas-Bel 等（2011）提出了城市蔓延的六个主要维度，即分离度、连通性、开放空间可达性、密度、分散性和土地利用混合度。Gielen 等（2017）给出的城市蔓延界定是人口从中心城市地区向人口密度更低、开放空间更多、以独栋住宅和低层建筑为主、居民依赖于小汽车通勤的外围居住区蔓延的城市发展模式，其特点是低密度的扩张形态（分散的、不连续的或串连的）。Fuladlu 等（2021）将城市蔓延总结为一种无计划、消耗大量土地资源的发展模式，具有低密度、单一用途、依赖汽车、非连续或跳跃的特点。

（三）厘清维度、简化概念的一些主张

值得注意的是，尽管蔓延的多维内涵已达成基本共识，但是近年来有许多学者强调简化定义的必要性，换言之，要紧抓核心维度来开展城市蔓延界定工作。许多城市蔓延的概念构成包含成因或者影响等方面的要素（Bhatta，2010），比如，无计划是城市蔓延的成因之一（在部分国家或地区），中心区衰退则是城市蔓延的后果之一（在部分国家或地区）。这种界定方式也受到了部分学者的反对，他们认为："城市蔓延的原因和后果与城市蔓延本身的现象不同，不应被纳入蔓延的概念范畴。"（Jaeger et al.，2010；EEA，2016）城市蔓延的成因和影响具有多样性和差异性，很难在一个概念界定里全部涵盖，因而不应作为判定蔓延的标准，也不适于作为蔓延的核心特征放进蔓延的界定中。相反地，人地关系经常被当作界定城市蔓延的标准：Fulton 等（2001）以满足新增城市人口所需消耗的土地资源来描述城市蔓延，即当土地资源的消耗速度快于人口增长速度时可以被描述为"蔓延"；Ewing 等（2002）基于详尽的文献综述也将城市蔓延界定为城市景观扩张远远超过人口增长的过程。一些国际机构的研究报告更倾向于使用简化的概念，比如基于低密度这一核心维度来界定城市蔓延。EEA（2016）和 OECD（2018）将城市蔓延定义为以低人口密度为特征的城市发展模式，但也指明其表现形式多种多样。

三 外部性导向下的蔓延性质争论

（一）对城市蔓延负面效应的广泛批判

"城市蔓延"一词经常被用在十分消极的情境下（Couch et al.，2007）。在多数情况下，城市蔓延是不受控制或不协调的，其负面影响压倒了积极影响（Bhatta，2010）。Ewing（1994）列举了城市蔓延在心理成本、长时间通勤和交通拥堵、能源低效利用和空气污染、基础设施和公共服务成本膨胀、耕地流失等方面的危害。Burchell 等（1998）探讨了城市蔓延造成的土地消耗、市政基础设施成本提高、开车里程加长、职住失衡、中心区衰退等不利影响。Frumkin（2002）从依赖小汽车出行的直接影响、土地利用决策的影响、社会影响、环境正义等方面讨论了城市蔓延的负面影响。Frumkin 等（2004）在其专著中更为详细地讨论了城市蔓延带来的空气污染危害，超重以及糖尿病等流行病危害，交通事故伤亡危害，破坏水生态与水质问题，增加抑郁、焦虑和注意力缺陷障碍等精神疾病的危害，加剧收入不平等的危害，等等。Frenkel 和 Ashkenazi（2008）总结了城市蔓延的许多负面效应，如：缺少规模经济提高了郊区的公共服务成本；削弱了中心区的经济基础；高度依赖私人交通工具，造成能源消耗增加、交通拥堵和空气污染；分散、破碎的城市发展，破坏了生态环境，等等。Herzog（2014）从空气污染、交通事故与路怒症、肥胖、超大城市空间、心理健康与"社会资本"缩减、建筑环境私有化、封闭小区的兴起等方面详细描述了城市蔓延带来的危害。EEA（2016）认为，城市蔓延具有大量负面影响，负面的环境影响包括栖息地和农业土地减少、交通能耗增加、空气污染加重、洪水等自然灾害风险提高、"热岛效应"加剧等，负面的经济影响包括基础设施建设和维护支出增加、医疗保险和医疗服务成本增加、中心区衰退等，负面的社会影响包括缺乏活动的程度更高、肥胖率更高、社会隔离程度更高、"封闭社区"的产生等。

总结既有文献，城市蔓延的负面影响可以归类为生态环境、经济、社会三个方面：①生态环境效应，如侵占大量开放空间（Harvey and Clark，1965；Ewing et al.，2002）、降低生态服务功能（Stone et al.，2010）、提高能源消耗（Marzluff et al.，2008）、加剧空气污染（Burchell et al.，1998；Stone，2008；Schweitzer and Zhou，2010）等。②经济效应，如城市中心衰退（Ewing，1997；Fulton et al.，2001），基础设施和公共服务建设、扩建与维护成本提高（Brueckner and Fansler，1983；Ewing，1994；Ewing et al.，2002），家庭车辆数量增加导致燃料、保险、车辆维护、定期购买新车等方面的支出增加（Young et al.，2016；Lityński and Houj，2021）等。③社会效应，由于机动化出行和开放空间的减少，人们活动的积极性降低，引起肥胖症等危害健康的疾病（Lopez，2004；Schweitzer and Zhou，2010；Ewing et al.，2014；Herzog，2014），提高交通事故发生率和致死率（Frumkin et al.，2004；Herzog，2014），加剧社会分隔、贫困和不公平（Squires，2002；Frumkin et al.，2004；Le Goix，2005），减弱社会向上流动性（Ewing et al.，2016b），单一和不美观的蔓延特征导致环境剥夺和访问权剥夺（Popenoe，1979；Frumkin et al.，2004）等。

（二）少部分学者对城市蔓延积极效应的认识

也有一部分研究在讨论城市蔓延的负面影响时，也认可了蔓延带来的效益（EEA，2016）。Burchell 等（1998）在讨论了城市蔓延的负面作用之后，还分析了其积极作用，比如，郊区就业机会的增加在一定程度上减缓区间交通堵塞、缩短通勤时间，郊区住宅开发解决了更多家庭的住房问题，降低犯罪率（Frenkel and Ashkenazi，2008）等。EEA（2016）在对城市蔓延的积极和消极影响的研究综述中提到，城市蔓延的积极影响包括：提供负担得起的单户住宅，房屋之间有足够宽敞的空间和绿色环境，能提供更多的隐私（Bruegmann，2006）；居住区和就业区的分散减少空气污染，缩短通勤者从工作到家庭的出行距离（Ingram，1998）。

有些支持蔓延的学者认为蔓延是城市"自然发展"的一个阶段，它可能从紧凑的形式开始，然后随着人口和经济的增长而分散，再经过一段时间后，通过填充、地块细分和更高密度的开发，扩展区域可以再次变成更紧凑的区域（EEA，2016）。Gordon 和 Richardson（1997a）、Frenkel 和 Ashkenazi（2008）认为城市蔓延是相关主体在自由市场中的决策结果，能使社会总效益最大化，是城市蔓延主要的积极效益。因为郊区开发建设的土地成本低，城市蔓延通常被认为在经济上是趋利的选择（EEA，2016）。

（三）关于城市蔓延性质的争议与主流态度

目前，城市蔓延的词性是褒义还是贬义存在争论（Gillham，2002；EEA，2016）。城市蔓延的社会经济和环境影响通常是重叠的，或者一个直接影响可能有几个间接影响（Burchell et al.，1998；Bhatta，2010）。甚至，直接影响和间接影响之间还可能互相抵消（Ewing et al.，2016a）。EEA（2016）还指出，在计算蔓延的经济效益时，许多外部化的成本通常被忽略：基础设施建设和维护支出的增加在很大程度上是由公众支付的，与蔓延的环境、社会和健康影响相关的成本也通常不被考虑。

此外，城市蔓延的某些影响存在不确定性。通勤距离或通勤时间与城市蔓延存在一定的相关性，但在不同情形下有所差异。大部分情况下，随着郊区化快速发展与更密集的交通系统的连接，居住区和工作场所之间的距离增加，私人交通工具大量使用，会增加通勤时间（Garrido-Cumbrera et al.，2017）、拥堵和空气污染（Frenkel and Ashkenazi，2008）；但随着郊区新的增长极的发育，郊区就业机会增加，生活和工作都在郊区的人随之增多，能大大缩短这部分人的通勤时间（Downs，1998），在一定程度上减少了往返于郊区和中心城市之间的通勤时间，缓解交通堵塞（Burchell et al.，1998）。尽管绝大多数研究认为城市蔓延可能加剧空气污染和能源消耗，但也有数据表明城市蔓延能提高能源利用效率、减轻城市环境污染，比如李强、高楠（2016）发现城市蔓延对环境污染的影响显著为负，对提高能源利用效率具有正面作用。

总体来说，城市蔓延既有负面效应，也可能产生积极影响，只是负面影响更加突出（Bhatta，2010；Fuladlu et al.，2021）。有一部分学者认为蔓延是无害的，甚至是有益的，Gordon 和 Richardson（2000）还认为反对蔓延的干预措施损害了人们做出自己选择的自由，不利于经济增长。尽管如此，大部分学者和规划人员对城市蔓延持批判和反对的立场，认为蔓延现象必须得到解决或抑制（Frenkel and Ashkenazi，2008）。

第三节　城市蔓延测度方法与案例研究进展

一　城市蔓延测度研究概述

城市蔓延是无法直接观察到的，它涉及与城市地区的密度、用地功能、形态、结构以及经济和社会方面有关的许多不同条件，难以概念化、更难以衡量（Gielen et al.，2017）。由于缺少统一的评价指南，国内外学者基于他们对城市蔓延的不同理解（Lopez and Hynes，2003），提出了不同的方法量化（EEA，2016）。早期以定性研究居多，如 Ewing（1997），定量研究数量比较少。随着对城市蔓延认识程度不断加深，城市蔓延的定量评价研究逐渐增多。传统的方法是基于统计数据计算单一指标或综合蔓延指数来测度城市蔓延水平。但传统的测度方法有很大局限，统计数据受行政界线限制，城市空间范围往往不精确（Sutton，2003）。近年来，GIS 与 RS 技术飞速发展，提升了研究者对空间数据的处理、计算和分析能力，多源数据的可获得性也大大提高，能够更加精确地获取城市土地和人口的空间分布信息。尤其是，土地利用和土地覆盖（LULC）变化很大程度上体现了城市蔓延的特征（Bhatta et al.，2010；Shahraki et al.，2011），对 LULC 的监测数据促进了对城市蔓延的动态的、不同空间尺度的定量研究。在这些新数据、新技术和新方法的推动下，城市蔓延测度研究逐渐走向多元化。

在实际操作中，测度城市蔓延的方法以指标测度法为主（张坤，2007），一般根据城市蔓延的主要特征提出可测量指标。指标测度法又可以简单划分为两种（Zhang et al.，2021）：单维指标测度，选择一个最重要的维度来测度蔓延水平（Lopez and Hynes，2003；Gao et al.，2016）；多维指标测度，选取多个维度的指标来计算综合蔓延指数（Galster et al.，2001；Frenkel and Ashkenazi，2008；Zhang et al.，2021）。早期以单维指标测度为主，而目前大多采用多维指标测度方法（张琳琳等，2014）。比较研究法是城市蔓延测度研究的辅助方法，目前城市蔓延测度的比较研究主要可分为三类：单个案例的纵向比较研究、多案例的横向比较研究、多案例的纵向比较研究（岳文泽等，2020）。此外，城市蔓延测度在空间尺度和时间尺度的组合选择上存在多样性。

二 常见的城市蔓延测度指标

为了更好地开展城市蔓延测度研究，不少研究者对既有文献中使用的城市蔓延测度指标进行了较为系统的总结与归纳（Torrens and Alberti，2000；Knaap et al.，2005；Frenkel and Ashkenazi，2008）。Torrens 和 Alberti（2000）总结了密度、几何形状的分散度、建筑环境的美观度、分形维度、生态影响、通达性六个方面的蔓延测度指标，并且讨论了这些测度指标可能遇到的实际操作问题。Knaap 等（2005）总结了不同层面的蔓延测度指标：大都市区层面有密度、密度变化率、布局、形状指数等指标；次都市区层面有密度、多样性、通达性、交通路网等指标；社区层面有密度、结构、多样性、通达性、交通路网等指标；城市设计层面有交通基础设施、建筑设计、环境、通达性、感知等指标；景观生态层面有斑块、结构、多样性、形态等指标。综合以上文献的归纳总结，本书将着重从密度、增长率、形态与格局、通达性和其他指标五个方面来具体介绍主要的城市蔓延测度指标。

（一）密度指标

密度指标是城市蔓延测度最常用的指标（Galster et al.，2001）。城市密度的类型多样，有许多衡量方法（Churchman，1999；Burton，2000；Chin，2002）。Galster 等（2001）、Fulton 等（2001）和王家庭等（2019）在计算城市蔓延指数时使用的人口密度指标是用单位建成区面积上的城市总人口来表示的。Kahn（2001）采用就业人口密度来计算城市蔓延指数。Jaeger 和 Schwick（2014）在其提出的城市蔓延指数中使用了居住和就业密度指标来反映用地强度。Frenkel 和 Ashkenazi（2008）使用了两个密度指标，总密度指标由居住人口与建成区面积之比表示，净密度指标由居住人口与居住用地面积之比表示。Lopez 和 Hynes（2003）提出了一个反映居住密度空间分布的蔓延指数，该蔓延指数是用城市内部高密度地块的人口比例与低密度地块的人口比例关系来表示的。OECD（2018）使用居住在密度低于某一阈值的地区的人口百分比作为蔓延测度指标之一。Uhel（2006）使用了建成区增量、人均建成区面积、密集住宅区占所有住宅区的比例、低密度住宅区占所有新住宅区的比例、居住密度等多个密度指标来比较城市蔓延水平。尧亮（2010）使用了人口密度、住宅密度、就业密度、人均住宅等密度指标。Hamidi 和 Ewing（2014）使用了人口密度、就业密度、居住在低密度地区的人口百分比、居住在较高或高密度地区的人口百分比、城市土地上的净人口密度等多种形式的密度指标。此外，密度梯度也是常用的密度指标（Batty and Longley，1994；Ingram，1998；曾晨，2016）。

（二）增长率指标

土地无序扩张与低密度是城市蔓延的核心特征（张琳琳等，2014），因此，城市土地扩张与人口增长之间的协调关系常被用作衡量城市蔓延的指标。Jackson（1986）将城市蔓延看作"城市外围的人口增长率高于中心区人口增长率的情形"。Kolankiewicz 和 Beck

(2001)、Hasse（2002）用城市建成区面积或不透水面增量来考察城市蔓延情况。建成区面积的增长率与市辖区人口的增长率之比（或之差）经常被用作城市蔓延指标（Hadly, 2000）。这一指标考察城市土地扩张速度是否快于人口增长，关注城市人口与用地的协调关系（Lopez and Hynes, 2003）。Sierra Club（2000），Lopez 和 Hynes（2003），王家庭、张俊韬（2010），Gao 等（2016），Yue 等（2016）和张潇等（2021）等都将城市建成区面积（或城市用地面积）增速是否超过人口增速作为判断城市蔓延的标准（之一）。

（三）形态与格局指标

形态与格局是景观的两个主要特性，当城市的形态是不规则或分散、破碎的，城市土地利用格局呈分离和均质化，则被认为是蔓延的（Frenkel and Ashkenazi, 2008）。空间形态与格局指标数量较多，其中大部分是从生态学（Turner, 1989; McGarigal and Marks, 1995）或分形几何学（Batty and Longley, 1994; Torrens and Alberti, 2000）借鉴得来。形态指标量化了城市景观的分散和破碎程度，常见的有蛙跳指数或邻近指数（Galster et al., 2001; Hasse, 2002; 刘卫东、谭韧骠, 2009; Yue et al., 2013; 张琳琳等, 2014; Pradhan, 2017）、向心性（Galster et al., 2001; Hamidi and Ewing, 2014）、分形维度及形状指数（Batty and Longley, 1994; Torrens and Alberti, 2000; Yu and Ng, 2007; Frenkel and Ashkenazi, 2008; Triantakonstantis and Stathakis, 2015; Pradhan, 2017）等。空间格局指标能够量化用地结构混合度，反映了景观的异质性水平（McGarigal and Marks, 1995），一般由不同土地利用类型的百分比来表示。Galster 等（2001）、Song 和 Knaap（2004）、Frenkel 和 Ashkenazi（2008）、Hamidi 和 Ewing（2014）、曾晨（2016）等研究提出的城市蔓延指数中都包含土地利用结构或混合度指标。也有研究采用相似性指数或多样性指数来反映土地利用异质化水平（Jat et al., 2008; Pradhan, 2017）。

（四）通达性指标

城市蔓延是一种通达性较低的情形（Ewing, 1994, 1997; Hamidi

et al., 2015)。通达性（也称为"可达性"）可以通过道路长度、道路面积、出行距离、通勤时间、道路网络的分形维度等指标来量化（Hadly, 2000; Frenkel and Ashkenazi, 2008）。Hasse（2002）、尧亮（2010）、Hamidi 和 Ewing（2014）、曾晨（2016）、Zhang 等（2021）等研究都使用了通达性指标来测度城市蔓延。

（五）其他指标

城市蔓延既是一个基于美学的建筑和设计问题，又是一个城市结构问题（Torrens and Alberti, 2000），被广泛认为是一种单调重复、均质的发展（Fulton, 1996; Gordon and Richardson, 1997a）。美学评价指标可以反映城市蔓延的不美观特征，鉴于美学评价的主观性较强、测量难度大，相关应用并不广泛，仍需进一步深化研究（Torrens and Alberti, 2000; Frenkel and Ashkenazi, 2008）。很多研究将城市蔓延与多中心放在一起讨论，并且将多中心指标用于蔓延测度，如 Galster 等（2001）、OECD（2018）。冯科（2010）、岳文泽等（2020）将土地利用效率指标用在蔓延水平测度中，用来反映城市蔓延的低效性特征。在一些把"无计划"视作城市蔓延特征的研究中，规划不一致性指标也被用来测度城市蔓延水平，如 Hasse（2002）、Yue 等（2013）。此外，还有一些研究，如冯科（2010）、蒋芳等（2007a），将反映城市蔓延影响的指标也纳入了蔓延测度指标体系。

三 常见的测度方法与时空尺度

（一）单维测度在大样本比较研究中占主导

城市蔓延定量评价研究最开始主要采用单维指标测度方法，选择一个最重要、最具有代表性的维度来表征城市蔓延水平（Lopez and Hynes, 2003; Fuladlu et al., 2021），通常以人口密度或人口与建设用地增长率之比作为单维测度的指标（Galster et al., 2001）。如表 3-5 所示，城市蔓延单维测度的代表性研究有 Fulton 等（2001）、Sutton（2003）、Lopez 和 Hynes（2003）、王家庭和张俊韬（2010）、Gao 等（2016）、张潇等（2021）等。

表 3-5　　　　　　　　　代表性的城市蔓延单维测度研究

文献	测度指标	样本量（个）
Fulton 等（2001）	人口密度	281
Sutton（2003）	人均土地消耗量	300
Lopez 和 Hynes（2003）	居住密度	330
王家庭、张俊韬（2010）	城市建成区面积增长率与市区人口增长率之比	35
Gao 等（2016）	城市土地增长率与人口增长率之差	657
张潇等（2021）	城市建成区面积增长率与市区人口增长率之比	278

单维测度方法选用的指标同一性相对较高，一般采用容易获得的人口和建成区面积等统计年鉴数据，而且指标计算简单，因此，单维测度研究在时间上的连续性较高，并且可复制性和可比性较高。单维测度研究通常对大样本的都市区或城市案例的蔓延水平进行定量分析，比如，Fulton 等（2001）、Lopez 和 Hynes（2003）都采用密度指标对美国各都市区的蔓延水平进行了测度。本书第一章中列举的对照组王家庭、张俊韬（2010）和 Gao 等（2016）都采用城市建成区面积增长率与市区人口增长率之比作为单一测度指标对中国不同数量的城市样本进行蔓延水平测度。

（二）基于多维测度的比较研究渐成趋势

城市蔓延是一个多层面的现象，单维指标测度并不能全面地衡量它（Frenkel and Ashkenazi，2008），多维测度则能相对全面地捕捉城市蔓延的属性与特征（Fuladlu et al.，2021）。于是，越来越多的研究者使用多维指标来测度城市蔓延。Sierra Club（2000）采用市区向郊区的迁移人口、城市用地和人口增长的比值、通勤时间、开放空间的减少四项指标来测度美国城市的蔓延水平。之后，像 Galster 等（2001）、Ewing 等（2002）等采用多维度的城市蔓延测度研究逐渐丰富，如表 3-6 所示。多维测度越来越普遍，并逐渐成为城市蔓延定量研究的主要趋势。

表 3-6　　　　　　　　　　代表性的城市蔓延多维测度研究

文献	测度指标	样本量（个）
Galster 等（2001）	密度、连续性、土地利用混合度、集群度、集中度、相对中心商务区的集中性、城市多中心程度、邻近度共 8 个维度，连续性和土地利用混合度两个维度在对居住用地蔓延测度时未采用	13
Ewing 等（2002）	居住密度、居住—就业—服务功能混合度、中心区活力、路网通达性 4 个主成分因子 22 个指标	83
Hasse（2002）	密度、跳跃式开发、土地利用分割程度、规划不一致性、带状开发、道路设施低效性、交通可达性、社区结点可达性、土地资源消耗、开放空间侵入度、不透水面增量、城市增长轨迹共 12 个方面的指标	1
Song 和 Knaap（2004）	连通性、密度、通达性、步行访问和土地使用共 5 个方面 12 个指标	1
Sudhira 等（2004）	香农熵、不同类别斑块数量、斑块密度（建设用地斑块数与总斑块数之比）、人口密度	1
蒋芳等（2007a）	城市扩展形态（斑块面积、建设密度、不连续开发、条带式开发、蛙跳式开发）、扩展效率（人口密度、GDP 密度、规划一致性）和外部影响（耕地影响、开敞空间影响、交通影响）共 3 个方面 13 个指标	1
Frenkel 和 Ashkenazi（2008）	密度（总人口密度、净人口密度）、分形（分维度、形状指数、总蛙跳指数、净蛙跳指数、最小斑块面积）、土地利用结构（住宅用地百分比、工业用地百分比、基础设施用地百分比、混合用地百分比、娱乐旅游用地百分比、特殊用地百分比）共 3 个方面 13 个指标	78
刘卫东、谭韧骠（2009）	空间形态（人口密度空间分布、松散度、带状扩展度、蛙跳指数、土地利用混合度）和经济社会（投入产出系数、建设用地与经济增长系数、人均财政收入、地均社会消费品零售总额、地均工业总产值、居住密度、路网密度、交通通信支出比例、公共电汽车使用情况、建成区与人口协调系数）共 15 个指标	1
尧亮（2010）	连通性（内部连通性、外部连通性、街道平均长度、道路密度、街道长度）、密度（住宅密度、人口密度、就业密度、人均住宅）、通达性（学校通达性、公园通达性、体育通达性、公交通达性）、步行访问（学校步行、公园步行、体育步行、公交步行）、土地利用（土地利用比率、用地平衡度、土地适宜性）、耕地（耕地损失、耕地损失率、耕地占用率），共 7 个方面 23 个指标	1

续表

文献	测度指标	样本量（个）
冯科（2010）	效率维度（中心区人口密度变化率、单位新增人口的建设用地消耗量）、形态维度（分形几何维度、形状指数、建设用地碎裂度、耕地碎裂度、跳跃指数）、影响维度（耕地损失、拥挤程度），共3个维度9个指标	1
Yue 等（2013）	人口密度、蛙跳指数、蔓延指数、景观指数、规划不一致性	1
Hamidi 和 Ewing（2014）	密度、土地利用混合度、向心性、街道可达性共4个方面15个指标	162
Hamidi 等（2015）	密度、土地利用混合度、向心性、街道可达性共4个方面21个指标	221
EEA（2016）	建成区面积占比、空间结构（分散度）、土地利用强度（居民或工作场所平均占地面积）共3个维度的指标加权成 WUP 指标	32*
曾晨（2016）	结构维、形态维、密度维、梯度维、邻近维、可达性维、动态维7个维度	1*
Gielen 等（2017）	净住房密度、城市形态指数、住房类型、开放空间密度、形状指数、分形维度、破碎度、集中度、到中心距离、中心距离标准差、中心距离变异系数、不连续性共12个指标	542
Tian 等（2017）	建设用地增长、公共设施可达性、密度、交通通达性、斑块密度、平均斑块面积、蛙跳面积7个次维度共10个指标	1
OECD（2018）	平均城市人口密度、分布在低密度区的人口百分比、分布在低密度区的土地百分比、城市人口密度变化、破碎度、多中心（城市中心数量）、分散度（居住在城市边缘的城市人口比重）	29
王家庭等（2019）	经济（人均 GDP、城市地均固定资产投资、城市国有土地使用权出让收入、居民人均可支配收入）、人口（城市人口增长率、人口密度、人口城市化水平）、土地利用（城市人均建设用地增长率、土地利用多样性）、基础设施（城市人均道路面积、人均公共交通使用量、人均公共基础设施维护成本）共4个维度13个指标	69
岳文泽等（2020）	空间紧凑度（景观形状指数、平均最近邻距离、分离度）、人口集聚度（户籍人口密度、常住人口密度、从业人口密度）、建设用地效率（地均 GDP、地均二三产值、地均财政收入）共3个维度9个指标	106
Chettry 和 Surawar（2021）	人口密度、景观指标（斑块数量、平均斑块面积、最大斑块指数、分形维度）和城市扩张指数	3

注：*表示研究有多个尺度，不同尺度上样本数量不同。

西方国家城市蔓延多维测度研究开展较早。Galster 等（2001）在其提出的指标体系中选取了六个维度对美国 13 个都市区的居住用地蔓延进行了测度。Ewing 等（2002）采用居住密度、功能混合度、中心区活力、路网通达性四个维度的指标评价了美国 83 个都市区的蔓延水平。Frenkel 和 Ashkenazi（2008）采用密度、分形、土地利用结构三个方面的指标测度了以色列 78 个居住区的蔓延情况。Hamidi 和 Ewing（2014）构建了包含密度、土地利用混合度、向心性、街道可达性等维度在内的指标体系，对美国 162 个大都市区的蔓延水平进行了测度。EEA（2016）基于建成区面积占比、分散度和土地利用强度三个维度的指标加权生成综合指数（WUP）对 32 个欧盟国家的蔓延程度进行了评价。其他的大样本比较研究还有 Hamidi 等（2015）、Gielen 等（2017）、OECD（2018）等。尽管以表 3-6 中 Hasse（2002）、Song 和 Knaap（2004）、Sudhira 等（2004）为代表的单个城市样本的多维测度研究数量也不在少数，但相比较而言，国外基于多样本比较的多维测度研究大多是由该领域知名学者或机构组织开展，不仅数量丰富，而且国际影响深远。

国内研究主要以单个城市样本的案例研究为主。例如，蒋芳等（2007a）运用城市扩展形态、扩展效率和外部影响三个维度的指标体系来测度北京的城市蔓延程度。冯科（2010）采用效率、形态和影响三个维度的指标体系定量表达了杭州市的城市蔓延。Yue 等（2013）结合了蔓延指数、人口密度、蛙跳指数、景观指数、规划不一致性等指标评价了杭州市的蔓延情形。曾晨（2016）采用结构维、形态维、密度维、梯度维、邻近维、可达性维和动态维七个维度的指标对武汉市进行了蔓延测度。Tian 等（2017）使用建设用地增长、公共设施可达性、密度、交通通达性、斑块密度、平均斑块面积、蛙跳面积等指标测度了上海的城市蔓延水平。近几年，国内研究者也逐渐尝试开展基于多样本的城市蔓延多维测度研究。比如，王家庭等（2019）采用经济、人口、土地利用、基础设施四个方面的指标对中国 69 个大中城市的蔓延水平进行了测度。岳文泽等（2020）采用空间紧凑度、人口集聚度、建设用地效率三个维度的指标对中国91个主要大城市的蔓延水平进行了测度。但是，相对来说，基于多案例比较的城市蔓延多维测度研究成果数量还有待丰富。

多维指标体系的测度结果往往会出现不同维度之间的结果差异，甚至是单个维度内不同指标之间也存在差异。为了方便比较，研究者通常会使用多种多样的方法对指标进行标准化和降维处理（岳文泽等，2020），并将多维特征集聚成一个综合蔓延指数。比如，Galster等（2001）使用Z-Score法对多维指标的Z值相加得到一个综合蔓延指数；蒋芳等（2007a）采用层次分析法（一种主观打分法，通过因素成对比较得到各因子权重）对各指标赋权并加权求和得到蔓延综合指数；Gielen等（2017）使用独立成分分析、一般因子分析和主成分分析三种降维方法，并使用贝叶斯法生成一个综合蔓延指数；Ewing等（2002）、Frenkel和Ashkenazi（2008）、刘卫东和谭韧骠（2009）、王家庭等（2019）和岳文泽等（2020）选用主成分分析法从多个指标得到主成分因子，以主成分因子的方差贡献率为权重系数计算加权后的综合蔓延指数。

（三）时空尺度组合的多样化探索还需加强

城市蔓延测度研究在时间和空间尺度选择上构成了不同的时空组合（见表3-7）。

表3-7　　　　国内外城市蔓延测度研究的尺度组合

测度类型	代表性研究成果	时空尺度组合			
		相对指标	城市整体	城市内部	横向比较	纵向比较
单维测度	Fulton等（2001）		●		●	●
	Lopez和Hynes（2003）		●		●	
	王家庭、张俊韬（2010）	●	●		●	
	Gao等（2016）		●		●	
	张潇等（2021）	●	●		●	●

续表

测度类型	代表性研究成果	时空尺度组合			
		相对指标	城市整体	城市内部	横向比较	纵向比较
多维测度	Galster 等（2001）		●		●	
	Ewing 等（2002）		●		●	●
	Song 和 Knaap（2004）			●	●	●
	蒋芳等（2007a）	●	●		●	
	Frenkel 和 Ashkenazi（2008）			●	●	
	刘卫东、谭韧骠（2009）		●			●
	冯科（2010）	●				●
	尧亮（2010）		●			●
	Yue 等（2013）	●	●	●		
	Hamidi 等（2015）		●		●	
	Gielen 等（2017）		●			
	Tian 等（2017）	●		●		
	王家庭等（2019）	●	●		●	
	岳文泽等（2020）		●			
	Chettry 和 Surawar（2021）	●	●		●	●
	Zhang 等（2021）	●				
多组合	EEA（2016）		●	●	●	
	曾晨（2016）	●	●	●	●	●

首先，在时间尺度选择上，既有揭示单一时间段下的城市蔓延状态的横向比较研究（Galster et al.，2001；Lopez and Hynes，2003；Hamidi et al.，2015），也有分析连续多个时间段下的城市蔓延动态变化趋势的纵向研究（刘卫东、谭韧骠，2009；冯科，2010；尧亮，2010）或横向纵向相结合的研究（Fulton et al.，2001；Ewing et al.，2002；Frenkel and Ashkenazi，2008；Yue et al.，2016；EEA，2016；王家庭等，2019；张潇等，2021），但总体上不同类别的城市蔓延测度研究在时间尺度选择上的分异规律并未显现。由于城市蔓延是一个相对的概念，不少研究采用了当年与基期的相对指标（需要两期数

据来计算）来描述它，比如使用自基期以来的增长率指标（王家庭、张俊韬，2010；Gao et al.，2016；Yue et al.，2016；张潇等，2021），或者使用基于土地利用动态变化数据计算的面积、形状或蛙跳指数（蒋芳等，2007a；Frenkel and Ashkenazi，2008；冯科，2010；Yue et al.，2013；Zhang et al.，2021）。王家庭等（2019）以2000年为基期计算了2004年、2009年、2014年多指标城市蔓延指数，其指标体系包含了自基期以来的增长率指标和当期值与基期值的比值指标。并且，即便是在采用相对指标的这些研究中，也有一部分开展了纵向比较（冯科，2010；Tian et al.，2017；王家庭等，2019；Chettry and Surawar，2021；张潇等，2021），而另一部分只进行了横向比较分析（蒋芳等，2007a；王家庭、张俊韬，2010；Yue et al.，2013；Gao et al.，2016）。值得注意的是，在开展纵向研究时需要选择适中的时间间隔（张潇等，2021）：如果时间间隔太近，则城市蔓延状况有较大随机性；如果时间间隔太长则不能体现城市蔓延状况的连续性，容易出现误差。对连续多个时间段下的城市蔓延动态变化趋势的纵向比较研究中，采用的时间间隔较长的在15年左右，如Fulton等（2001）、Frenkel和Ashkenazi（2008）；采用的时间间隔居中的在10年左右，如Ewing等（2002）比较了1990年和2000年的蔓延变化；采用的时间间隔较短的在5年及以下，比如王家庭等（2019）和张潇等（2021）采用的时间间隔是5年。

其次，在空间尺度选择上，按研究单元是城市整体单元还是城市内部单元可以简单划分为宏观尺度和微观尺度两类。宏观尺度研究的测度对象一般包括：①国家层面，如OECD（2018）对29个经合组织国家1156个城市地区进行了城市蔓延测度，计算并比较了1990年、2000年和2014年不同国家的蔓延指数。②都市区层面，如Fulton等（2001）对美国281个都市区在1982—1997年的蔓延水平进行了横向和纵向比较；Lopez和Hynes（2003）对美国330个都市区2000年的蔓延水平进行了横向比较。③城市层面，如王家庭、张俊韬（2010）测度了1999—2008年中国35个城市的蔓延情况，并进行横向比较；张潇等（2021）对中国 278 个城市在 2002—2017 年多个时间段内的蔓延水平进行了横向和纵向比较分析。大部分宏观尺度研究采用多样本城市案例比较的模式，并且一般为对多样本案例的横向比较分析（Galster et al.，2001；Lopez and Hynes，2003；王家庭、张俊韬，2010；Hamidi et al.，2015；Gao et al.，2016；Gielen et al.，2017；岳文泽等，2020），也有部分研究对多样本案例同时开展了横向比较与纵向比较分析（Fulton et al.，2001；Ewing et al.，2002；王家庭等，2019；Chettry and Surawar，2021；张潇等，2021）。另外，还有小部分宏观尺度研究对单样本城市案例进行纵向比较（刘卫东、谭韧骠，2009；尧亮，2010）。

微观尺度研究，即以城市内部单元为测度对象的城市蔓延测度，因数据获取技术、渠道、成本等限制，发展较为缓慢。微观尺度研究的测度对象一方面依赖于可获取数据的最小单元，另一方面又需要在数据处理量以及不同层级上测度到的蔓延信息量多少之间权衡。比如，Song 和 Knaap（2004）在街区层面进行城市蔓延测度，并选取了一系列反映街区层面特点的指标，如街区内部道路通达性、街区之间道路通达性、平均街区数量、街区内部非居住用地的混合指数等。其尺度选择是基于对 60 个普查区、186 个街区和 237 个子街区三个层次分别进行测验的结果，由于普查区层面提供的关于城市形态随时间变化的信息少于街区层面，而在子街区层面测量的信息比在街区级别上测量的信息多不了多少，作者最终认为街区层面是最优选择。现有的国内外城市蔓延微观尺度测度研究通常可以分为两类，一类是以城市内部区划单元（Song and Knaap，2004；Yue et al.，2013）或者居住区（Frenkel and Ashkenazi，2008）为蔓延指数测度单元，另一类是研究者按一定规则划定的地块或栅格单元（EEA，2016；曾晨，2016；Zhang et al.，2021）。街道是中国最小的行政区划单元，Yue 等（2013）对杭州市主城区 49 个街道/镇开展城市蔓延测度，将城市空间开发类型区分为填充式、边缘式和蛙跳式三种，将街道人口数据与边缘式和蛙跳式开发的地块数据进行叠加分析得到蔓延的分布情况，并计算了杭州市主城区 1995—2005 年的综合蔓延指数。Zhang 等（2021）计算了杭州市区"1 千米×1 千米"居住用地单元在 2000 年和 2010 年的综合蔓延指数，并结合增长率之比和建设用地扩张类型两个相对指标分析了 2000—2010 年居住用地蔓延分布以及城市内部不同区域的蔓延水平差异。

此外，国内外测度研究大部分是基于一个尺度开展的，只有极个别同时在不同尺度上开展蔓延测度和比较（EEA，2016；曾晨，2016）。EEA（2016）开展了国家层面、地方行政区域（人口在 80 万以上、300 万以下的省、州或地区）、1 平方千米栅格三个空间尺度的蔓延测度，并分别比较了各个尺度的样本单元在 2006—2009 年的蔓延变化趋势。曾晨（2016）也提出了一种多层次、多维度的城市蔓延测度方法，在宏观层面（武汉大都市区）、中观层面（区县）、微观层面（地块单元）分别测度 1996 年和 2006 年的蔓延指数。总体看来，基于多尺度测度的多案例比较研究是当前城市蔓延测度研究的一个空缺。

第四节　城市蔓延形成机理研究进展

城市蔓延是一个复杂的形成过程，各种各样的驱动因素推动了其产生、加剧与扩散。尽管一些研究仅将蔓延与某个主要驱动因素联系在一起，例如"依赖小汽车出行的生活方式"（Henderson and Thisse，2004）或高速公路建设（Johnson and Klemens，2005），但实证结果强调了城市蔓延是由多方面因素驱动的（Anas et al.，1998；Brueckner，2000）。尽管其中一些研究更多的是对城市增长或城市扩张的解释，但这些尝试为城市蔓延的机理解释奠定了基础。对城市蔓延驱动机理的解释研究大致可以分为经验描述和经济学解释两类。

一　城市蔓延机理的经验描述

对城市蔓延形成机理的经验描述发展较早，从 20 世纪 60 年代开始一直持续至今。Harvey 和 Clark（1965）将城市蔓延的成因进行了归纳，包括自然地理状况、土地持有者的投机行为、垄断竞争者的独立决策、土地开发税、交通设施的建设以及政府的公共管制与公共政策。Downs（1994）提出，独立式住宅偏好、小汽车出行、低层厂房建设以及大量独立的地方政府共同构成城市蔓延的主要驱动因素。Dutton（2000）基于新城市主义理论，将小汽车和高速公路的开发、分区制和政府政策、缺少区域规划、缺少邻里设计、城市开发的专门化和标准化等作为城市蔓延的主要成因。Leroy（2003）将影响城市蔓延的因素归纳为低密度住宅偏好、汽油低价、排他性的郊区分区制、缺少有效的区域规划、大住房购买信贷政策、银行和保险公司的地理与种族歧视、城市间对税收和就业的竞争、中心城市学校质量下降、联邦公共资助等多个方面。Gillham（2002）提出郊区化蔓延是由土地所有制和土地利用、通信技术、交通模式、规划与建筑标准等多重因素决定的。Bhatta（2010）认为城市蔓延与城市增长是高度相关的，二者的原因也非常相似，并基于文献总结归纳了城市增长和城市蔓延的影响因素：人口增长、自由决策权（不受计划控制）、经济增长、工业化、投机行为、土地升值预期、土地占有欲、法律纠纷、自然地理条件、开发税和不动产税、生活成本、缺乏负担得起的住房、对更多生活空间的需求、公共法规、高速公路的建设、道路宽度、独栋住宅、信贷和资本市场发展、政府的开发政策、缺乏适当的规划、规划政策的执行不力、对乡村生活的渴望、房地产投资、人均占地多。EEA（2016）总结了五个方面的蔓延驱动因素：①人口因素。实证分析表明人口增长是城市扩张的主要驱动力（Kasanko et al.，2006），即使在许多人口已经明显下降的地区，城市蔓延也仍在继续增加（Couch et al.，2007）。②社会经济因素。实证分析表明，较高的 GDP 会激发独立住宅购买力，直接推动城市蔓延（Bresson et al.，2004），同时也可能通过提高小汽车拥有量、交通道路建设、改变生活方式等其他社会经济影响间接推动城市蔓延（Anas et al.，1998；Torrens，2006），不过更高的 GDP 也可能是城市蔓延的结果。③政治因素。规划、法规、补贴和税收在加剧或减缓城市蔓延方面发挥着重要作用（Bertaud and Brueckner，2005；Nuissl and Rink，2005；Su and Desalvo，2008）。④技术因素。通信技术和自动化的进一步创新可能会使住宅更大程度分散化，从而推动城市蔓延。⑤自然地理因素。比如，地形（如冰川、湖泊等）和区位。

二 城市蔓延机理的经济学解释

20 世纪 80 年代后，城市蔓延机理的经济学解释不断丰富。经济学解释的研究范式主要包括基于计量经济学的解释、基于新古典经济学的解释、基于规制经济学的解释（李强等，2005；陈洋等，2007）。

（一）基于计量经济学的蔓延机理解释

通过建立计量模型来分析驱动因素是经济学解释的常见范式，基于计量经济学的城市增长或城市蔓延机理研究数量丰富。Zhang（2001）采用回归模型方法分析了影响芝加哥都市区新住宅开发的因素，结果发现：①当区位因素固定时，社会经济特征（如家庭收入、受过高等教育且收入相对较高的居民百分比以及居民的种族构成）对新住宅建设影响显著；②土地利用条例、住宅存量、存量住宅年龄、学校也是影响新住宅建设的因素；③交通便利性的影响相当有限。Carruthers 和 Ulfarsson（2002）采用回归模型分析发现，分散化的地方政府是美国城市蔓延的一个重要原因。Verburg 等（2004）为荷兰的土地利用变化构建 Logistic 回归模型，发现土壤和地形条件起一定作用，可达性、空间政策和邻域影响起更重要的作用。

（二）基于新古典经济学的蔓延机理解释

新古典经济学将市场经济的自发作用及其失灵视为蔓延形成的

主要原因（冯科，2010），但制度层面的因素被排斥在外。Brueckner 和 Fansler（1983）基于新古典单中心城市模型（Muth，1969；Mills，1972），通过比较静态分析，建立了单中心城市蔓延模型，该模型中城市人口数量、居民收入、农用地租金都是城市蔓延的影响因素。之后，Brueckner（2000）更加系统地分析了市场经济自发作用（包括城市人口增加、城市居民收入增加、交通成本下降等）和市场失灵（错误的成本—收益分析下做出的选择决策）是如何作为关键因素影响城市蔓延的，他还强调应当努力规避由市场失灵导致的城市蔓延。

（三）基于规制经济学的蔓延机理解释

城市土地利用规制研究领域主要是基于规制经济学思路来探究投资者、土地所有者、政府、居民在特定制度安排下的动态博弈对城市土地利用控制政策形成的决定过程（李强等，2005；冯科，2010）。许多学者采用规制经济学理论来解释蔓延形成的机理，将导致城市蔓延的制度因素视为内生因素。他们将城市蔓延视作政府对城市土地的规制结果，并把土地利用政策的决定过程与城市蔓延形成机理相联系（刘芳，2010）。例如，Fischel（1992）在解释美国土地利用规制时提出了住房所有者投票人假说，该假说认为城市蔓延是城市住房所有者与政府及其他利益相关者针对土地利用政策制定而博弈的结果。Pendall（1999）从政治经济学的视角出发，认为低密度的分区管制政策和郊区住宅开发会促进蔓延发展，基于破碎化的政府治理结构而形成的公共政策会增加土地消费、加剧城市的无序蔓延。还有一些学者将20世纪70年代中期法国规制学派的规制分析方法用来分析城市蔓延问题（李强等，2005）。例如，谷凯（2002）应用规制分析方法对北美城市蔓延的形成过程进行解释，他认为，在福特制工业时期，北美城市形态受到政府管理行为的影响，低密度区划法规、支持独户住宅的财政政策、基础设施的建设等积极地推动了私人汽车的普及，并与高速公路的大规模建设一同成为无节制蔓延的主要驱动力。相比之下，土地利用规制分析的角度是微观层面的，利益主体之间通过竞争博弈决定城市土地利用政策从而导致城市蔓延；而法国规制学派的规制分析则是从更加宏观的角度来分析城市蔓延成因的。

三 关于中国城市蔓延机理解释的探索

目前，关于转型期中国城市蔓延机理的经济学解释总体上较为缺乏。由于城市蔓延被认为是过度的郊区化和低效的城市扩张，因而一些对郊区化、城市空间扩张的机理研究在很大程度上也能解释城市蔓延，其中，最具代表性的是 Liu 等（2016b）和洪世健、张京祥（2012）。Liu 等（2016b）在大卫·哈维的资本循环理论（Harvey，1978，1985）的启发下，提出了转型期中国郊区化资本转移的分析框架，其核心逻辑是：在中国郊区化过程中，两个循环的资本是双向转移、相互强化的，既有资本从初级循环向次级循环的正向转移，也有从次级循环向初级循环的反向转移；地方政府在资本双向转移中起到了推动作用。地方政府及其下设的土地储备中心及地方投融资平台，积极地推动了土地资本积累和郊区化融资。城市政府试图补贴制造业，提升建成环境的消费需求；同时从建成环境，尤其是房地产开发中攫取资本，投资于基础设施建设，进而推升房地产价值，拓展郊区开发空间，为资本循环提供便利。洪世健、张京祥（2012）提出，在改革过程中，宏观制度层面的因素对城市蔓延的作用可能更加强大，他们构建了"社会—空间统一体"的分析框架来解释中国城市空间增长的机理，并且将新城建设、开发区以及道路交通基础设施作为内生要素，将政府干预、行政改革、经济发展、人口增长、自然环境等因子作为外生因素，对中国城市空间增长驱动力进行计量模型分析。他们还采用政治经济学范式解释了中国城市蔓延的微观（从城市土地开发行为）和宏观（从制度因素）机理。

其他与城市蔓延相关的经济学解释研究主要为计量经济学解释，而且大部分是以城市增长为因变量的。例如，Cheng 和 Masser

（2003）采用 Logistic 回归模型方法，以邻近度（如到市中心/副中心距离、到主要道路距离等）、邻域（如已开发土地密度、工业用地密度等）、人口密度、规划政策与行政区划等因子来解释武汉市的城市空间扩张，结果发现武汉城市扩张的主要因素为道路基础设施与开发区兴建，而规划政策则可能失效。刘纪远等（2005）通过对全国的城市用地扩张进行回归拟合，发现其关键的驱动因素是政策、社会经济以及自然条件差异三类变量。Deng 等（2005）选取自然地理因素、经济增长因素、土地利用政策和规划因素作为解释变量，对城市建设用地面积构建了驱动模型。曾晨（2016）以武汉市建设用地面积比例为因变量，选取人口、GDP、基准地价级别、密度指标、邻近度指标作为影响因子，通过空间回归分析发现建设用地面积比例与 GDP 和道路密度正相关，而与学校、医院、火车站等邻域因子负相关。Zhang 等（2021）采用地理探测器模型分析了区位、城市化、土地市场和规划政策对杭州市居住用地蔓延的影响。从上述文献可以看出，城市蔓延的计量经济学解释涉及制度层面的问题，但制度因素在计量模型中被当作外生的变量。

中国的经济体制转型背景使得城市蔓延的形成机理具有一定的特殊性，需要强调转型期的制度政策因素的作用，注重受经济体制转型影响下的政府与市场主体在城市空间开发中的角色。因此，构建一个基于政府和市场的城市蔓延机理解释框架，再结合计量经济学解释，将是开展中国城市蔓延机理研究的一个可取范式。

本章小结

本章在对 Web of Science 上相关的英文文献以及 CNKI 中国知网上相关的中文文献分别进行计量分析的基础上，梳理和总结了国内外城市蔓延内涵、测度、机理解释等方面的研究进展，并得出以下启示：第一，城市蔓延概念具有模糊性和复杂性，对其多维内涵的界定在一个系统的城市蔓延研究中是基础前提。第二，城市蔓延测度积累了丰富的实证案例研究，既包括国家甚至全球范围的宏观尺度研究，也包括微观尺度的分析模拟，但大部分是在单一尺度下开展的，同时基于多个尺度开展城市蔓延测度的研究十分空缺。因此，开展一个多维多尺度的城市蔓延测度研究，既从多个维度捕捉城市蔓延的核心特征，又从宏观、微观不同层次全面地刻画蔓延表现，这将在很大程度上填补现有城市蔓延研究的不足。第三，中国缺少系统化的城市蔓延机理解释理论和定量解释实例研究，构建一个能够对厘清经济体制转型下各种因素作用的城市蔓延解释框架并开展计量解释，将对未来中国城市蔓延研究的深化发展起到重要的推动作用。

第 四 章

城市蔓延内涵与测度体系

第一节 城市蔓延概念、特征与标准辨析

一 城市蔓延与相关概念辨析

(一) 城市蔓延与城市扩张

"城市扩张"经常与"城市蔓延"混用,二者既存在密切关联又具有明显差异。首先,城市扩张作为人口和经济增长的必然结果,是城市化进程的组成部分,而城市蔓延却不是必然发生的,而是由市场失灵和政策失灵引起的(洪世键、张京祥,2012)。城市扩张的含义接近城市空间增长,是城市在发展过程中人口与用地规模的增加及城市空间的扩大。城市化是人口、要素集中的过程,而城市高密度的人口和就业会提高土地租金,居民和企业会向外迁移,因而推动城市空间的增长。其次,城市蔓延是城市扩张的一种具体形式(Camagni et al.,2002),是过度的城市空间增长(Brueckner,2000)。城市蔓延的关键词是"过度"(Brueckner,2000),是粗放的城市扩张(洪世键、张京祥,2012),具有低密度、低效等表现特点(Ewing,1994)。因此,城市蔓延通常带有贬义的色彩(Bhatta,2010;Fuladlu et al.,2021),被看作城市扩张过程中负面效应的集中

体现。相反地，城市扩张本身是中性的，不存在褒贬之分，它可以是合理的。

（二）城市蔓延与郊区化

城市蔓延发生在城市边缘、郊区（Whyte, 1958；Gottmann, 1961；Soule, 2006），因而城市蔓延与郊区化过程密不可分。"郊区化"是指城市中心的人口或产业向郊区转移的过程和趋势，主要包括人口郊区化和工业郊区化两个概念（White, 1976；Massey and Denton, 1988；Jordan et al., 1998；Walker, 2001；Shen and Wu, 2013；Gao and Yuan, 2017）。相较于重点关注人口与产业空间变迁的郊区化研究，城市蔓延的视角则延伸到了更多层面（洪世键、张京祥，2012），包括城市人口分布、土地利用功能、交通出行、生态环境、社会分隔等。城市蔓延与郊区化的关系密切：一些学者将城市蔓延当作郊区化的特别形式（Burchell et al., 1998；Galster et al., 2001），认为城市蔓延是过度郊区化，它以非常低的人口密度向城市周边地区扩展（Downs, 1999）；也有学者认为城市蔓延是郊区化的结果，郊区化是城市空间快速扩张的主导模式之一，而郊区的土地利用强度要显著低于城市，因此郊区化推动下的城市空间增长基本上就是城市蔓延（杜安伊等，2008）。

（三）城市蔓延与城市收缩

"城市收缩"一词最先用于描述20世纪末城市人口减少与经济衰退的过程（Breckenfeld, 1978），其主要特征是人口规模减小（Turok and Mykhnenko, 2007；张京祥等，2017），伴随着建筑房屋废弃、基础设施破旧、产业衰退等现象（杜志威、李郇，2017）。Couch等（2007）曾指出，在停滞或衰退的城市地区，城市扩张似乎是一种零和博弈，城市和郊区之间通常是争抢居民和投资者的竞争关系，边缘区的开发和增长是以中心区衰退为代价的。在快速城镇化进程中，大部分城市空间与经济规模随着人口的增加而不断扩大，也有一部分城市尽管已经出现人口流失、经济衰退的问题，但空间规模还在不断增加（岳文泽等，2020）。可见，城市收缩与城市蔓延可能是相伴相生的。收缩情形下的城市蔓延不容忽视，因为人口缩减与城市空间扩张之间的不平衡可能造成更加低效的土地利用。

二 城市蔓延判断标准的相对性

城市蔓延是一个程度问题，是一个相对的、动态变化的概念（Ewing，1994）。Ewing（1994）引用了 Gordon 和 Wong（1985）提出的"分散发展和多中心或多核发展的区分边界是不清晰的"这一例子来说明蔓延是一个程度的问题。分散发展是典型的蔓延，从基础设施和公共服务供给、个人需求等角度来看这种发展模式都是低效的；而当大都市区域发展超过一定规模时，多中心发展模式不容易出现单中心模式下过度拥挤的集聚不经济（Gordon et al.，1989），甚至会比紧凑、集中的发展还要高效（Haines，1986）。

蔓延的反面是紧凑（空间布局）和密集（人均建设用地面积少）的城市发展（EEA，2006）。从"紧凑"到"蔓延"更多的是一个连续变化的发展方向（Pendall，1999；Johnson，2001；Frenkel and Ashkenazi，2008），即低水平和高水平蔓延之间的梯度（EEA，2016）。相对低的人口密度意味着蔓延，而较高的密度则是不蔓延或紧凑的（Fulton et al.，2001）。城市形态越分散、破碎，意味着越蔓延（Batty and Longley，1994）。单一的、同质的土地利用反映蔓延的特征（Fulton，1996），而土地利用类型的混合度高、多样性强则是紧凑和可持续发展的（Jenks et al.，1996；Burton，2000）。正是因为蔓延内涵的相对性和动态性，很难测度一个城市绝对的、准确的蔓延程度，即不管使用什么测度指标，都很难设定一个精确的绝对阈值来判断高于或低于该值就是蔓延（Ewing，1994；Marzluff et al.，2008）。

三 中国与欧美国家城市蔓延的特征差异

由于没有明确的方法来识别和衡量城市蔓延，它往往被定义为一系列特征或属性的组合（Lopez and Hynes，2003）。然而，全世界城市蔓延的特征并不相似（Hamidi and Ewing，2014），存在不可忽视的地域差异（EEA，2016）。

（一）美国城市蔓延特征

美国是城市蔓延的发源地（Hamidi and Ewing，2014），对美国城市蔓延的特征分析和变化发展研究最为丰富（Couch et al.，2007）。美国城市蔓延的特点经常被当作城市蔓延的典型特征，并被全世界城市蔓延研究广泛借鉴（谷凯，2002；李强等，2005）。但实际上，北美、欧洲国家和以中国为代表的发展中国家的城市蔓延既有相似，又存在差别。Wilson 和 Chakraborty（2013）指出，城市蔓延在西方语境中通常会让人联想到城市周边的低密度、依赖汽车且基本单调的住宅开发，然而，这一特征在许多发展中国家不太适用，因为这些国家的城市化有不同的驱动因素，并以不同的形式出现。

美国的城市蔓延是在郊区化发展中形成的，是一种过度的郊区化发展（Mills，1972；Downs，1994；Soule，2006）。在交通层面，美国的郊区化早期得益于公共汽车服务、有轨电车和铁路系统的扩展，后来由于快速增长的汽车保有量、新的高速公路的修建等（Marzluff et al.，2008），进一步缩短了中心与郊区之间的出行时间和成本，使郊区发展更具有吸引力（Couch et al.，2007）。在社会层面，郊区化背后存在种族因素（Carruthers and Ulfarsson，2002；Nelson et al.，2004），中产阶级白人从黑人和多民族的市中心地区脱离出来，搬到相当遥远的郊区和社区（Couch et al.，2007）。在经济层面，家庭收入的增加以及低成本长期抵押贷款融资的可用性都推动了对新郊区住房需求和偏好的增加（Ewing，1997）。政策层面，地方政府的分区和分区条例（Ewing，1994；Couch et al.，2007），鼓励低密度开发和严格的土地利用分离（Moss，1977）。美国的城市蔓延是郊区化主导下的低密度扩张，在城市边缘区增长的同时，中心城区却发展缓慢，甚至表现出中心区停滞、衰退的特点（Lopez and Hynes，2003）。

(二) 欧洲城市蔓延特征

EEA 在 2006 年发布的城市蔓延报告《欧洲的城市蔓延——被忽视的挑战》，以及此后其他几项研究，如 Kasanko 等 (2006)、Couch 等 (2007)、Siedentop 和 Fina (2012)、EEA (2016) 等，都致力于探究欧洲的城市蔓延问题。与美国因过度郊区化导致的城市蔓延不同，欧洲城市蔓延是在城市化和郊区化的竞争并存中产生的 (曾晨，2016)。不同于北美城市蔓延最早是由富裕家庭为了获得郊区的便利设施和逃避城市问题而迁出城市地区引起的，地中海沿岸欧洲国家的城市蔓延是由工人在城市外围工业区和城市基础设施附近寻找经济适用住房引起的 (Couch et al., 2007)。传统欧洲城市十分紧凑 (Uhel, 2006)，城市人口密度高，土地利用集约程度相对较高 (Bibby, 2009)。20 世纪 50 年代中期以来，欧洲城市逐渐变得不那么紧凑，城市蔓延变成整个欧洲的普遍现象 (Uhel, 2006)。许多欧洲城市经历了从紧凑型到扩张型和多中心型的转变 (Fuladlu et al., 2021)。尽管如此，欧洲城市蔓延的低密度水平、分散程度、对汽车的依赖程度都要比美国城市蔓延的程度轻 (Hamidi and Ewing, 2014)。此外，欧洲国家之间差异较大，其城市蔓延更加多样化 (曾晨，2016)，尤其是地中海沿岸欧洲国家的城市蔓延与北欧、西欧、中欧的大不相同 (Fuladlu et al., 2021)。相比之下，南欧国家的城市发展较为紧凑 (Camagni et al., 2002)，北欧和中欧国家城市的密度相对较低 (Kasanko et al., 2006)。

(三) 中国城市蔓延特征

从 20 世纪 90 年代开始，许多学者开始对西方的城市蔓延理论进行地方化拓展，中国的城市蔓延研究自此起步。根据顾朝林 (1999) 的描述，城市蔓延主要表现为在城市外围建设单一的生活居住区。李强、杨开忠 (2006) 认为，城市蔓延是城市空间"摊大饼式"的快速扩张，在城市用地极速增长的同时还伴生着侵占基本农田、侵蚀绿带、交通拥堵等"城市病"。这是早期国内学者对中国城市蔓延做出的定义，此前大多数国内学者都是直接借用西方文献中的定义。随着研究的深入，中西方城市蔓延的特征差异逐渐被广泛关注，一些学者开始尝试结合中国的特殊语境来定义城市蔓延的内涵。比如，蒋芳等（2007a）提出的蔓延定义是非农建设用地以高速、低效、无序的形式向周边扩张。张琳琳等（2014）概括了城市蔓延的两个核心特征，即土地利用不连续与低密度，并指出城市蔓延是一种非农建设用地以低人口密度的特征、不连续的形态向城市边缘快速、无序的空间扩张模式。

中国城市蔓延的特征复杂、多样（Deng and Huang，2004；陈鹏，2009；Liu et al.，2018）：有别于第二次世界大战以后美国以郊区低密度居住区为主导的城市增长模式，中国城市扩张主要有开发区、住宅和商业用零星地块、城市公共设施用地、新城和大型封闭社区四种类型（Wei and Min，2009）。夏书章、王枫云（2010）归纳了中国城市郊区化进程中无序蔓延的表现特征，主要有：加速度、低密度蔓延；拼贴式、破碎性蔓延；蛙跳式、跃迁性蔓延；非配套、非同步性蔓延；功利化、矛盾伴生性蔓延等。相应地，中国的城市蔓延形式表现为，跳跃式的工业园区和大学城、与现有城市中心不连续的低密度住宅社区，以及半城市化地区混乱、非正式的开发（Liu et al.，2018）。

尽管中国也正在经历快速的工业郊区化和居住郊区化（Wu and Phelps，2011；Wei，2012；Shen and Wu，2013；Liu et al.，2015；Zhang et al.，2018；Zhang et al.，2021），但其郊区化的规模和程度不如发达国家那样剧烈。中国城市总体处于中心区持续繁荣的集聚发展阶段，当房租或房价在可承受能力范围内时人们更愿意居住在主城（冯科，2010）。随着外围新城副城、开发区、大学城或高档住宅小区等低密度开发建设计划和大型项目的推进，城市空间大规模、快速地向边缘扩展（熊国平，2006；Liu et al.，2011），并在郊区逐渐形成副中心（Yue et al.，2010；Huang et al.，2017），但与此同时，大多数城市的中心区也依然保持较强的吸引力和辐射力。

中国城市蔓延的低密度特征在量级上与北美国家存在一定差异

（Yeh and Xia，2001），这是由中国的人口基底更大、人口分布密度普遍高于发达国家的密度水平这一国情基础决定的（冯科，2010；曾晨，2016）。城市空间形态相对更为紧凑，城市人口和各种要素分布总体呈现距离中心越近越密集的特点（曾晨，2016）。与此同时，大量低收入人群集中在棚户区或城中村，这种模式表现为高密度、高度混合、环境脏乱差、设施不完善等特点，这种"半城市化"地区的蔓延也受到了一些学者的关注（韦亚平、王纪武，2008；潘聪林、韦亚平，2009；Liu et al.，2018）。

四 基于共性特征的城市蔓延界定

国内外学者或组织机构对城市蔓延仍未形成一个统一、明确的界定标准。既有城市蔓延定义中出现频率最高的几个特征可以根据是否普遍适用于所有国情划分为以下两类（Ewing，1994；Bae and Richardson，2004；Couch et al.，2007；Marzluff et al.，2008；Jaeger et al.，2010）。

1. 共性特征，主要包括低密度发展、土地利用单一、形态分散不连续、通达性差、低效等。值得注意的是，由于人口基数与国土资源数量不同，不同国家和地区的低密度水平也有很大差异。但这并不意味着相对较高密度的国家和地区的城市不存在蔓延，也不意味着其城市蔓延特征中不包含低密度特征。相反，由于人多地少、资源紧张的基本国情，土地扩张快于人口增长（低密度的一种表现）可能造成的城市问题更加严重，意味着城市蔓延的成本将大幅度提高，更需要引起重视。因此，就像不同国家和地区对城市规模的标准有差异一样，城市蔓延低密度特征的标准也应是相对的，而不能"一刀切"。

2. 差异化特征，比如中心区衰退、无计划或缺少规划控制等。首先，中心区衰退这一差异化特征主要在美国比较典型，欧洲国家中心区衰落的程度和规模相对较小（曾晨，2016），而发展中国家城市的中心区总体上仍保持繁荣发展（冯科，2010）。其次，城市蔓延既可能是缺少规划导致的，也可能是由规划所致的（EEA，2016）。欧洲环境署在其发布的城市蔓延研究报告里指出："无计划或者缺少规划控制这一条特征并不具有普遍性，因为有很多受城市蔓延影响的地区就是规划所致的。"（EEA，2016）分区规划就是一个典型的例子，它在很大程度上加剧了美国的郊区化和城市蔓延。第一次世界大战之后，美国在联邦政府引导下全面推行城市分区规划（也被称作"分区制"）。分区制不仅涉及划分不同的城市功能片区，还主张将城市原有的聚集空间结构分散开来，推动城市空间结构向边缘和郊区广阔的空间扩散（李鸿有，2009）。无独有偶，在中国，尽管有严格的耕地保护制度和城市规划控制，但是，这些政策的失灵反而加剧了城市蔓延（陈鹏，2009；Yue et al.，2013；Liu et al.，2018）。可见，城市蔓延既可能是"无计划"的，也可能是作为地方政府发展计划的衍生品，甚至还可能作为规划管控或者增长管理政策失效的后果。

在借鉴西方学者给出的城市蔓延概念时，我们必须充分考虑到城市蔓延的共性特征，分辨不同区域的独特特征（Hamidi and Ewing，2014），强调概括性而忽视多样性（Couch et al.，2007）。本书将城市扩张的表现是否满足城市蔓延的共性特征作为判断蔓延的标准，并给出城市蔓延的基本定义："城市蔓延是一种低密度、不连续、土地利用单一、通达性差且低效的城市空间扩张模式。"

第二节 多维多尺度内涵与测度体系

城市蔓延是一个多维多尺度的复杂过程。为更好地理解中国的城市蔓延，在城市蔓延基本定义的基础上，充分考虑中国的区域特征和管理需求，阐述城市蔓延的多维多尺度内涵。

一　城市蔓延的多维内涵

基于文献梳理，对国内外学者共识度较高的城市蔓延特征进行梳理，认为城市蔓延的复杂内涵可以通过形态、密度、结构、通达性、效率等多个维度来表达。

（一）形态维

不同于紧凑的空间形态模式［见图4-1（a）］，城市蔓延是分散、不连续的城市土地开发情形［见图4-1（b）］。城市蔓延具体表现为沿主要交通走廊的带状、分散型、不连续跳跃式等多种形态（Mckee and Smith，1972；Ewing，1994，1997；Lopez and Hynes，2003；Jaeger et al.，2010；曾晨，2016）。其中，沿交通干道的条带状分布形态并不一定是蔓延的，而需要结合其他维度的表现特征来综合判断。比如，美国沿交通干道的商业走廊开发就是典型的带状扩展，表现出低密度、土地利用单一等蔓延特征；而日本的沿交通轴带开发表现为高密度和混合型土地利用，是集约、紧凑的（史守正、石忆邵，2017）。

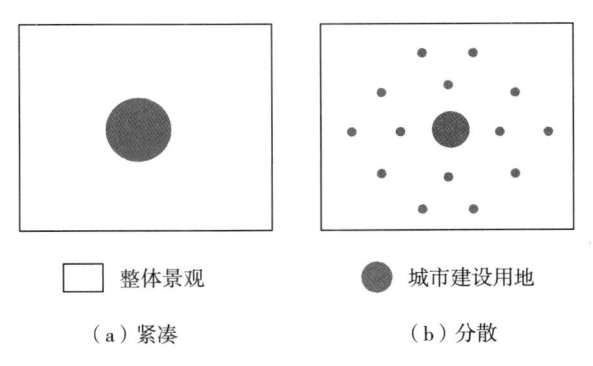

（a）紧凑　　　　　　　　（b）分散

图4-1　城市蔓延的形态维内涵

注：蔓延是一种城市建设用地分散分布的情形，与之相对的是紧凑的分布情形（EEA，2016）。

从动态视角来看（见图4-2），城市空间扩张主要有三种形态模式：填充式、边缘式、跳跃式（Xu et al.，2007）。其中，填充式扩张相对较紧凑，属于合理的城市扩张；边缘式和跳跃式扩张具有不连续和分散的特点，可能属于蔓延（Zhang et al.，2021）。通常我们所说的"摊大饼"式蔓延就属于边缘式扩张这一类型。在这三种形态模式中，以跳跃式扩张的蔓延属性最显著（Yue et al.，2013；张琳琳等，2014），是最不连续的一种城市增长类型。跳跃式扩张是指远离城市建成区且与其不相连、独立形成的城市建设用地区块（Fulton et al.，2001；Yue et al.，2010），通常是居住、商业、工业等不同城市功能插入开放空间并彼此分离的开发模式，即所谓的"飞地"。这种模式被认为会消耗比连续开发更多的土地（Gillham，2002），原因是那些被隔在中间的开放空间会更容易被开发成城市建设用地，因而其成为最受关注的一种蔓延形式。

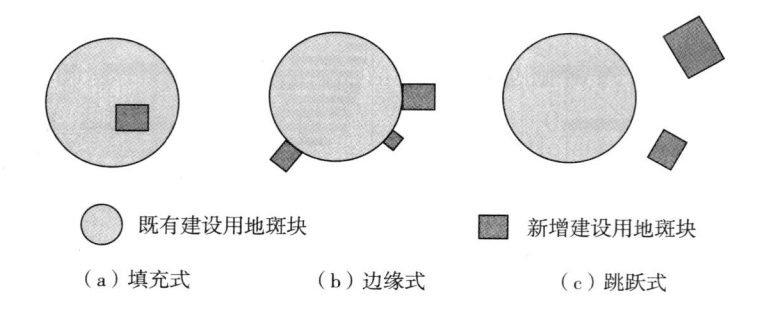

图 4-2　城市扩张的常见形态

注：（a）不是蔓延，（b）和（c）可能是蔓延的情形（Xu et al.，2007；Zhang et al.，2021）。

（二）密度维

城市蔓延的所有特征中，低密度是共识度最高的一个核心特征（Galster et al.，2001；Soule，2006；Marzluff et al.，2008；Frenkel and Ashkenazi，2008；Gao et al.，2016；Fuladlu et al.，2021），并且被认为是最重要的蔓延特征（Lopez and Hynes，2003；Fuladlu et al.，2021）。这里所谓的密度是指城市活动的数量与活动发生地方的面积

之比，城市活动是指居民点的数量、居住人口或者就业人数、建筑面积等（Razin and Rosentraub，2000）。低密度、人均占地多的蔓延式开发还会导致对土地资源的过度消耗（见图4-3）。低密度开发主要发生在郊区，其人口和建筑密度低于城市中心区而高于乡村，通常是独立别墅、排屋，或者是低容积率（被道路、绿地、停车场、广场等分割）的高层建筑（Gillham，2002）。从动态视角来看，城市蔓延也指在一定时期内密度下降的趋势（Frenkel and Ashkenazi，2008；Artmann et al.，2019）。

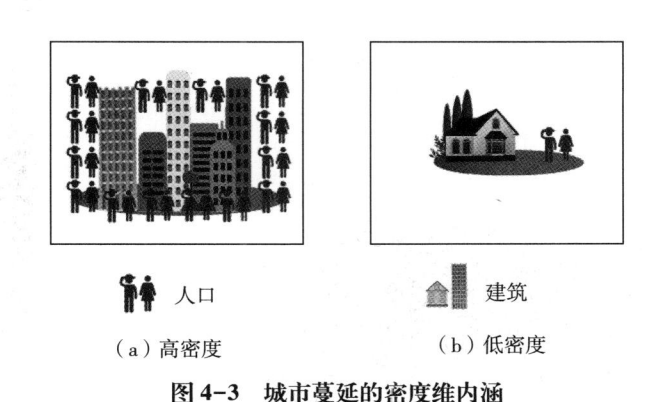

图4-3 城市蔓延的密度维内涵

注：(a) 不是蔓延，(b) 是蔓延情形（EEA，2016；Zhang et al.，2021）。

（三）结构维

城市蔓延具有城市功能分离、土地利用结构单一、均质化的特征（Ewing，1997；Frenkel and Ashkenazi，2008；Feng et al.，2015；Hamidi et al.，2015）。在蔓延的情形下，土地利用结构通常是单一型，土地用途的多样性差（见图4-4）。规划政策是导致土地利用单一化和同质化的主要原因，即有意地将不同功能用地分离开来布局（Gillham，2002）。不同于中心区功能紧凑、混合的模式，郊区的用地功能类型往往比较单一。在中国郊区，以新城、开发区和大学城等大型建设项目主导的城市增长大多呈现单一型的用地模式。不过，单一型用地结构一般出现在新城新区开发的初期，随着主导功能产生一定的辐射作用，能够吸引其他功能配套在其周围集聚，区域内的功能结构混合度会有很大提升（Zhang et al.，2021）。

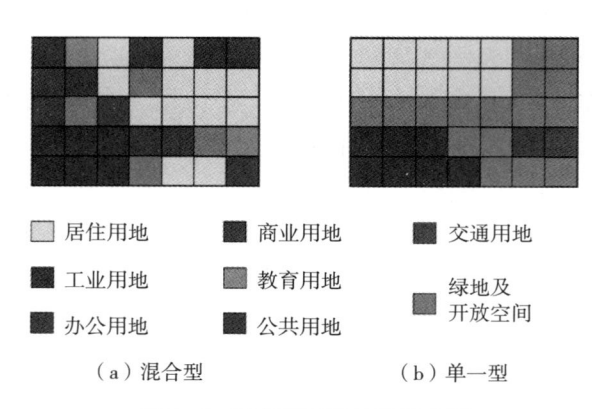

（a）混合型　　　　　　　（b）单一型

图 4-4　城市蔓延的结构维内涵

注：（a）不是蔓延，（b）属于蔓延情形（Zhang et al.，2021）。

（四）通达性维

几种常见的城市蔓延形态都有一个共同特点——通达性差（Hamidi et al.，2015）：在分散或跳跃式开发中，居民和服务提供商必须在从一个开发用途到另一个开发用途的途中通过一大片空地；在条带状零售开发中，消费者必须在从一家商店到另一家商店的途中穿越其他用途；在低密度、单一用途的开发中，由于土地用途分离，通达性就更差了。因此，城市蔓延是一种不同用地功能之间通达性较差的情形（Ewing，1994；Marzluff et al.，2008；Hamidi et al.，2015），这是由形态的不连续和土地利用的低混合度导致的（Frenkel and Ashkenazi，2008）。城市交通通达性较差意味着较低的步行可达性（见图 4-5），由于居住与其他功能区分隔过远，居民和工人必须长途通勤才能到达工作、上学、就医、购物等出行目的地（Marzluff et al.，2008；Hamidi and Ewing，2014），通常导致日常出行严重依赖小汽车（Sierra Club，2000；Ewing et al.，2002；Soule，2006）。

第四章　城市蔓延内涵与测度体系　81

▲ 城市服务设施　　　　◉ 轨道交通
● 公交站点　　　　　　—— 主要道路

（a）可达性高　　　　　　（b）可达性低

图 4-5　城市蔓延的通达性维内涵

注：(a) 不蔓延，(b) 属于蔓延情形（Zhang et al., 2021）。

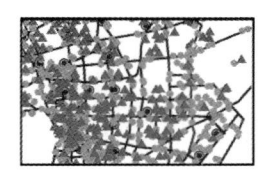

（五）效率维

城市蔓延是一种低效的开发模式，无序扩张带来较低水平的建设用地利用效率（见图 4-6）。在经济学视角下，土地利用的效率就是在给定产出水平的条件下使土地等投入要素达到最少，或者在给定投入要素规模的条件下实现产出最大化（胡晓添，2011）。城市蔓延的低效特征通常表现为单位面积经济产值低（岳文泽等，2020）、单位新增人口的建设用地消耗量大（冯科，2010）、城市建成区面积增长率远大于人口增长率（Hadly，2000；Lopez and Hynes，2003；王家庭、张俊韬，2010；Gao et al., 2016；张潇等，2021）。

● 单位面积土地　　　　　⑤ 经济产值

（a）高效率　　　　　　　（b）低效率

图 4-6　城市蔓延的效率维内涵

注：(a) 不蔓延，(b) 属于蔓延情形。

二 城市蔓延的时空属性

城市蔓延是一个动态过程，具有时间和空间双重属性。

（一）时间属性

城市蔓延作为名词时可用于描述状态，表示特定时间点的城市蔓延水平。而蔓延作为动词时可用于描述过程，表示蔓延的加剧（EEA，2016；OECD，2018）。城市蔓延既可以是指在一定时期内密度相对较低的状态，也可以是密度持续下降趋势的过程（Frenkel and Ashkenazi，2008）。一些学者将城市蔓延定义为建成区扩张比人口增长更快的情形（Gao et al.，2016），这一概念也表达了城市蔓延是密度在不断降低的一个过程（EEA，2016）。因此，不仅要将城市蔓延视作一种城市形式或城市化模式，更要把蔓延视为一个动态过程，正是蔓延的过程导致了不良的副作用，而政策必须在蔓延的过程中进行干预（Couch et al.，2007）。

在某些特定时点上的观测结果反映的是观测对象的状态，是一个"度"的概念（曾晨，2016）。对于城市蔓延来说，"度"是没有绝对的、准确的标准的，并且，"度"会随不同的时间尺度而改变。比如，Marzluff 等（2008）曾指出，区分是跳跃式还是有效率的不连续开发、是分散型还是多中心的标准界线是不确定的；跳跃式开发在短期看来是低效率的；从长期来看，可能是必经的过渡阶段；跳跃式开发中间的开放空间可能逐渐被开发，从而使不连续的飞地变成连续的。因此，选择多长的时间间隔来观测城市蔓延显得极为重要，如果观测时点的间隔过大将丢失掉中间的变化过程。

（二）空间属性

城市蔓延在形态、密度、结构、通达性等多个维度上的内涵都可以从空间视角来理解，并且可以通过不同的空间指标来表征。而城市蔓延测度指标本身就是基于不同尺度单元上的数据计算得来，尺度大小对空间指标数据差异的影响显著。邬建国（2007）在《景观生态学：格局、过程、尺度与等级》一书中梳理了空间尺度的重要性，并指出基于某一尺度上的观测结果只能反映该尺度上的格局和过程。城市蔓延测度结果对尺度具有很强的敏感性，不同空间尺度的观测结果可能导致对城市蔓延理解的差异（张晓青、郑小平，2009；EEA，2016）。比如，当对整个城市内部的郊区副中心与主中心进行观测时，郊区副中心（新城、开发区等）与城市主中心分隔较远，且密度、结构、效率、通达性等都远不如中心区，因而会被认为是蔓延的；而当观测尺度缩小到某个郊区副中心及其周边辐射区时，由于对标的各项指标参照系改变了，结果就完全不同。

三 多维多尺度测度体系

城市蔓延是一个多尺度的过程（Couch et al.，2007），从不同的时间和空间尺度开展城市蔓延研究会有不一样的理解和测度结果，因此，选择合适的指标与尺度是准确测度城市蔓延的关键。总结国内外城市蔓延测度研究在尺度与指标体系方面有以下几点经验：多维测度方法相比单一维度测度更全面、准确，但要克服更高的数据获取和计算难度；维度和指标并非越多越好，而必须紧抓核心维度、科学设计指标；在形态、密度、土地利用结构、通达性等常用的测度指标中，密度和形态指标几乎是标准配置，而土地利用结构和通达性指标常常因数据获取限制而缺失（Galster et al.，2001）；城市蔓延测度的单元可以小到一个栅格或一个斑块，大到一个城市或都市区；以街区、栅格为测度单元的微观尺度研究一般采用单个城市案例分析的模式，而以都市区、城市为测度单元的宏观尺度研究一般采用大样本案例比较的模式。

基于城市蔓延多维内涵与多尺度属性，本书对曾晨（2016）提出的多层次多维度蔓延测度模型从维度和尺度两方面进行拓展，并提出了一个新的多维多尺度的城市蔓延测度体系（见图4-7）。

该测度体系包含多个时空尺度组合。按空间尺度划分成宏观和微观两部分：宏观尺度城市蔓延测度以城市整体为研究单元，微观尺度城市蔓延测度以街道和栅格作为研究单元。按时间尺度划分成静态和动态两部分：静态的城市蔓延测度仅研究当期城市蔓延的现状并开展横向的多案例比较研究；动态的城市蔓延测度根据综合蔓延指数与动态指标综合评判城市蔓延程度，通过纵向比较分析不同时期的城市蔓延演变。

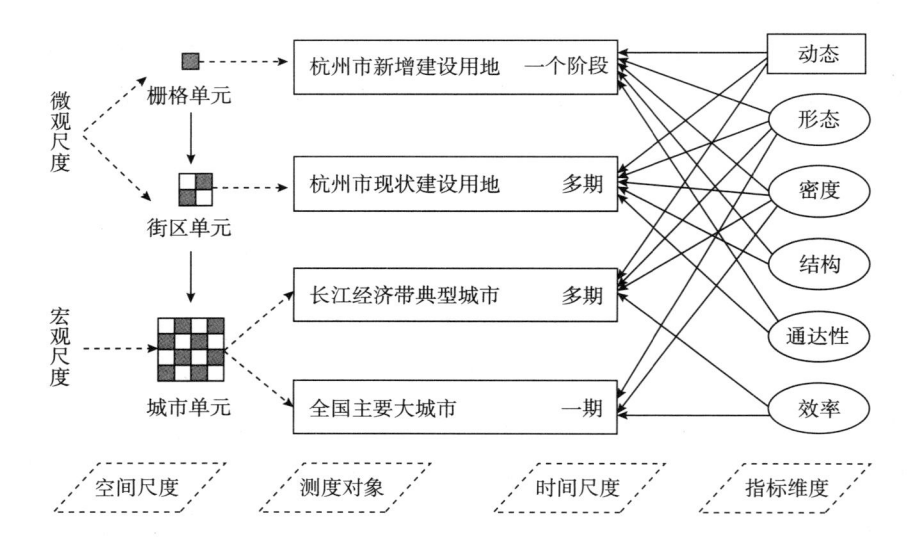

图 4-7　多维多尺度测度体系

测度体系中还包含形态、密度、结构、通达性和效率五个维度，但不是所有维度都适用于每个尺度。Bhatta（2010）指出，如果要优化城市蔓延的测度，则应当充分考虑城市管理者和规划者等具体使用这些指标的终端人员。对于这些指标使用者而言，有些维度的指标只有在特定的尺度上才有意义。例如，结构功能混合度仅适用于微观尺度的测度研究，因为计算整个城市各类用地的混合度指标对实际的城市管理来说是没有意义的；相反，了解城市内部不同单元的功能结构混合度，才能为城市空间布局的优化提供依据。不仅如此，由于结构功能混合度指标的计算要求精确的土地分类数据，而对宏观尺度多样本研究来说，无论是从数据获取的成本还是从数据利用效率考虑，都是很不经济的。通达性维与结构维指标一样，在宏观尺度研究中也面临数据计算不经济的问题，更加适用于微观尺度研究。而效率维指标则更适用于宏观尺度研究，由于土地产出效益与用地类型密切相关，而城市管理者的目标是通过统筹资源来实现城市整体的效益最大化，必然会有一些区块承担更多的生态功能，有些区块承担更多生活功能，还有一些区块承担更多的生产功能，因而测度城市内部每个单元上的产出效益意义不大。此外，密度维和形态维指标对不同尺度研究的适用性较高，因为这两个维度在多个尺度上都具有一定的意义，并且数据获取和指标计算相对比较简单。

四 综合加权方法

为方便不同单位或量纲的指标之间能够比较和加权，采用极差标准化法先对各个测度指标进行标准化处理，正向指标的标准化计算公式如下：

$$x'_{ij} = (x_{ij} - x_{jmin}) / (x_{jmax} - x_{jmin}) \tag{4-1}$$

负向指标的标准化计算公式如下：

$$x'_{ij} = (x_{jmax} - x_{ij}) / (x_{jmax} - x_{jmin}) \tag{4-2}$$

式（4-1）、式（4-2）中，x_{ij} 为第 i 个样本第 j 项指标实际值，x_{jmax} 为各样本该指标的最大值，x_{jmin} 为各样本该指标的最小值。

此处，需要说明的是，由于样本城市差异，少数巨型城市或特殊城市的极大值与其他多数样本偏离较大，即指标数值集中在偏向数值小的一侧。当出现上述情形时，考虑到城市蔓延标准的相对性，在极差标准化的基础上再结合四分位法，即采用75%分位值替代式（4-1）和式（4-2）中的 x_{jmax} 进行标准化计算，并对出现大于1的正向指标标准化值特殊化处理为1，对出现小于0的负向指标标准化值特殊化处理为0。

将多个维度的指标计算结果加权成一个综合蔓延指数，以方便进行横向比较。权重确定主要有主观赋权法和客观赋权法两种，前者反映决策者或专家的主观判断,后者统计指标数据的客观事实(陈伟、夏建华,2007)。将两种赋权方法结合起来对指标进行赋权能使结果更加客观、合理(李柏洲等,2013)。本书将德尔菲法(主观赋权法)与熵值法(客观赋权法)相结合,一级指标的权重采用德尔菲法赋值,二级指标的权重采用熵值法赋权。其中,熵值法的具体公式如下(陈启明、陈华友,2011)。

第 j 项指标下第 i 个样本占该指标的比重为:

$$Y_{ij} = \frac{X'_{ij}}{\sum_{i=1}^{m} X'_{ij}} \tag{4-3}$$

指标信息熵为:

$$e_j = -k \sum_{i=1}^{m} (Y_{ij} \times \ln(Y_{ij})) \tag{4-4}$$

信息熵冗余度为:

$$d_j = 1 - e_j \tag{4-5}$$

指标权重为:

$$w_j = d_j / \sum_{j=1}^{n} d_j \tag{4-6}$$

式(4-3)、式(4-4)、式(4-5)、式(4-6)中,X'_{ij} 表示第 i 个样本第 j 项评价指标标准化后的数值,m 为评价样本的总数,n 为指标数,$k = 1/\ln m$。

最后,加权计算综合蔓延指数,为:

$$S_i = \sum_{j=1}^{n} w_f \times X'_{ij} \tag{4-7}$$

式(4-7)中,S_i 越大表明城市蔓延度越高,反之则表明蔓延度越低。

本章小结

城市蔓延是一个程度问题,由于它是相对的,理论上很难给出绝对的判断标准。不同国情和地区特征的城市蔓延在表现、影响、成因等方面皆存在一定程度的差异。因此，本章提出将城市扩张的表现特征是否满足城市蔓延的共性特征作为蔓延的判断标准，基于文献研究法提炼城市蔓延内涵的多维内涵（形态、密度、结构、通达性、效率维）和时空双重属性，并构建了一个多维多尺度的城市蔓延测度体系。

第 五 章

多维多尺度的城市蔓延测度实例

案例研究能够验证多维多尺度测度体系的可行性和学术价值。本章第一节和第二节属于宏观尺度的城市蔓延测度，关注城市整体的蔓延水平，在时间尺度上有不同的设计。第一节以全国 91 个主要大城市为样本开展单期静态测度，分析和比较不同地区城市 2014 年的蔓延状态差异与分布规律。第二节以长江经济带 6 个典型城市为样本开展静态和动态测度，分析和比较案例城市在 1990 年、1995 年、2000 年、2005 年、2010 年、2015 年多期的蔓延水平与动态演化。第三节和第四节是微观尺度的蔓延测度研究，评估城市内部单元的蔓延水平，在测度单元大小上有不同的设计。第三节以杭州市区街道为测度单元，计算各街道 2000 年和 2010 年的蔓延指数水平和 2000—2010 年的动态指标，分析比较城市内部街道的蔓延水平分布与动态变化趋势。第四节以杭州市区"1 千米×1 千米"栅格为测度单元，以 2000—2010 年新增建设用地为测度对象，计算每个新增建设用地栅格的综合蔓延指数，并计算 2000—2010 年建设用地扩张类型（动态指标），最终得到新增建设用地的蔓延水平、蔓延规模、蔓延类型及空间分布，进而识别居住用地栅格和工业用地栅格上的城市蔓延。

第一节　全国主要大城市的蔓延静态测度

一　全国主要大城市样本

选取全国 91 个主要大城市作为研究案例（见表 5-1）。样本选取依据三个条件：市辖区常住人口 100 万以上的大城市[①]、纳入国家统计局房价监控的城市[②]、土地利用总体规划需报国务院审批的城市[③]。从城市规模来看，样本城市包括 6 个超大城市（1000 万人及以上）、11 个特大城市（500 万人及以上 1000 万人以下）、19 个大城市 I 型（300 万人及以上 500 万人以下）和 55 个大城市 II 型（100 万人及以上 300 万人以下）。从分布地区来看，样本城市中 10 个位于东北地区，12 个位于华北地区，5 个位于西北地区，13 个位于华中地区，33 个位于华东地区，4 个位于西南地区，14 个位于华南地区。

表 5-1　　　　　　　　全国 91 个主要大城市样本

地区	城市规模	城市名单
东北地区	特大城市	沈阳
	大城市 I	长春、哈尔滨
	大城市 II	齐齐哈尔、大庆、吉林、抚顺、鞍山、大连、本溪

[①] 根据《中国城市统计年鉴 2015》数据筛查。
[②] 国家统计局（http：//www.stats.gov.cr/）自 2012 年开始定期发布全国 70 个大中城市商品住宅销售价格变动情况。
[③] 2009 年 5 月 16 日，《国土资源部关于调整报国务院审批土地利用总体规划范围的通知》（http：//gi.mnr.gov.cn/202004/t20200427_2510220.html）规定，31 个省、自治区、直辖市，27 个省、自治区人民政府所在地的市，35 个 100 万人口以上的城市，40 个 50 万—100 万人口的城市，以及新疆生产建设兵团，共计 134 个土地利用总体规划需报国务院审批。

续表

地区	城市规模	城市名单
华北地区	超大城市	天津、北京
	大城市Ⅰ	石家庄、太原、唐山
	大城市Ⅱ	张家口、保定、秦皇岛、大同、邯郸、呼和浩特、包头
西北地区	特大城市	西安
	大城市Ⅰ	乌鲁木齐
	大城市Ⅱ	银川、西宁、兰州
华中地区	特大城市	武汉、郑州
	大城市Ⅰ	长沙
	大城市Ⅱ	安阳、平顶山、南阳、开封、新乡、洛阳、襄阳、衡阳、株洲、湘潭
华东地区	超大城市	上海
	特大城市	苏州、南京、杭州
	大城市Ⅰ	徐州、济南、合肥、常州、无锡、宁波、青岛、福州、厦门
	大城市Ⅱ	临沂、德州、潍坊、泰安、淮南、淮北、泰州、嘉兴、枣庄、温州、烟台、台州、威海、淄博、绍兴、东营、南通、镇江、扬州、南昌
西南地区	超大城市	重庆
	特大城市	成都
	大城市Ⅰ	昆明、贵阳
华南地区	超大城市	广州、深圳
	特大城市	汕头、东莞、佛山
	大城市Ⅰ	中山
	大城市Ⅱ	海口、南宁、惠州、桂林、江门、湛江、柳州、珠海

二 指标体系与数据

（一）多维指标体系

宏观尺度城市蔓延测度多维指标体系（见表5-2）由形态、密度和效率三个维度的指标构成：①形态维蔓延度一级指标，由形状指数、平均最近邻距离、破碎度三个二级指标组成，均为正向指标，指标值越大说明建设用地景观越不规则、破碎和分散，蔓延程度越高。其中，形状指数计算选择以圆为参照几何形状，平均最近距离计算了城市建设用地斑块之间最近邻距离的平均值，破碎度计算了斑块密度和面积比例对分离程度的影响。②密度维蔓延度一级指标，由户籍人口密度、常住人口密度、就业人口密度三个二级指标组成，均为负向指标，密度越高，蔓延程度越低。指标分别由市辖区户籍人口、常住人口和就业人口除以城区建设用地面积之比计算得到。③效率维蔓延度一级指标，由地均 GDP、地均二三产值、地均财政收入三个二级指标组成，均为负向指标，城市土地产出效率越高，城市蔓延的可能性和程度越低。指标分别由市辖区 GDP、第二和第三产业产值与财政收入除以城区建设用地面积之比计算得到。

表 5-2　　　　　　　全国主要城市蔓延测度指标与权重

维度	一级指标		二级指标		组合权重 w_f
	指标名称	权重 w_i	指标名称	权重 w_j	
形态	形态维蔓延度	0.297	形状指数	0.171	0.051
			平均最近邻距离	0.483	0.143
			破碎度	0.346	0.103
密度	密度维蔓延度	0.309	户籍人口密度	0.340	0.105
			常住人口密度	0.338	0.104
			就业人口密度	0.322	0.099
效率	效率维蔓延度	0.394	地均 GDP	0.342	0.135
			地均二三产值	0.331	0.130
			地均财政收入	0.328	0.129

形状指数计算公式为：

$$LSI = \frac{\sum_{i=1}^{n} p_i}{4\sqrt{\sum_{i=1}^{n} a_i}} \qquad (5-1)$$

式（5-1）中，p_i、a_i 为建设用地斑块 i 的周长和面积，n 为建设用地斑块数（下同）。形状指数的值越大，表明斑块越不规则（当斑块形状为规整的圆形时，其数值达到最小值 1）。

平均最近距离计算公式为：

$$MNN = \frac{\sum_{i=1}^{n} d}{n} \qquad (5-2)$$

式（5-2）中，d 为第 i 个建设用地斑块与最近邻建设用地斑块间的欧氏距离。平均最近邻距离的值越大表明城市建设用地斑块分布较分散。

破碎度计算公式为：

$$SPLIT = \frac{A^2}{\sqrt{\sum_{i=1}^{n} a_i^2}} \qquad (5-3)$$

式（5-3）中，a_i 为第 i 个城市建设用地的面积，A 为城市建设用地总面积。破碎度值越大表明建设用地破碎化程度越高。

（二）指标权重体系

形态维、密度维、效率维指标选取与权重如表 5-2 所示。其中，一级指标权重赋值采用专家打分法，专家根据对城市蔓延理论的既有认知对形态、密度和效率维分别赋权 0.297、0.309、0.394，二级指标赋权采用的熵值法详见第四章第二节。

（三）数据来源与数据处理

城市建设用地空间分布数据、人口、经济统计数据是城市蔓延测度的基础数据。全国主要城市的蔓延测度部分需要利用 2014 年 Landsat 8 卫星的陆地成像仪（OLI）产生的多光谱影像解译城市建设用地。Landsat 8 卫星影像数据均从美国地质调查局（USGS）网站（http：//glovis.usgs.gov）下载，空间分辨率为 30m。在遥感软件 ENVI 平台上对遥感影像进行大气校正、统一坐标系统、影像拼接和裁切等预处理。在面向对象分类软件 eCognition 平台的支持下，采用监督和非监督结合、人工目视辅助修正的解译方法，将各市辖区内的土地利用分为建设用地、农用地和水体，并利用 ArcGIS 平台将解译结果导入 Google Earth，通过目视方法进行比对修正。将上海作为典型城市，对其分类解译的精度进行评价，总体 Kappa 系数为 0.928；将各城市解译得到的城市建设用地面积与 2015 年《中国城市统计年鉴》中建成区面积进行相关性检验，皮尔逊相关系数达 0.95，且在 0.01 的水平上显著。两项检验结果说明，解译精度相对稳定，满足精度要求。人口、经济统计数据来自 2015 年《中国城市统计年鉴》，对于个别存在问题的人口和经济数据，与当地统计年鉴或统计公报进行核对和校正。

三　多维蔓延指数排序与分布

（一）形态维蔓延度

全国 91 个主要大城市的形态维蔓延度从高到低排序如图 5-1 所示。形态维蔓延度最高的 5 个城市依次为中山、大庆、嘉兴、台州、枣庄，城市空间分布较分散。形态维蔓延度最小的 5 个城市依次为邯郸、西宁、洛阳、吉林、福州，城市空间分布紧凑。按不同规模类型的城市形态维蔓延度平均值大小排序，从高到低依次为城市 II 型（0.527）、特大城市（0.496）、大城市 I 型（0.394）、超大城市（0.368）。

从具体指标来看，形状指数最大的 5 个城市为北京、东莞、天津、沈阳、上海（>30），其城市建设用地斑块不规则、无序；形状指数最小的 5 个城市为威海、汕头、江门、佛山、桂林（<5.5），建设用地形态较规整。最近邻距离最大的 5 个城市是齐齐哈尔、衡阳、威海、开封、郑州（>500 米），建成区组团分布相对分散、聚集程度低；最近邻距离最小的 5 个城市为邯郸、南昌、新乡、合肥、南阳（<105 米），建成区空间较紧凑。破碎度最高的 5 个城市为汕头、佛山、江门、绍兴、厦门（>10），而破碎度最小的 5 个城市为合肥、昆明、洛阳、西宁、吉林（<1.1）。

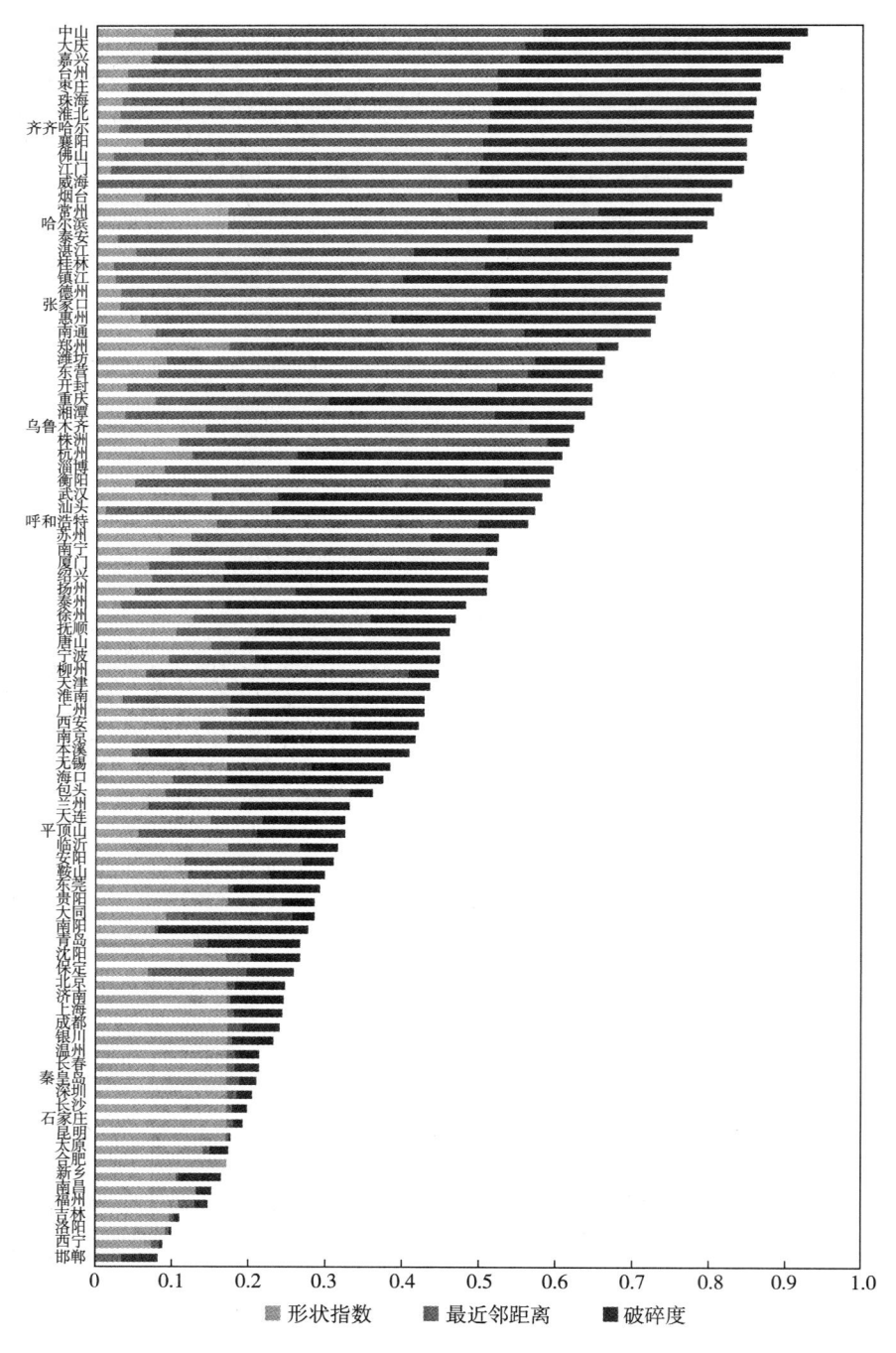

图 5-1　全国主要大城市形态维蔓延度排序

从全国 91 个主要大城市的形态维蔓延度空间分布可以发现：从主要大城市形态维蔓延度的平均值水平（下同）来看，东部地区（0.522）＞中部地区（0.456）＞西部地区（0.338）。东部地区大城市分布集中，城市空间规模较大，尤其以北京、广州、上海、深圳和天津五个超大城市的市辖区建设用地面积最大；中、西部地区城市分布较为分散，且城市空间规模相对较小。各经济区城市形态维蔓延度平均水平从高到低排序依次是华南地区（0.612）＞华东地区（0.543）＞东北地区（0.464）＞华中地区（0.460）＞西北地区（0.339）＞西南地区（0.338）＞华北地区（0.333）。三大城市群的形态维蔓延度平均水平从高到低排序依次是珠三角城市群（0.643）＞长三角城市群（0.556）＞京津冀城市群（0.325）。

（二）密度维蔓延度

全国 91 个主要大城市的密度维蔓延度从高到低排序如图 5-2 所示。密度维蔓延度最小的 5 个城市是成都、桂林、南昌、天津、湘潭，城区人口分布密集，没有表现出低密度的蔓延特征。密度维蔓延度最高的 5 个城市是临沂、德州、齐齐哈尔、秦皇岛、东营，城区人口分布相对不密集，表现出低密度的蔓延特征。按不同规模类型的城市密度维蔓延度平均值大小排序，从高到低依次为大城市 I 型（0.337）、大城市 II 型（0.276）、特大城市（0.244）、超大城市（0.112）。

从具体指标来看，91 个城市户籍人口密度平均值达 0.79 万人/平方千米，枣庄、南阳、湛江、汕头、淮南是户籍人口密度最高的 5 个城市（＞1.26 万人/平方千米），东莞、临沂、深圳、苏州、银川则是户籍人口密度最低的 5 个城市（＜0.41 万人/平方千米）。91 个城市常住人口密度平均值为 0.96 万人/平方千米，成都、广州、天津、开封、桂林是常住人口密度最高的 5 个城市（＞1.4 万人/平方千米），临沂、大连、德州、东营、烟台则是常住人口密度最低的 5

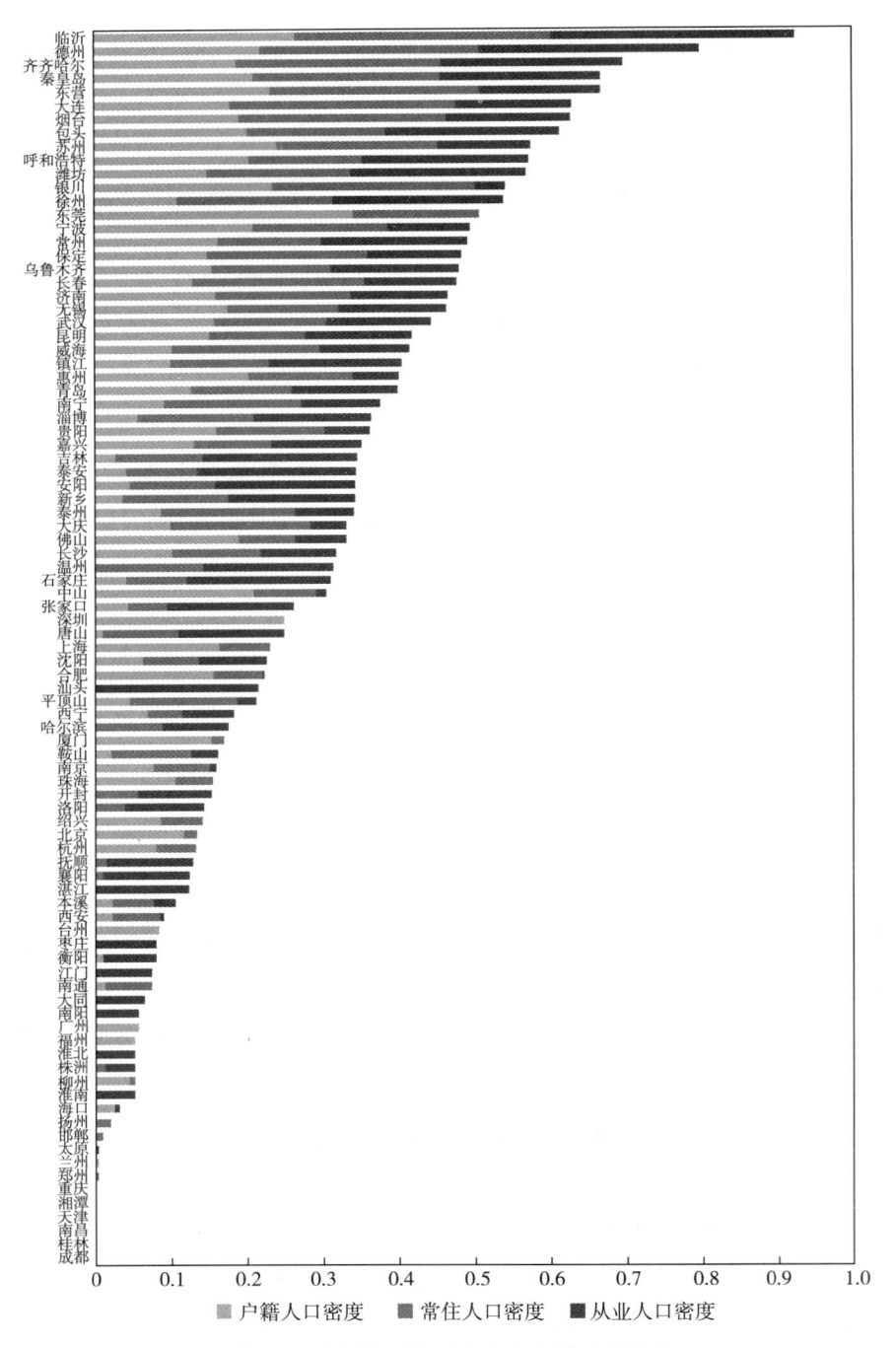

图 5-2　全国主要大城市密度维蔓延度排序

个城市（<0.6万人/平方千米）。91个城市就业人口密度平均值为0.24万人/平方千米，东莞、深圳、珠海、成都、南昌是就业人口密度最高的5个城市（>0.4万人/平方千米），临沂、德州、齐齐哈尔、潍坊、包头是就业人口密度最低的5个城市（<0.12万人/平方千米）。

从全国91个主要大城市的密度维蔓延度空间分布可以发现：从主要大城市密度维蔓延度的平均值水平（下同）来看，东部地区（0.303）>西部地区（0.231）>中部地区（0.226）。各经济区城市形态维蔓延度平均水平从高到低排序依次是华东地区（0.334）>东北地区（0.328）>华北地区（0.281）>西北地区（0.260）>华南地区（0.206）>西南地区（0.196）>华中地区（0.175）。三大城市群的密度维蔓延度平均水平十分接近，长三角城市群（0.283）>京津冀城市群（0.265）>珠三角城市群（0.260）。

（三）效率维蔓延度

全国91个主要大城市的效率维蔓延度从高到低排序如图5-3所示。效率维蔓延度最小的5个城市是深圳、广州、北京、湘潭、成都，城区建设用地经济效益高，不具有低效率的蔓延特征。效率维蔓延度最高的5个城市是临沂、齐齐哈尔、德州、张家口、保定，城区建设用地表现出低效的蔓延特征。按不同规模类型的城市密度维蔓延度平均值大小排序，从高到低依次为大城市Ⅱ型（0.404）、大城市Ⅰ型（0.236）、特大城市（0.195）、超大城市（0.003）。

从具体指标来看，91个城市地均GDP平均值为7.68亿元/平方千米和7.5亿元/平方千米，广州、深圳、天津、成都、湘潭同时是地均GDP和地均二三产值最高的5个城市（>12亿元/平方千米），临沂、齐齐哈尔、德州、保定、银川同时是地均GDP和地均二三产值最低的5个城市（<3.5亿元/平方千米）。91个城市地均财政收入平均值为0.79亿元/平方千米，深圳、北京、上海、厦门、重庆是地均财政收入最高的5个城市（>1.5亿元/平方千米），张家口、

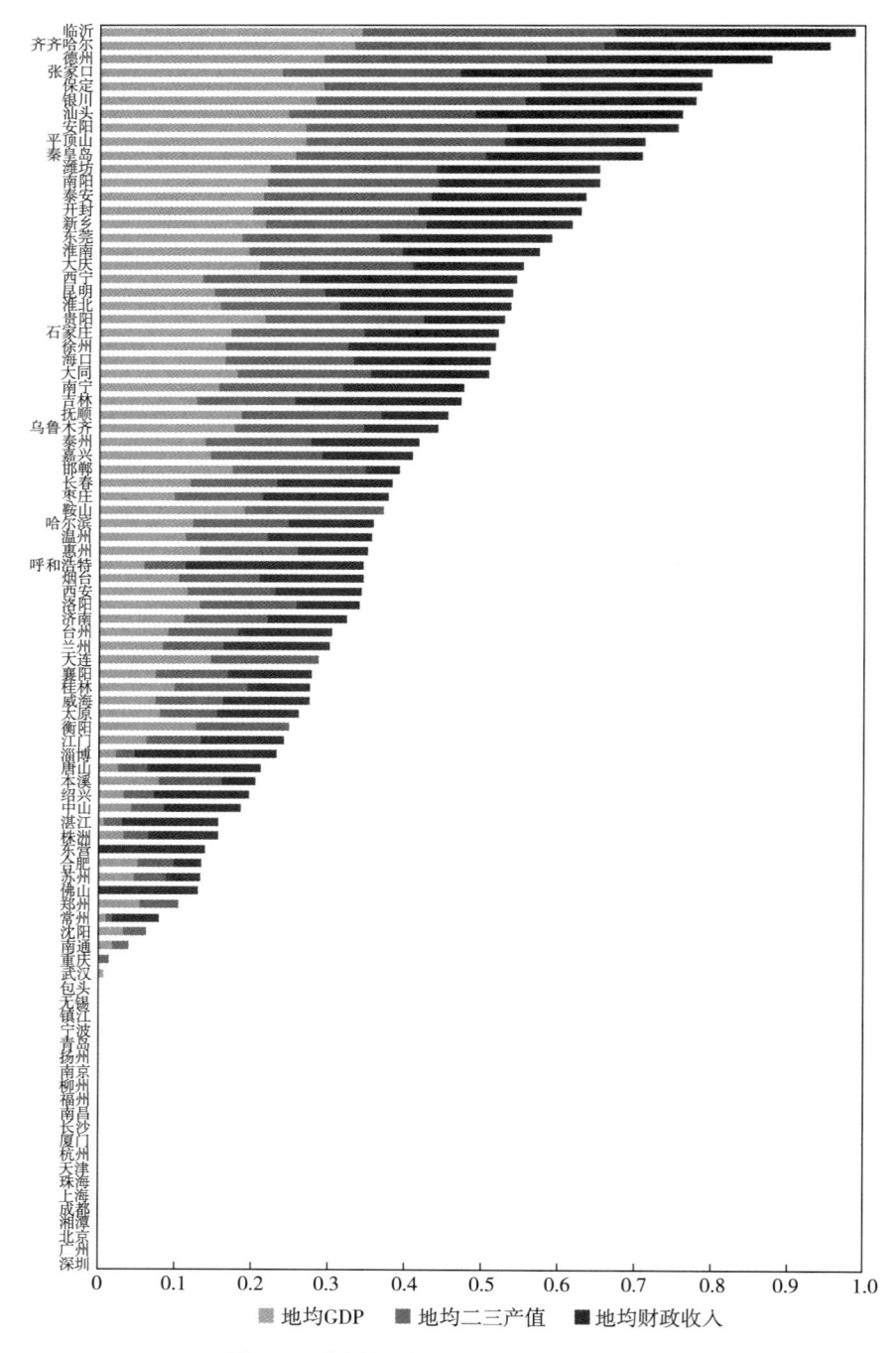

图 5-3　全国主要大城市效率维蔓延度排序

临沂、齐齐哈尔、德州、西宁是地均财政收入最低的5个城市（<0.3亿元/平方千米）。

从全国91个主要大城市的效率维蔓延度空间分布可以发现：从主要大城市效率维蔓延度的平均值水平（下同）来看，西部地区（0.388）>中部地区（0.369）>东部地区（0.282）。各经济区城市效率维蔓延度平均水平从高到低排序依次是西北地区（0.482）>东北地区（0.411）>华北地区（0.378）>华中地区（0.347）>西南地区（0.271）>华南地区（0.263）>华东地区（0.259）。三大城市群中，京津冀城市群的效率维蔓延度平均水平最高（0.464），其次是珠三角城市群（0.188），长三角城市群效率维蔓延度平均水平最低（0.115）。

四 综合蔓延指数空间分异特征

综合蔓延指数（见图5-4）最高的10大城市分别是齐齐哈尔、德州、临沂、潍坊、张家口、大庆、泰安、烟台、秦皇岛、银川，平均值达0.65。综合蔓延指数最小的10大城市分别是南昌、福州、成都、北京、天津、深圳、上海、广州、柳州、太原，平均值为0.12。按不同规模类型的城市综合蔓延指数平均值大小排序，从高到低依次为大城市Ⅱ型（0.401）、大城市Ⅰ型（0.314）、特大城市（0.300）、超大城市（0.145）。

全国91个主要大城市的综合蔓延指数空间分布呈现一定程度的空间地域规律性。从主要大城市综合蔓延指数的平均值水平（下同）来看，东部地区（0.360）>中部地区（0.351）>西部地区（0.325）。东部地区的大城市形态蔓延度高、效率维蔓延度低，典型代表城市如苏州、厦门、南京、杭州等。中、西部的大城市虽然形态蔓延度与东部沿海大城市相比较低，但是效率维蔓延度高，典型代表城市如洛阳、邯郸、鞍山等。

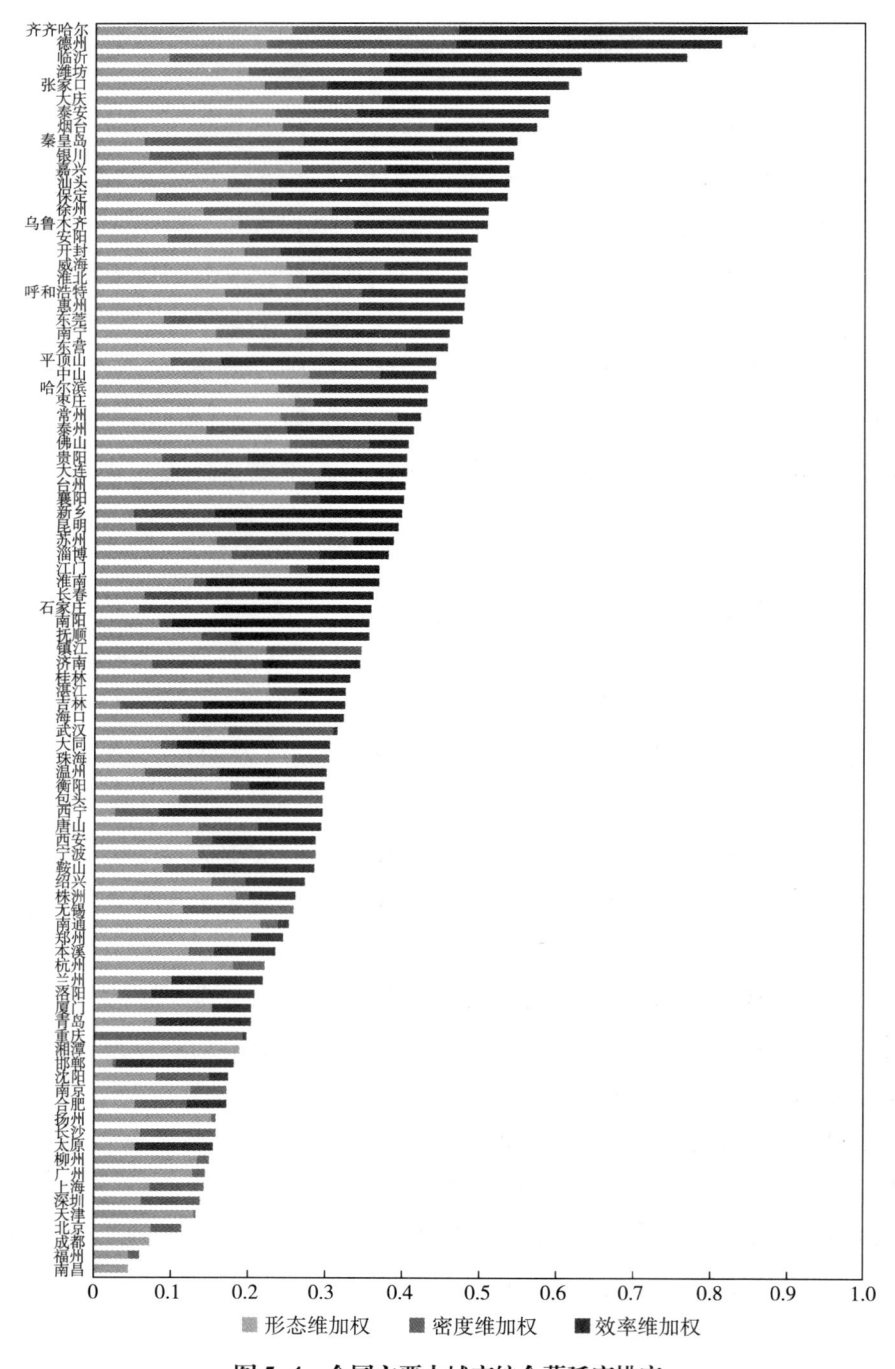

图 5-4 全国主要大城市综合蔓延度排序

更细分来看，各经济区城市综合蔓延指数平均水平从高到低排序依次是东北地区（0.401）>西北地区（0.371）>华东地区（0.367）>华南地区（0.349）>华北地区（0.335）>华中地区（0.327）>西南地区（0.268）。东北地区大城市的综合蔓延指数最高，典型城市如齐齐哈尔（0.85，其形态维蔓延度、密度维蔓延度和效率维蔓延度都居于高位）、大庆（0.59，其形态维蔓延度和效率维蔓延度居于高位）、哈尔滨（0.43，其形态维蔓延度居于高位）。

西北地区大城市中，相对蔓延的是银川（0.54，其密度维蔓延度和效率维蔓延居于高位）和乌鲁木齐（0.51，其形态维蔓延度和密度维蔓延度居于高位）。华东地区大城市中，综合蔓延指数最高的城市是德州（0.81，其形态维蔓延度、密度维蔓延度和效率维蔓延度都居于高位），临沂（0.77，其密度维蔓延度和效率维蔓延度居于高位）、潍坊（0.63，其形态维蔓延度、密度维蔓延度和效率维蔓延度都居于高位）、泰安（0.59，其形态维蔓延度和效率维蔓延度居于高位）、嘉兴（0.54，其形态维蔓延度居于高位）紧随其后。上海（0.14）、南京（0.17）、杭州（0.22）则凭借其经济效率的长板，位列华东地区综合蔓延度较低的城市行列。

华南地区大城市中，最蔓延的城市是汕头（0.54，其形态维蔓延度和效率维蔓延度居于高位）、惠州（0.48，其形态维蔓延度和密度维蔓延度居于高位）和东莞（0.48，其密度维蔓延度和效率维蔓延度居于高位），深圳（0.14）和广州（0.14）则凭借高效率和高密度的长板，位列综合蔓延度较低的城市行列。华北地区大城市中，最蔓延的城市是张家口（0.61，其形态维蔓延度和效率维蔓延度居于高位）、秦皇岛（0.55，其密度维蔓延度和效率维蔓延度居于高位）、保定（0.54，其密度维蔓延度和效率维蔓延度居于高位），北京（0.12）和天津（0.13）则凭借密度和经济效率的长板，位列综合蔓延度最低的几个城市。

华中地区大城市中，最蔓延的城市是安阳（0.50，其效率维蔓延度居于高位）、开封（0.49，其形态维蔓延度和效率维蔓延度居于高位)、平顶山（0.44，其效率维蔓延度居于高位），长沙（0.16）则凭借城市形态紧凑和较高的经济效率位列综合蔓延度较低的城市行列。西南地区的大城市样本数量较少，其中，成都（0.07）是该地区综合蔓延指数最低的城市，重庆（0.20）因形态维蔓延度居于高位、密度维和效率维居于低位最终被列为综合蔓延水平相对较低的城市之一。此外，三大城市群的综合蔓延指数平均水平从高到低排序依次是京津冀城市群（0.364）>珠三角城市群（0.345）>长三角城市群（0.297）。

第二节 长江经济带典型城市的蔓延动态测度

一 长江经济带典型城市样本

长江经济带是中国重点实施的"三大战略"之一，覆盖上海、江苏、浙江、安徽、江西、湖北、湖南、重庆、四川、贵州、云南11个省市，横跨中国东、中、西三大区域，面积约205.23万平方千米。案例城市包括上海、南京、杭州、武汉、重庆、成都6个城市（见表5-3），具有典型性和代表性：案例城市分属于东部沿海、中部地区和西部地区，并且处于不同的城市化发展阶段，其地理位置、地形地貌、人口规模和经济水平均有显著差异；案例城市还反映了不同的区域均衡发展战略的影响，比如"东部沿海优先发展"战略、"西部大开发"战略、"中部崛起"战略等。各个城市的研究区为2015年市辖区范围，其中，重庆市基于当地情况和其他研究经验（Miller，2012；Deuskar，2015）以主城九区作为研究区。

表5-3　　　　　　　长江经济带案例城市特征描述

城市	区位	地形	总面积（平方千米）	人口（百万）	研究区面积（平方千米）
上海	东部、长江下游	平原	6340	24.257	5155

续表

城市	区位	地形	总面积（平方千米）	人口（百万）	研究区面积（平方千米）
南京	东部、长江下游	丘陵/平原	6597	8.216	4733
杭州	东部、长江下游	丘陵/平原	16596	8.844	3068
武汉	中部、长江中游	平原	8494	10.338	2718
重庆	西部、长江上游	山地/丘陵	82402	29.914	5473
成都	西部、长江上游	平原	12390	14.428	2129

注：引自 Yue 等（2016）。

二 指标体系与数据

在对长江经济带 6 个典型城市的蔓延进行动态测度时，形态维、密度维、效率维指标选取与权重如表 5-4 所示。动态测度突出动态变化而简化计算，因此每个维度仅选取一个指标，并且增加了动态指标的设计。一级指标赋权说明详见本章第一节，二级指标因为每个维度只选取了一个，因而权重赋值均为 1。形态维蔓延度一级指标选取形状指数，计算公式见式（5-1），是正向指标。密度维蔓延度一级指标选取户籍人口密度，采用市辖区户籍人口除以城区建设用地面积之比计算得到，是负向指标。效率维蔓延度一级指标选取地均 GDP，采用市辖区 GDP 除以城区建设用地面积之比计算得到，是负向指标。此外，采用土地增长率与人口增长率之比作为密度动态指标，以反映一个阶段内土地扩张与人口增长的协调性。人地关系协调一直以来都是城市可持续发展的前提，如果城市土地扩张的速度明显快于人口增长率，这种空间增长模式将被认为是低效、粗放的。土地与人口增长之比计算公式如下：

$$GR = \frac{A_t - A_0}{A_0} \bigg/ \frac{P_t - P_0}{P_0} \quad (5-4)$$

式（5-4）中，A_0 和 A_t 分别是期初和期末的城市建设用地面积，P_0 和 P_t 分别是期初和期末的城市人口数量。当 $GR > 1$ 时，城市土地消费的增长速度超过人口的增长速度，可以认为该城市处于蔓延状态（Frenkel and Ashkenazi, 2008）。

表 5-4　　长江经济带典型城市蔓延测度指标与权重

维度	一级指标		二级指标		组合权重w_f
	指标名称	权重w_i	指标名称	权重w_j	
形态	形态维蔓延度	0.297	形状指数	1	0.297
密度	密度维蔓延度	0.309	户籍人口密度	1	0.309
效率	效率维蔓延度	0.394	地均 GDP	1	0.394
动态	密度动态指标	—	土地与人口增长之比	—	—

主要数据包括 1990 年、1995 年、2000 年、2005 年、2010 年、2015 年城市建设用地数据，来源于中国科学院地理科学与资源研究所的全国范围土地利用数据变化 1∶10 万矢量数据库和 1 千米比例成分分类栅格数据库（Liu et al., 2003；Liu et al., 2010；刘纪远等，2014）。其他辅助数据，如人口和经济数据来源于各个城市统计年鉴和《中国城市统计年鉴》。

三　城市土地与人口增长比

南京、杭州、上海、成都、重庆和武汉等长江经济带典型城市在 1990—2015 年的城市土地扩张速度明显快于城市人口增长速度（见图 5-5）。其中，重庆是土地扩张最剧烈的城市，城市土地扩张了 3 倍而人口增长了 31%，其土地与人口增长比也是 6 个典型城市中最高的（12.74）。上海的土地扩张和人口增长幅度都最小，分别为 135% 和 14%，但其土地与人口增长比仅次于重庆（9.83）。杭州的城镇建设用地面积大约增长了 2 倍，扩张速度较快，土地与人口增长比相对较大（7.82）。武汉和南京的土地扩张与人口增长关系十分相似，城市土地扩张率分别为 2.31 和 2.51，人口增长率分别为

0.32 和 0.35，土地与人口增长比都接近 7.2。成都的土地与人口增长比最小（3.36），尽管其土地扩张率高达 3.19，仅次于重庆，但是由于人口增长率高，土地扩张与人口增长的协同关系是长江经济带 6 个典型城市中最平衡的。

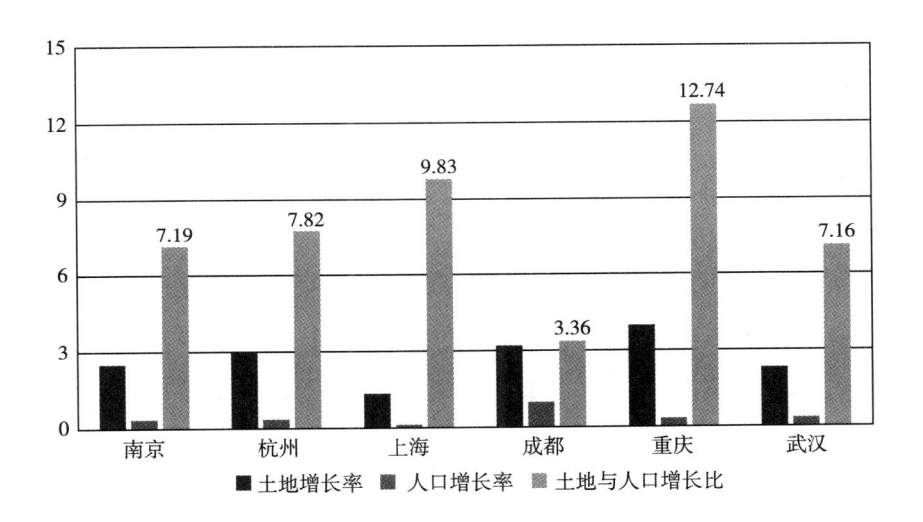

图 5-5　长江经济带典型城市土地与人口增长比（1990—2015 年）

从每个城市土地增长率、人口增长率、土地与人口增长比的动态变化来看（见图 5-6），土地增长率的变化主导了土地与人口增长比的变化。各城市的人口增长速度相比土地增长速度而言要缓慢很多，不过仍然表现出较大的分异性，大多数城市的市辖区内户籍人口持续上升，武汉市在 2010—2015 年出现人口下降。20 世纪 90 年代初期，全国兴起开发区和城市建设的热潮，之后国家开始实行对开发区建设"限制"措施，因而典型城市（除重庆以外）的土地扩张率在 1990—1995 年出现第一个高值，并在 1995—2000 年回落，南京、杭州和武汉等城市的土地与人口增长比也呈现相似的趋势。重庆市在 1997 年成为直辖市之后，城市空间扩张加快，并在 2005—2010 年出现第一个高值。2000 年以后，典型城市经历了更加剧烈的城市扩张，土地增长率升高并于 2000—2005 年或 2005—2010 年出现第二个高值，在 2010—2015 年有不同幅度的回落。上海城市扩张主要集中在 90 年代早期，1990—1995 年土地与人口增长比高达 21.66，2000—2005 年土地与人口增长比达到第二个高峰值 9.3，之后逐渐进入人地关系相对协调发展的阶段。

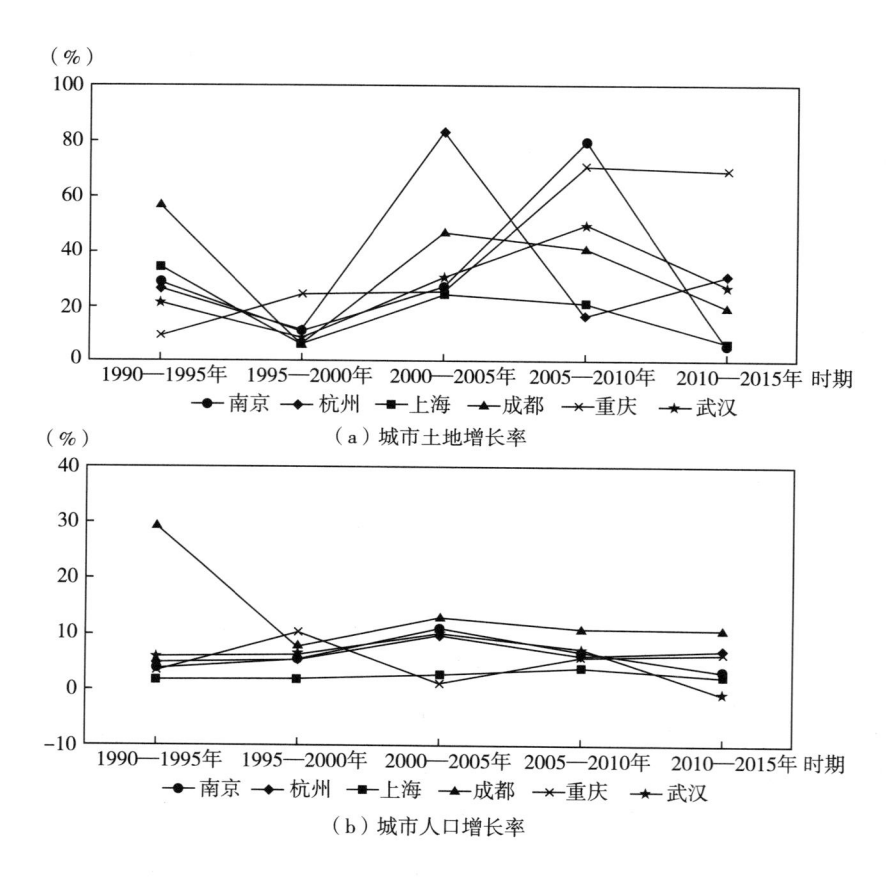

图 5-6 长江经济带典型城市不同阶段土地增长率、
人口增长率以及土地与人口增长比

(%)
25
20
15
10
5
0
　　　1990—1995年　1995—2000年　2000—2005年　2005—2010年　2010—2015年　时期
　　　●南京　◆杭州　■上海　▲成都　✕重庆　★武汉
（c）城市土地与人口增长比

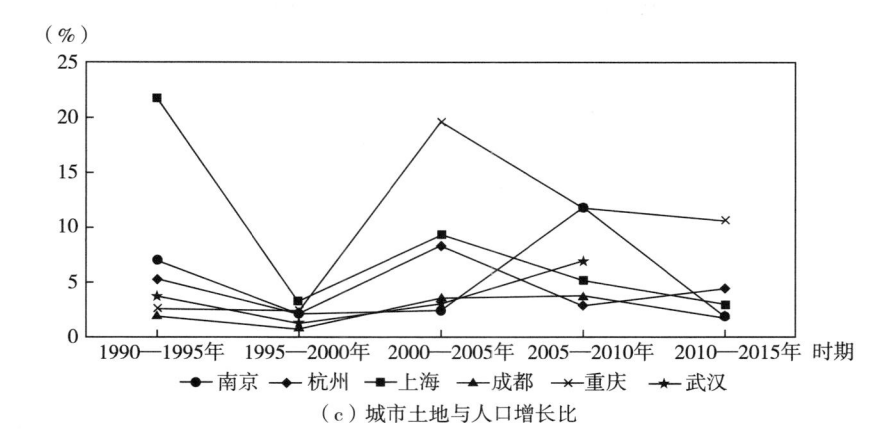

图 5-6　长江经济带典型城市不同阶段土地增长率、
人口增长率以及土地与人口增长比（续图）

四　多维蔓延指数动态变化

各城市 1990 年、1995 年、2000 年、2005 年和 2015 年的形态维、密度维、效率维指数如图 5-7 所示。2015 年建设用地形状指数从大到小排序依次是武汉>重庆>杭州>上海>成都>南京，形状指数是城市蔓延的正向指标，因而形态维蔓延度从高到低排序也是武汉>重庆>杭州>上海>成都>南京。从 1990—2015 年各城市建设用地形状指数的动态变化来看，武汉、重庆和杭州的形状指数呈现上升趋势，上海和南京则出现形状指数由高变低再变高的变化，成都的形状指数则出现由低变高再变低的变化。2015 年人口密度从高到低排序依次是上海>成都>杭州>重庆>南京>武汉，密度维蔓延度排序则正好相反，从高到低排序依次是武汉>南京>重庆>杭州>成都>上海。1990—2015 年，6 个典型城市的人口密度均呈逐年下降的趋势，其中，重庆人口密度下降幅度最大，从 3.21 万人/平方千米降至 0.84 万人/平方千米。2015 年地均 GDP 从高到低排序依次是上海>杭州>武汉>成都>南京>重庆，地均 GDP 是城市蔓延的负向指标，因而效率维蔓延度从高到低排序是重庆>南京>成都>武汉>杭州>上海。上海的经济发展水平最高，其地均 GDP 一直维持在最高水平，并且在

108　转型期中国城市蔓延

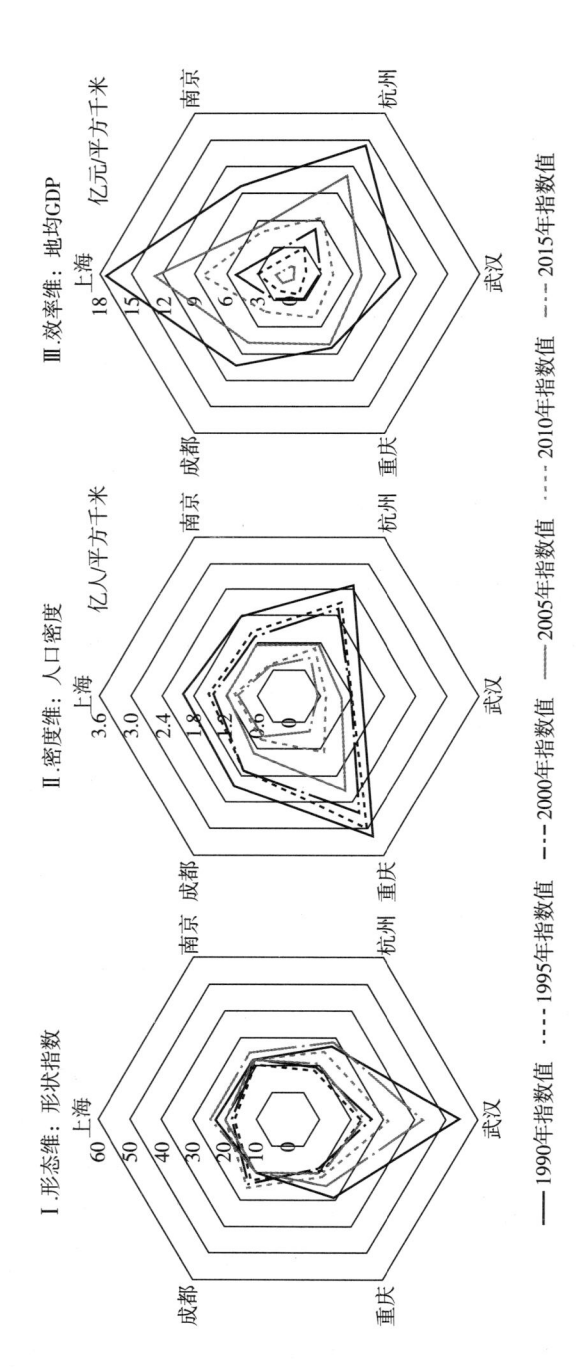

图 5-7　多维测度指标雷达分布

1990—2015 年持续快速增长，从 1.23 亿元/平方千米增至 17.5 亿元/平方千米。

五 综合蔓延指数动态变化

长江经济带 6 个典型城市土地与人口增长率之比大于 1，表明这些城市均处于蔓延状态。将城市土地与人口增长率之比和综合蔓延指数结合起来评判城市蔓延水平，可使测度结果更加准确。从 1990—2015 年综合蔓延指数的动态变化（见图 5-8）来看，重庆是综合蔓延指数增幅最大的城市，从 0.434 提高到 0.585。武汉的综合蔓延指数也呈上升趋势，从 0.663 增至 0.764。上海与南京的综合蔓延指数总体呈现下降趋势，分别从 1990 年的 0.568 和 0.624 下降至 2015 年的 0.321 和 0.515。杭州和成都的综合蔓延指数经历小幅度的增长后又回落，二者都在 2005 年达到峰值（分别为 0.556 和 0.595）之后开始下降，并在 2015 年分别下降至 0.422 和 0.451。

第三节 街道单元的蔓延动态测度

一 杭州市辖区街道

杭州（29°11′ N—30°34′ N，118°20′ E—120°37′E）是浙江省省会城市，位于东部沿海、长江下游，全市总面积为 16596 平方千米。20 世纪 90 年代以来，杭州市辖区行政区划经历了数次大范围的调整，推动了城市空间的迅速增长。从 90 年代开始，杭州进入快速城镇化阶段，而在此之前，杭州市建成区面积增长较为缓慢，在 1949—1990 年仅新增 39 平方千米。进入 21 世纪，杭州市建成区面积急速扩张，从 2000 年的 177.18 平方千米激增至 2010 年的 412.59 平方千米。微观尺度城市蔓延测度研究的研究区为 2010 年年末市辖区，这一节中，测度单元为市辖区范围内的各个街道单元。研究区可

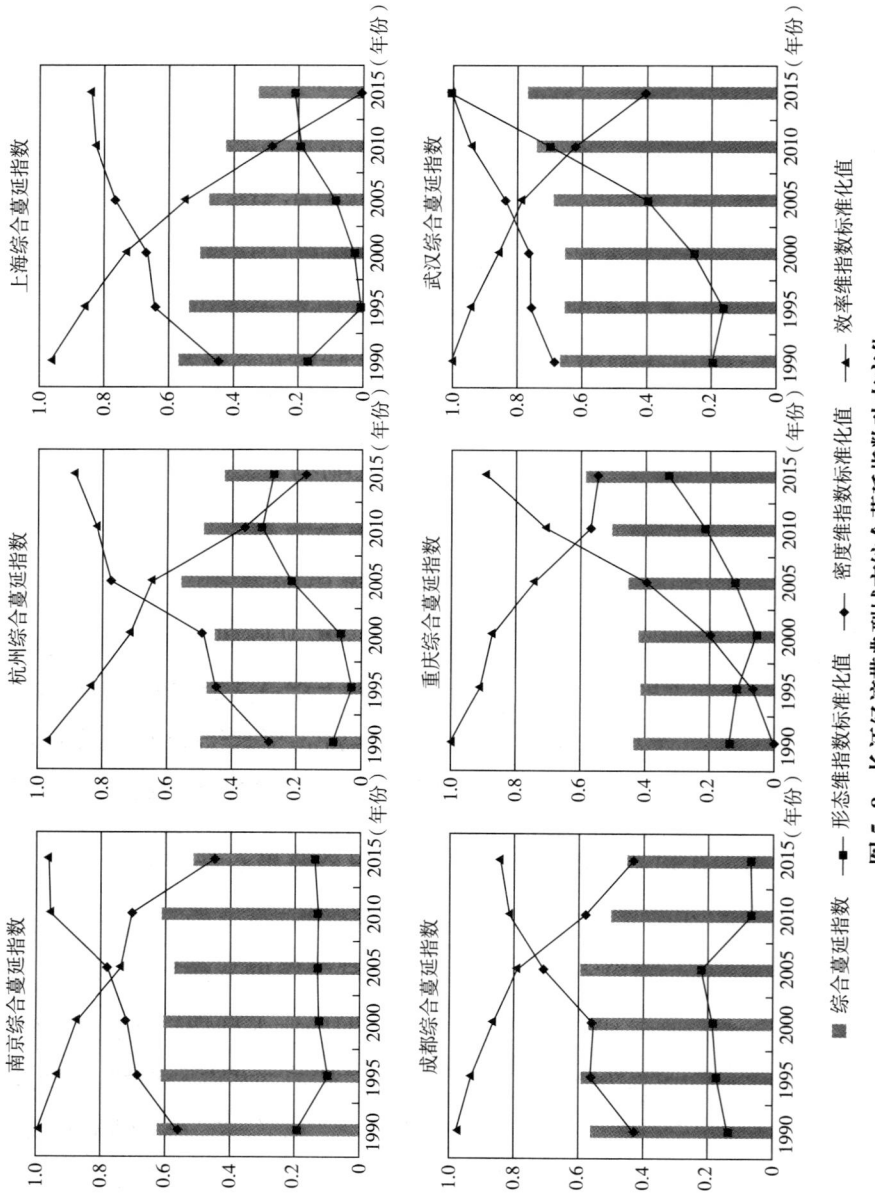

图 5-8 长江经济带典型城市综合蔓延指数动态变化

以划分为 3 个分区：①中心区，即 1949 年前杭州建成区范围（冯健，2004），包含 7 个街道，共 13.45 平方千米；②近郊区，指 1996 年区划调整后的市辖区边界以内、中心区以外的区域（Zhang et al.，2018），包括 40 个街道、2 个镇；③远郊区，指 2000 年区划调整后的市辖区边界以内、近郊区以外的区域，由余杭和萧山区共 16 个街道、31 个镇、1 个乡组成。

二 指标体系与数据

微观尺度城市蔓延测度多维指标体系如表 5-5 所示。形态维蔓延度选取形状指数这一正向指标，计算公式见式（5-1）。密度维蔓延度选取常住人口密度这一负向指标，采用街道常住人口除以街道面积之比计算得到。通达性维蔓延度选取道路密度这一负向指标，根据市区主要道路级别设定不同道路宽度从而计算街道内道路面积总和，以道路面积在街道面积中的占比来计算，道路密度越大说明可达性越高。结构维蔓延度选取基于各类用地占建设用地的百分比计算的土地利用混合度来表征，为负向指标，值越高说明土地利用多样性越高，即越不蔓延。

表 5-5　　　　　　　街道单元蔓延测度指标与权重

维度	一级指标		二级指标		组合权重w_f
	指标名称	权重w_i	指标名称	权重w_j	
形态	形态维蔓延度	0.249	形状指数	1	0.249
密度	密度维蔓延度	0.273	常住人口密度	1	0.273
结构	结构维蔓延度	0.261	土地利用结构混合度	1	0.261
通达性	通达性维蔓延度	0.217	道路密度	1	0.217

土地利用混合度借用修改后的熵指数（Cervero and Kockelman，1997）的公式计算，具体为：

$$Mix = \frac{-\sum_{k=1}^{K_i}(P_{k,i}\ln P_{k,i})}{\ln K_i} \quad (5-5)$$

式（5-5）中，$P_{k,i}$ 是指街道单元 i 中土地利用类别 k 的比例；K_i 是街道单元 i 中土地利用类型的数量。土地利用混合度（熵指数）的值介于 0（同质的、单一土地使用）和 1（异质的，各土地使用类别均匀分布）。

形态维蔓延度、密度维蔓延度、结构维蔓延度、通达性维蔓延度四个一级指标权重赋值采用专家打分法，专家们根据对城市蔓延理论的既有认知对其分别赋权 0.249、0.273、0.261、0.217。二级指标因为每个维度均只选取了一个，因而权重赋值均为 1。

在街道单元的城市蔓延测度部分，主要使用的数据包括城市土地利用分类数据、人口数据、路网数据。其中，城市土地利用分类数据是笔者根据杭州市规划局公布的 2000 年和 2010 年土地利用现状图数字化得到；人口数据采用街道人口普查数据，来源是第五次全国人口普查（2000 年）和第六次全国人口普查（2010 年）资料。街道是人口普查数据的最小统计单元，考虑到频繁的行政区划调整，对变化的行政单元进行人口数据归并处理。路网数据是笔者在百度地图数据的基础上结合历史资料绘制的。

三 多维蔓延指数动态变化

（一）形态维蔓延指数

2000 年和 2010 年各街道城市建设用地斑块形状指数（以下简称形状指数）如图 5-9 所示。在这一期间，杭州市区城市扩张迅速，各街道形状指数平均值从 5.87 增至 8.85。2000 年形状指数大于 7.5 的街道有 18 个，包括近郊区的彭埠、上塘、四季青、浦沿、祥符、转塘、长河、西兴、白杨、三墩等 13 个街道/镇，以及远郊区的北干、城厢、新塘、运河、南苑 5 个街道/镇。这一年，近郊区街道形状指数平均值为 6.84，远高于中心区街道（5.63）和远郊区街道的形状指数平均值（4.80），表明此时分散、跳跃式的建设用地开发主要集中在近郊区。2010 年形状指数大于 7.5 的街道超过了六成，并且有 38 个街道的形状指数大于 10，形状指数最大的 10 个街道依次为：白杨、新塘、良渚、义桥、宁围、瓜沥、临浦、塘栖、彭埠、长河。这一年，远郊区街道形状指数平均值上升至 9.51，近郊区街道形状指数平均值也增至 8.71，而中心区街道形状指数平均值下降至 4.96。经过十年的发展，郊区的分散扩张仍呈现加剧趋势，在近郊区以下沙经济技术开发区所在的白杨街道形状指数最高，而远郊区街道中大部分都表现为分散、破碎化的建设用地形态，说明这一时期远郊区街道逐渐成为蔓延的主战场。

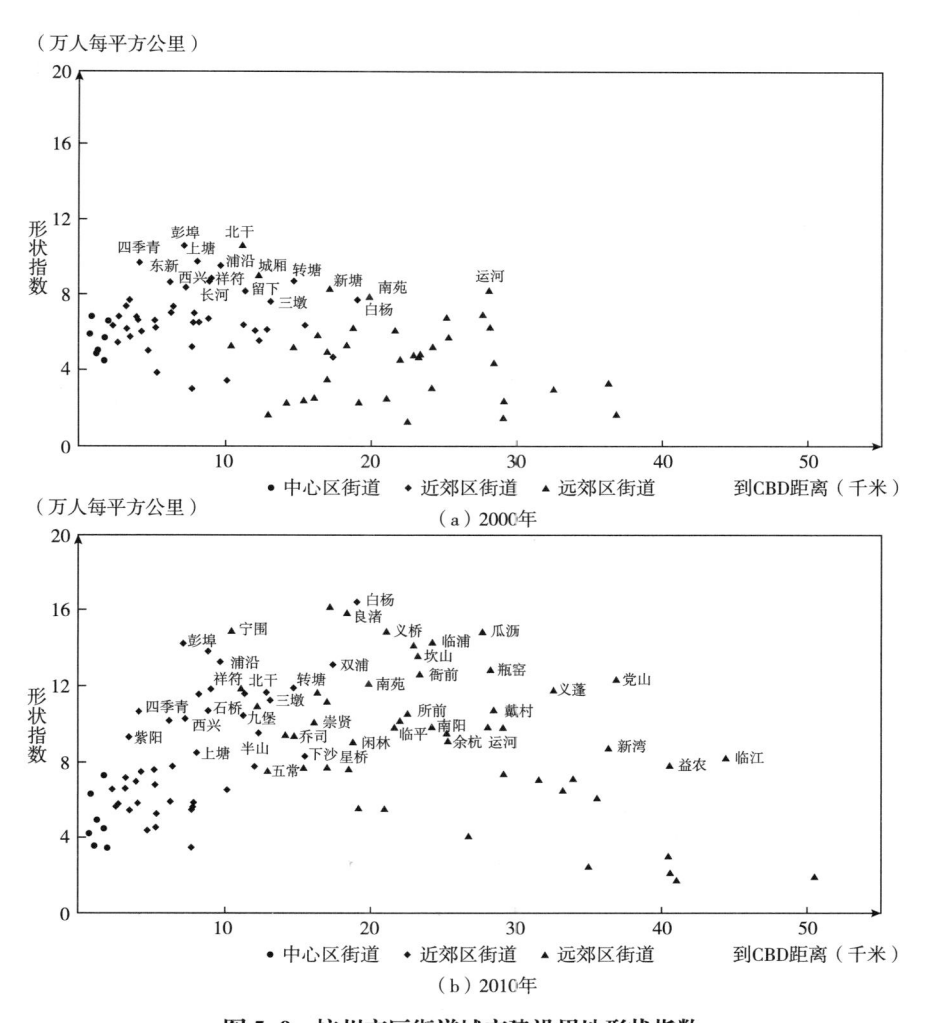

图 5-9　杭州市区街道城市建设用地形状指数

（二）密度维蔓延指数

根据普查人口数据，杭州市区总的人口空间分布规律是，中心区街道人口密度最高，近郊区次之，远郊区人口密度最低（见图5-10）。中心区一些街道的人口密度下降，2000—2010年，中心区街道人口密度平均值从3.1万人/平方千米下降至2.3万人/平方千米。例如，

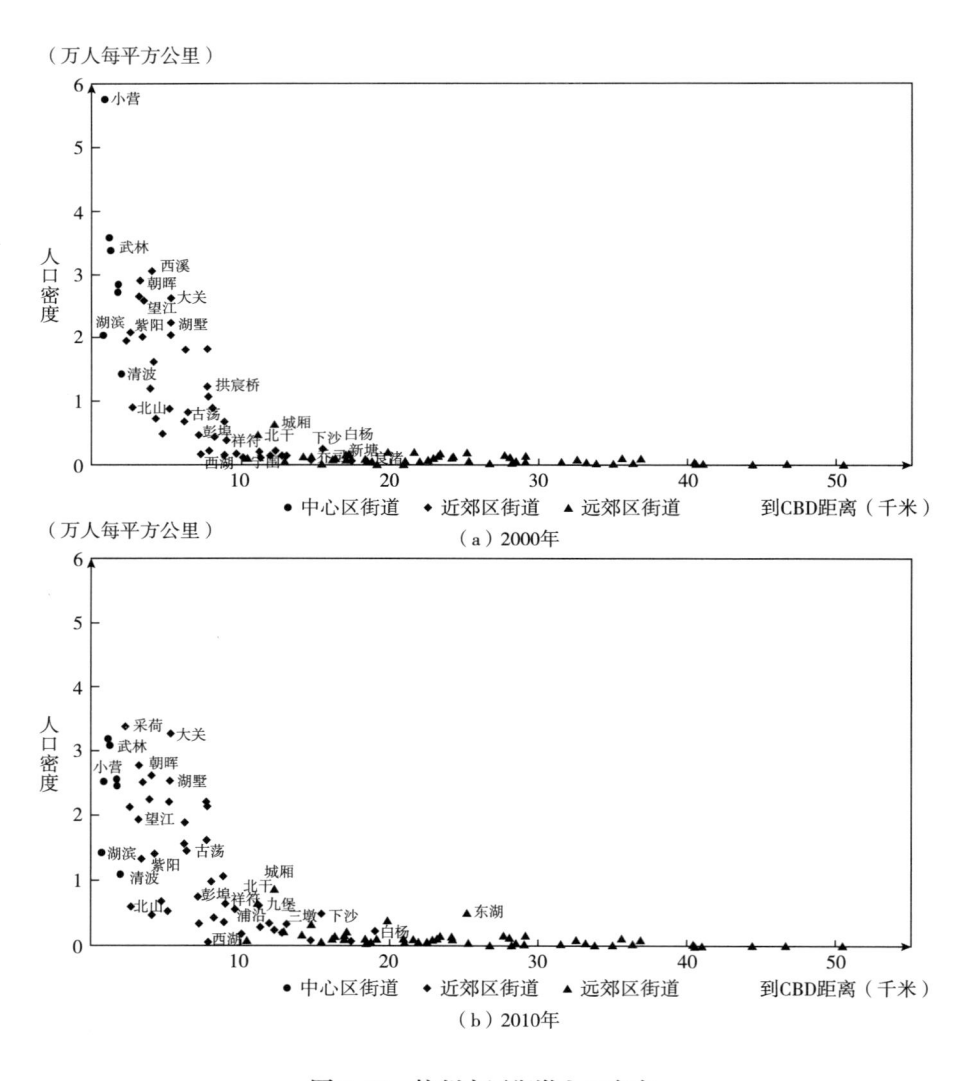

图 5-10　杭州市区街道人口密度

紫阳街道从 2.7 万人/平方千米减至 1.4 万人/平方千米，湖滨街道从 2 万人/平方千米下降至 1.5 万人/平方千米。与此同时，郊区街道的人口密度不断上升，近郊区街道人口密度平均值从 2000 年的 1 万人/平方千米上升至 2010 年的 1.2 万人/平方千米，远郊区街道人口密度平均值也从 0.11 万人/平方千米提高到 0.15 万人/平方千米。近郊区的下沙、滨江区、三墩镇、祥符街道、古荡街道、彭埠镇、九堡镇，以及远郊区的城厢街道、北干街道、新塘街道、宁围镇、乔司镇、良渚镇的人口密度有大幅提高。在 2000 年的低密度街道（小于四分位数 820.43 万人/平方千米）中，有 3 个（白杨街道、转塘街道、双浦镇）分布在近郊区且到 CBD 平均距离为 17 千米，25 个分布在远郊区且到 CBD 平均距离为 30 千米。在 2010 年的低密度街道（小于四分位数 910.28 万人/平方千米）中，有 2 个（西湖街道、双浦镇）分布在近郊区，其余分布在远郊区。总体上，近郊区和远郊区人口密度远远低于中心区，说明尽管出现了人口郊区化的趋势，但中心区对城市人口的吸引力依然很强。这是由于郊区相应的配套基础设施尚未完善，交通不便，大部分工薪阶层的居民更乐于选择在城中居住。

（三）结构维蔓延指数

2000 年和 2010 年杭州市区各街道城市土地利用混合度（以下简称混合度）如图 5-11 所示。2000 年，中心区街道混合度平均值为 0.76（由于没有计算商服用地，中心区街道混合度计算结果会出现低判），近郊区混合度平均值为 0.96，远郊区街道混合度平均值为 0.82。这一年，混合度高（≥1.2）的街道主要分布于主城区的翠苑、留下、灵隐、上塘、西溪、四季青、凯旋街道；临平副城、江南副城、良渚组团等地区的土地利用混合度低于主城区；下沙副城、大江东等地区的土地利用混合度较低。到 2010 年，中心区街道混合度平均值上升至 1.08，近郊区街道混合度平均值上升至 1.06，远郊区街道混合度平均值下降至 0.70。可见，尽管在没有计算商服用地的情况下，中心区街道的混合度也超过了近郊区与远郊区。而远郊区街道混合度的下降趋势表明了远郊区城市蔓延的加剧。近郊区混合度提升显著，以杭州经济技术开发区（下沙）的白杨街道和杭州高新区（滨江）的长河街道为例，混合度指数分别从2000年的0.59和0.87上升至2010年的1.24和1.20。这两个街道的工业用地占比下降、教育用地和居住用地占比提高，表明相应地区已经由原先的开发区工业用地占绝对主导的单一用地模式转变为产业、居住、高教配套的综合用地模式。

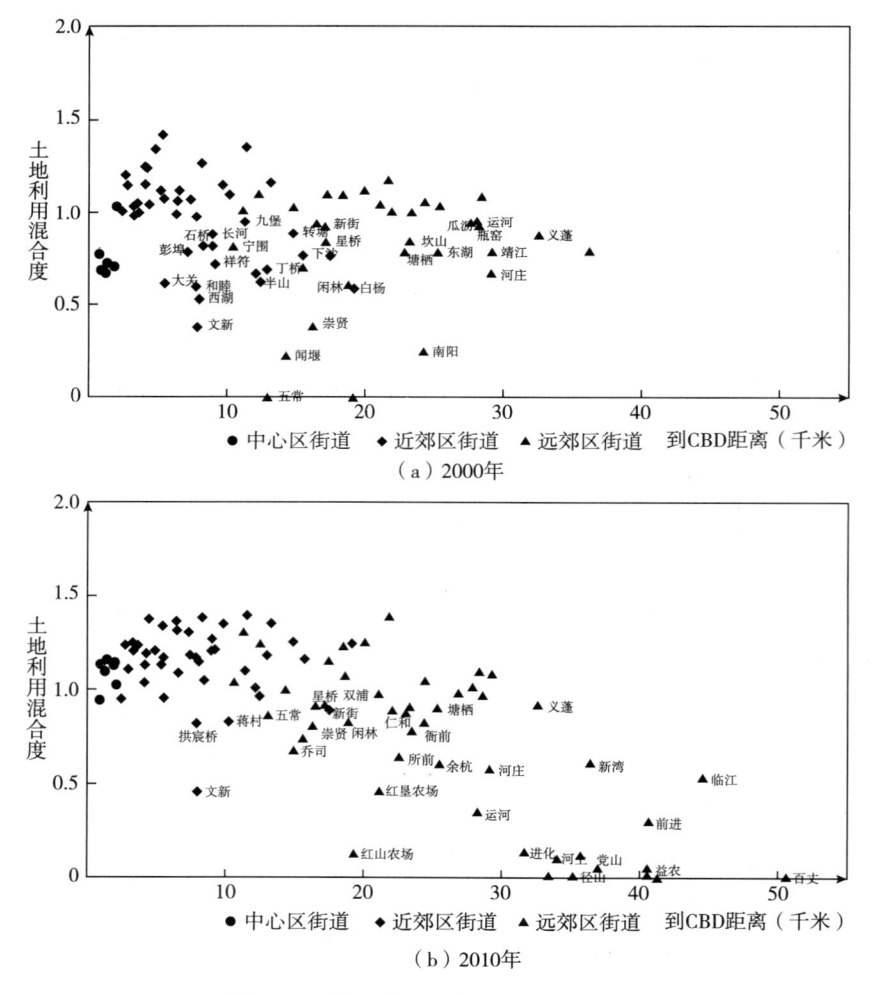

图5-11　杭州市区街道土地利用混合度

从城市土地利用结构来看，低混合度的用地结构一般可以分成居住用地主导型、工业用地主导型、教育用地主导型三种情形：①居住用地主导型街道，居住用地在所有用地类型中占比最高，典型代表如文新、大关、潮鸣、长庆、小营、武林、清波、米市巷、湖墅、蒋村、古荡、采荷、望江、南苑等。从2000年到2010年，中心区的武林街道与清波街道居住用地比重分别从71%和63%下降至45%和35%，而远郊区的新湾街道与新街镇居住用地比重也分别从65%和58%下降至11%和14%。与此同时，近郊区的蒋村街道、拱宸桥街道、小河街道、北山街道，以及远郊区的余杭镇、闲林镇、星桥街道等的居住用地比重大幅提升。②工业用地主导型街道，工业用地在所有用地类型中占比最高，典型代表如白杨街道、闲林镇、半山镇、长河街道、宁围镇、双浦镇、下沙街道、义蓬街道、河庄街道等。近郊区街道工业用地比重普遍呈现下降趋势，白杨街道的工业用地占比从83%下降至46%，闲林镇从82%降低至30%，半山镇也从82%减至63%。远郊区街道的工业用地占比则大幅提高，以仓前镇、瓜沥镇、党山镇、仁和镇、瓶窑镇等为代表的乡镇工业功能区的工业用地占比达到80%。③教育用地主导型街道，主要是教育园区建设的几个街道，典型代表如三墩镇（浙江大学紫金港校区，2010年教育用地占比达35%）、留下街道（小和山高教园区，2010年教育用地占比为34%）。

（四）通达性维蔓延指数

城市内部道路面积在街道面积中的占比（以下简称道路密度）呈现从中心区向外围逐渐递减的趋势（见图5-12）。2000年，中心区街道道路密度平均值为8.16%，近郊区街道道路密度平均值为3.09%，远郊区则为1.61%。相比中心区而言，郊区的通达性水平要低很多，远郊区3/4的街道道路密度小于2%，近郊区也有2/5的街道道路密度小于2%。随着郊区化的发展和城市道路交通设施建设不断完善，郊区街道的道路密度普遍提高。到2010年，远郊区街道道路密度平均值上升至2.34%，近郊区也增至3.97%。道路密度小于 2% 的街道数量大幅下降，近郊区仅剩西湖街道、双浦镇和留下街道，远郊区也从 2000 年的 38 个减少到 26 个。2000—2010 年，三墩镇、留下街道、半山镇、白杨街道和下沙街道等近郊区街道的通达性水平得到明显改善，而鸬鸟镇、河上镇、临江街道、前进街道、戴村镇、黄湖镇、闲林镇、中泰乡、余杭镇、仓前镇、径山镇、百丈镇等城区边缘的街道和乡镇的通达性水平依然较差。

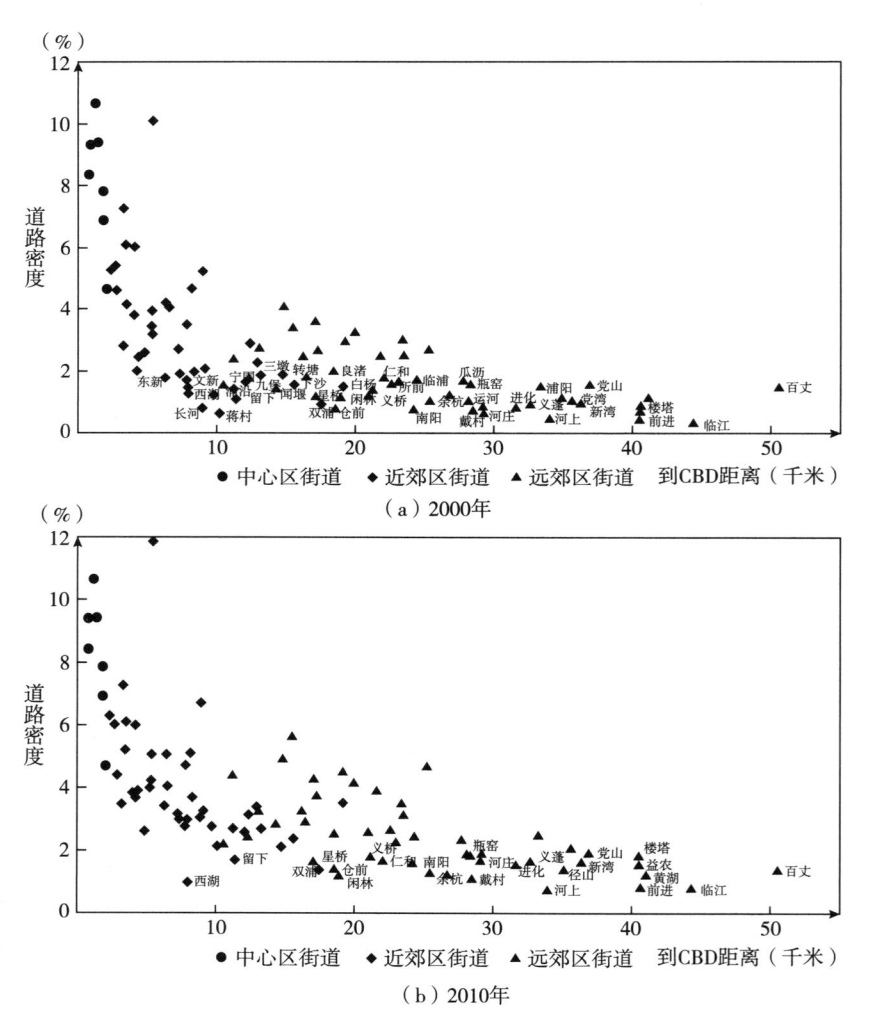

图 5-12　杭州市区街道道路密度

四 综合蔓延指数动态变化

杭州市区各街道 2000 年和 2010 年综合蔓延指数如图 5-13 所示。从空间分布规律来看，远郊区城市蔓延水平最高，近郊区次之，中心区城市蔓延水平最低。从动态变化趋势来看，中心区和近郊区城市蔓延水平下降，而远郊区蔓延水平呈上升趋势。从 2000 年到 2010 年，中心区街道综合蔓延指数平均值从 0.41 降低至 0.27，近郊

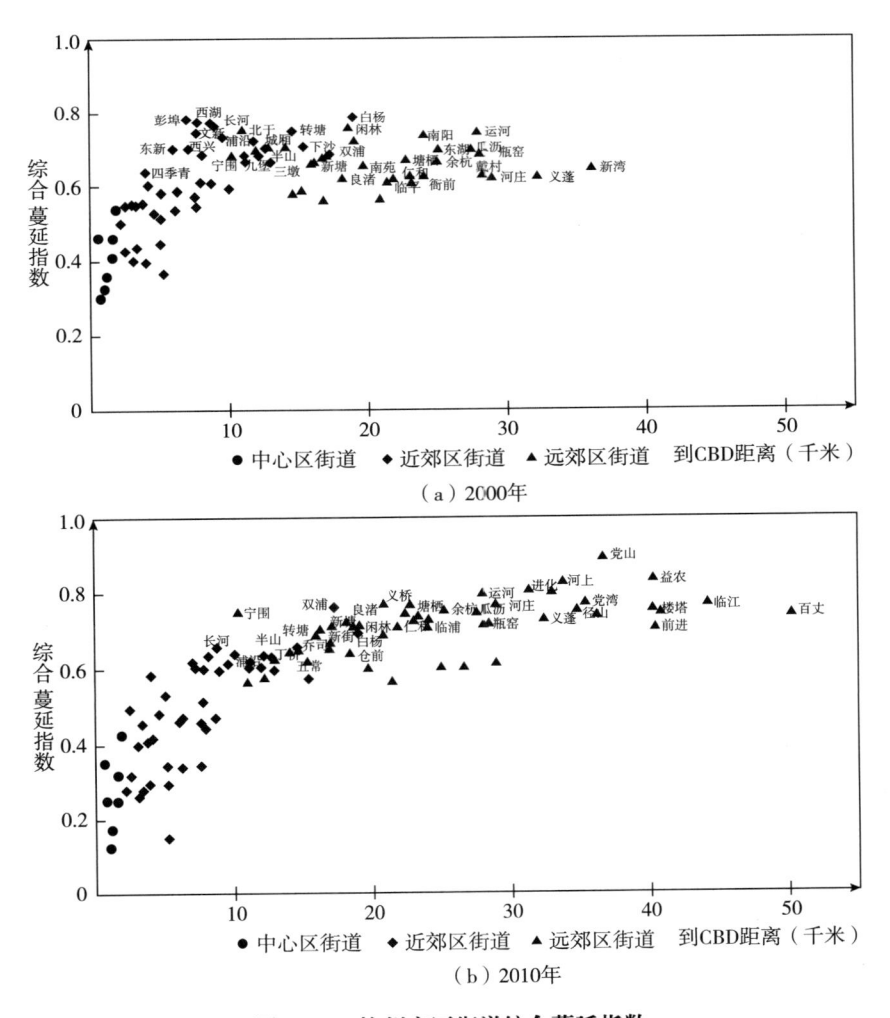

图 5-13　杭州市区街道综合蔓延指数

区街道综合蔓延指数平均值从 0.62 减少到 0.49，而远郊区街道综合蔓延指数平均值则从 0.66 上升到 0.71。

将综合蔓延指数按自然断裂法分成高、较高、较低、低四类。2000 年，综合蔓延指数最高（>0.722）的 13 个街道为白杨街道、彭埠镇、西湖街道、长河街道、祥符街道、闲林镇、北干街道、转塘街道、文新街道、运河镇、南阳街道、浦沿街道、康桥镇。中心区及周边区域综合蔓延指数最低（≤0.464）。到 2010 年，综合蔓延指数最高（>0.751）的街道分别是党山镇、益农镇、河上镇、进化镇、浦阳镇、运河镇、党湾镇、义桥镇、临江街道、河庄街道、塘栖镇、双浦镇、径山镇。这些城市蔓延水平较为严重的街道是开发区、高教园区、副城所在的街道，比如杭州经济技术开发区与下沙高教园区所在的下沙街道和白杨街道，滨江高新区所在的长河街道、浦沿街道、西兴街道，大江东产业集聚区所在的河庄、临江、新湾、前进等街道。萧山区是 2000—2010 年市区内蔓延最显著的区域，除萧山城区、萧山经济技术开发区和大江东以外，还分散布局了许多乡镇工业功能区，比如党山镇、益农镇、河上镇、进化镇、浦阳镇、党湾镇、义桥镇。可见，开发区、大学城、新城是城市内部主要的蔓延发生地，带动了郊区大规模、独立成片的土地开发，表现出明显的跳跃式、低密度、功能结构单一、通达性差与配套设施不完善等蔓延特征。值得注意的是，下沙与滨江两个副中心在 2000 年综合蔓延度较高，到 2010 年综合蔓延度有所下降，表明尽管开发区、新城、大学城一开始会显现蔓延的特点，但随着逐渐发育成熟，能够发展成为功能更多样、基础设施更完善、配套更齐全、人口更密集的城市副中心，并发挥承接主中心和分担城市功能的作用。

五 城市土地与人口增长比

2000—2010 年，大部分街道呈现城市建设用地扩张速度快于人口增长速度的特征（见图 5-14）。部分街道在建设用地扩张的同时人口反而减少，包含两种情形：①人口郊区化情形，武林、湖滨、小营、天水、清波等中心区街道过度密集，通过郊区化将人口疏散到外围郊区；②郊区相对分散的乡镇人口向主城区集中的城市化情形，或者由于郊区新城或新区开发建设引起的征地搬迁，比如临平、宁围、新街、党山、前进、径山等街道/镇。此外，灵隐、古荡、采荷、乔司、白杨、浦沿、北干等街道土地扩张速度小于人口增长速度，还有一小部分街道城市土地与人口都减少了。可见，在微观尺度上，仅根据城镇土地与人口增长的相互关系是无法判断是否蔓延的。

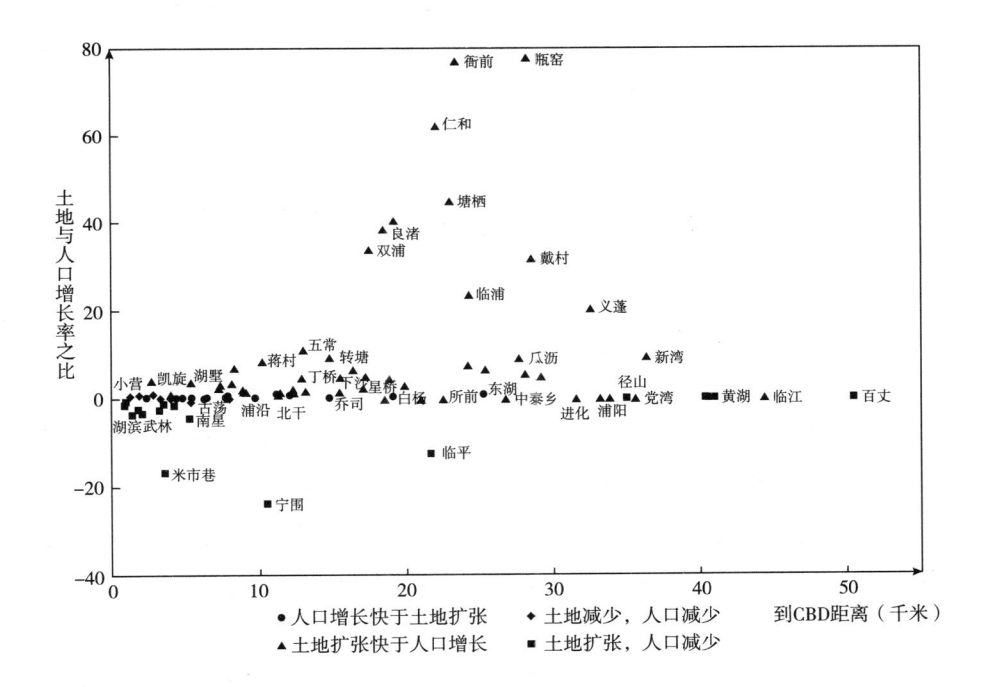

图 5-14　2000—2010 年杭州市区街道土地与人口增长比（仅呈现部分）

从动态指标与综合蔓延指数来看，2010 年综合蔓延指数小于 0.492（按自然断裂法划分的综合蔓延指数低水平和较低水平临界阈值）的 28 个街道都呈现综合蔓延指数下降的趋势。其中，武林、天水、小营、米市巷、湖滨、望江、清波、紫阳 8 个街道城市建设用地扩张而人口缩减，湖墅、凯旋、闸弄口、上塘、石桥 5 个街道城市建设用地扩张幅度大于人口增长幅度，而大关、采荷、小河、文晖、古荡等街道城市建设用地扩张幅度小于人口增长幅度。2010 年综合蔓延指数大于 0.492 的街道占街道总数的 70%。其中，对于城市建设用地扩张而人口缩减的情形，宁围、新街、益农、党山、径山、百丈、黄湖、前进 8 个街道（乡/镇）综合蔓延指数呈上升趋势，而临平、南星、四季青 3 个街道综合蔓延指数呈下降趋势。对于城市建设用地扩张快于人口增长的情形，河上、进化、临江、党湾、仓前、中泰、义桥等 31 个街道（乡/镇）综合蔓延指数呈上升趋势，而祥符、下沙、城厢、西兴、五常、九堡、星桥等 21 个街道综合蔓延指数呈下降趋势。

第四节　栅格单元的蔓延动态测度

一　建设用地栅格选择

将杭州市辖区分别划分成 500 米、1000 米、3000 米格网，并计算不同格网尺度下各个维度指标。当使用"500 米×500 米"格网时，小尺度格网面对 1000 米分辨率人口密度数据以及结构维指标计算失去了精细化的意义，并且会因为格网数量大而提高计算成本；当使用 3000 米或者更大尺度格网时，单个格网面积几乎接近一个乡镇或街道的面积。

因此，本节选取了一个中等水平的粒度大小，即采用"1 千米×1 千米"大小的格网对杭州市辖区建设用地图斑进行分割。其中，居住用地和工业用地占比最大，2000—2010 年，工业用地面积从 56.87 平方千米增至 187.68 平方千米，居住用地面积从 40.92 平方千米增至 115.27 平方千米。

二 指标体系与数据

建设用地栅格层面蔓延测度采用的多维测度指标及权重与街道层面一致（见表5-5），不同的是新增了2个动态指标：动态指标选取土地与人口增长之比、新增城市用地增长类型。其中，土地与人口增长之比的计算公式见式（5-4），新增城市用地增长类型通过新增建设用地斑块和原有建设用地斑块的公共边长与周长之比（Xu et al.，2007）来判别：

$$S = \frac{L_c}{P} \tag{5-6}$$

式（5-6）中，P 为新增建设用地斑块的周长，L_c 为新增建设用地斑块与原建设用地斑块的公共边长。将城市土地增长类型划分为三种：当 $S \geqslant 0.5$ 时为填充式增长，当 $0<S<0.5$ 时为边缘增长，而当 $S=0$ 时为跳跃式增长。

建设用地数据来源同本章第三节，但基于街道行政单元的普查人口不再适用"1千米×1千米"栅格层面的测度研究，需要将人口从普查单元转换到网格单元。人口网格化的方法多种多样。最简单的是使用面积加权法（假设均匀分布）将非空间人口数据（按行政区划单元统计的人口数量）分解到行政边界内，如世界网格化人口（GPW）数据集[①]。一种改进方法是使用辅助的空间数据，结合卫星遥感影像提取土地覆被、城区范围或居住区并绘制人口数据，从而提高像元内人口估计的准确性，如全球城乡地图项目（GRUMP）数据集[②]。另一种

[①] 哥伦比亚大学国际地球科学信息网络中心（CIESIN）"世界网格化人口"第4版（GPWv4），见美国宇航局社会经济数据和应用中心（SEDAC）网站：http://sedac.ciesin.columbia.edu/data/set/gpw-v4-population-count-adjusted-to-2015-unwpp-country-totals（2016）.

[②] 哥伦比亚大学国际地球科学信息网络中心（CIESIN）、国际食品政策研究所（IPFRI）、世界银行、热带国际农业中心（CIAT）"全球城乡测绘项目（GRUMPv1）"，见美国宇航局社会经济数据和应用中心（SEDAC）网站：http://sedac.ciesin.columbia.edu/data/collection/grump-v1/sets/browse（2016）.

方法是利用相关协变量与人口普查或官方估计的人口数据之间的统计关系，对行政边界内的人口数量进行分解，如 LandScan 人口数据集[1]。本节选用的 2000 年和 2010 年 1 千米分辨率人口数据来源于 WorldPop 全球高分辨率人口网格化分布数据集（https：//dx.doi.org/10.5258/SOTON/WP00675）。该数据集采用的则是一种基于随机森林模型的人口数据空间化方法，相比前几种方法其精度有显著提高，具体的方法与技术验证说明详见 Lloyd 等（2017）。

三 城市建设用地形态扩张类型

2000—2010 年，杭州城市空间扩张迅速，主要往东、南、东北方向扩张，次要的扩张方向是北、东南、西北，市区城市建设用地面积从 142.94 平方千米增至 418.20 平方千米。按形态扩张类型划分，2000—2010 年杭州市区新增城市建设用地以跳跃式扩张为主，跳跃式扩张斑块面积共 202.1 平方千米，占新增建设用地总量的 62.96%，主要分布于下沙、萧山区、城西。边缘式扩张斑块面积共 98.77 平方千米，占新增总量的 30.77%，主要分布于主城与副城之间的连接区域。填充式扩张斑块面积为 20.15 平方千米，占新增总量的 6.27%，主要分布于中心城区。

四 建设用地栅格的多维蔓延指数

2000 年，杭州市区"1 千米×1 千米"城市建设用地栅格综合蔓延指数平均值为 0.609。690 个"1 千米×1 千米"城市建设用地栅格中，综合蔓延指数<0.5 的占 14.06%，综合蔓延指数大于等于 0.5 而小于 0.65 的占 46.81%，综合蔓延指数大于等于 0.65 而小于 0.75 的占 37.97%，综合蔓延指数大于等于 0.75 的占 1.16%。2010 年，

---

[1] Sims, K., Reith, A., Bright, E., McKee, J., and Rose, A., LandScan Global 2021 [Data set], Oak Ridge National Laboratory, https：//doi.org/10.48690/1527702, 2022.

杭州市区"1 千米×1 千米"城市建设用地栅格综合蔓延指数平均值为 0.612。1954 个"1 千米×1 千米"城市建设用地栅格中，综合蔓延指数小于 0.5 的占 13.31%，综合蔓延指数大于等于 0.5 而小于 0.65 的占 47.59%，综合蔓延指数大于等于 0.65 而小于 0.75 的占 37.26%，综合蔓延指数大于等于 0.75 的占 1.84%。

建设用地栅格多维蔓延指数的空间分布大体呈现中心区蔓延程度最低、离中心越远蔓延指数越高的规律。从 2000 年到 2010 年，中心区建设用地栅格综合蔓延指数平均值从 0.40 下降至 0.35，近郊区建设用地栅格综合蔓延指数平均值也从 0.6 下降至 0.56。与此同时，远郊区建设用地栅格综合蔓延指数平均值大幅上升，从 2000 年的 0.62 上升到 2010 年的 0.63。

将新增建设用地斑块扩张类型与 2010 年综合蔓延指数叠加分析计算得到 2000—2010 年填充式扩张斑块、边缘式扩张斑块和跳跃式扩张斑块的综合蔓延指数。跳跃式扩张斑块的综合蔓延指数平均值最大（0.62），填充式扩张斑块的综合蔓延指数平均值最小（0.51），边缘式扩张斑块的综合蔓延指数平均值居于二者中间（0.55）。

假定以 2000 年和 2010 年"1 千米×1 千米"建设用地栅格综合蔓延指数的平均值（0.61）作为阈值，将综合蔓延指数大于 0.61 的城市建设用地扩张斑块确定为蔓延斑块，则得到了填充式蔓延、边缘式蔓延和跳跃式蔓延的具体规模与空间分布。2000—2010 年，填充式蔓延（综合蔓延指数大于 0.61 的填充式扩张）面积仅 0.64 平方千米，占填充式扩张斑块总面积的 3.18%，因而填充式扩张一般被认为不是蔓延。边缘式蔓延（综合蔓延指数大于 0.61 的边缘式扩张）面积为 15.60 平方千米，占边缘式扩张斑块总面积的 15.79%。跳跃式蔓延（综合蔓延指数大于 0.61 的跳跃式扩张）面积高达 77.18 平方千米，占跳跃式扩张斑块总面积的 38.19%。可见，跳跃式蔓延是杭州市区城市蔓延的主要形态类型，主要分布在下沙开发区和高教园区、萧山城区、萧山经济技术开发区、大江东产业集聚区、萧山区南部各工业镇、临平副城、三墩镇、良渚、城西等区域。边缘式蔓延是次要形态类型，主要分布在中心城区与下沙副中心连接地区、中心城区与临平副中心连接地区，以及主城区西南部。

五　居住用地扩张与居住用地蔓延

2000—2010年，杭州市区居住用地向西、西北、东北和东南方向剧烈扩张。中心区内居住用地规模减小，近郊区居住用地面积增长1.7%，远郊区居住用地面积增长2.5倍。按扩张类型划分，跳跃式扩张的居住用地斑块面积共41.86平方千米，占市区新增居住用地总量的48.35%；居住用地边缘式扩张面积36.65平方千米，占新增居住用地的42.34%；居住用地填充式扩张面积为8.06平方千米，仅占新增居住用地的9.31%。

将2000—2010年市区新增居住用地斑块与"1千米×1千米"城市建设用地栅格多维蔓延指数进行叠加分析，得到832个新增居住用地栅格的综合蔓延指数。新增居住用地栅格的综合蔓延指数（2010年）平均值为0.56，综合蔓延指数小于0.5的占27.04%，综合蔓延指数大于等于0.5而小于0.65的占54.33%，综合蔓延指数大于等于0.65而小于0.75的占18.15%，综合蔓延指数大于等于0.75的占0.48%。新增居住用地栅格综合蔓延指数呈现中心区蔓延程度最低（0.40）、离中心越远蔓延指数越高的分布规律，近郊区该指数均值为0.52，远郊区该指数均值达到0.59。新增居住用地栅格中，跳跃式扩张类型的综合蔓延指数平均值最大（0.59），填充式扩张类型的综合蔓延指数平均值最小（0.47），边缘式扩张类型的综合蔓延指数平均值居于二者中间（0.51）。

同样以"综合蔓延指数大于0.61且扩张类型不是填充式"作为判定蔓延的标准，确定居住用地蔓延的具体规模与空间分布（见图5-15）。2000—2010年，杭州市区新增居住用地中被判定为蔓延的面积共18.31平方千米，有18.79%分布于近郊区，其余81.21%发生在远郊区。市区各个方向按居住用地蔓延面积从大到小排序依次为西（5.76平方千米）、西北（3.37平方千米）、南（2.69平方千米）、东（2.65平方千米）、东北（1.54平方千米）、东南（1.36平方千米）、西南（0.55平方千米）、北（0.38平方千米）。居住用地蔓延的类型以跳跃式蔓延为主（占72.86%），跳跃式的居住用地蔓延面积高达13.34平方千米，占跳跃式的居住用地扩张的31.87%。边缘式的居住用地蔓延面积为4.97平方千米，占边缘式的居住用地扩张的13.56%。

六 工业用地扩张与工业用地蔓延

2000—2010年，杭州郊区工业用地快速扩张，整体分布呈大分散、小集聚的格局。这一时期，近郊区工业用地面积增加了36.72平方千米，但同时存在工业迁出的现象；工业用地扩张的主阵地是远郊区，新增工业用地面积高达120.42平方千米，占工业用地扩张总量的76.63%。按扩张类型划分，工业用地跳跃式扩张面积为122.20平方千米，占市区新增工业用地总量的77.77%；工业用地边缘式扩张面积为31.13平方千米，占新增工业用地的19.81%；工业用地填充式扩张面积仅3.79平方千米，占新增工业用地的2.41%。

将2000—2010年杭州市区新增工业用地斑块与"1千米×1千米"城市建设用地栅格多维蔓延指数进行叠加分析，得到1630个新增工业用地栅格的综合蔓延指数。新增工业用地栅格的综合蔓延指数（2010年）平均值为0.61，综合蔓延指数小于0.5的占13.25%，综合蔓延指数大于等于0.5而小于0.65的占50.18%，综合蔓延指数大于等于0.65而小于0.75的占35.40%，综合蔓延指数大于等于0.75的占1.17%。新增工业用地栅格综合蔓延指数同样呈现中心区蔓延水平最低（0.36）、离中心越远蔓延指数越高的分布规律，近郊区该指数平均值为0.57，远郊区该指数平均值达到0.62。新增工业用地栅格中，跳跃式扩张类型的综合蔓延指数平均值最大（0.62），填充式扩张类型的综合蔓延指数平均值最小（0.51），边缘式扩张类型的综合蔓延指数平均值居于二者中间（0.55）。

以"综合蔓延指数大于0.61且扩张类型不是填充式"作为判定是否蔓延的标准，确定工业用地蔓延的具体规模与空间分布（见图5-15）。2000—2010年，杭州市区新增工业用地中被判定为蔓延的共64.80平方千米，其中，有86.47%发生在远郊区，13.53%分布于近郊区。工业用地向西蔓延最为剧烈，市区西部的工业用地蔓延面积达27.78平方千米；其余方向按工业用地蔓延面积从大到小排

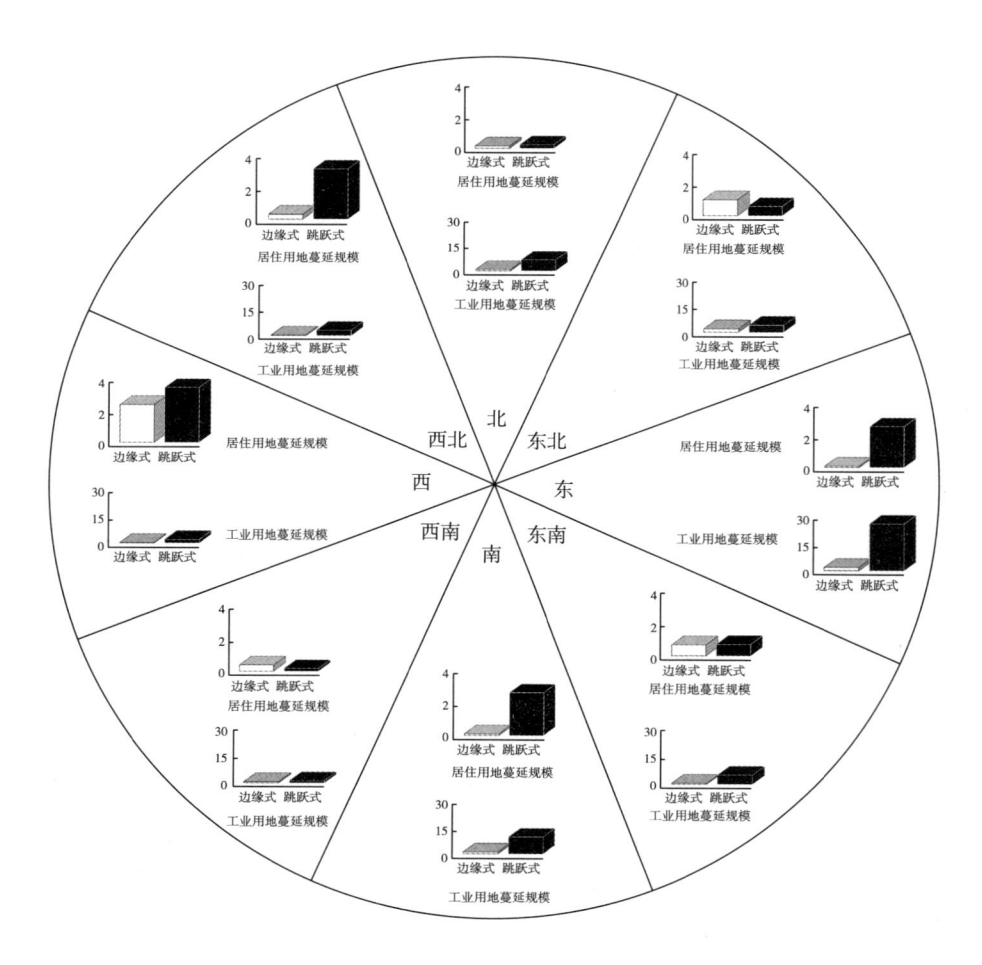

图5-15 杭州市居住用地蔓延与工业用地蔓延分布方位与规模

序依次为南（10.68平方千米）、北（7.02平方千米）、东北（5.73平方千米）、东南（5.35平方千米）、西北（4.11平方千米）、西（2.24平方千米）、西南（1.88平方千米）。跳跃式蔓延是工业用地蔓延的主导类型，占比高达88.90%。跳跃式的工业用地蔓延面积为57.61平方千米，占跳跃式的工业用地扩张斑块面积的47.14%。边缘式的工业用地蔓延面积为7.19平方千米，占边缘式的居住用地扩张的23.10%。

本章小结

本章开展了多维多尺度的城市蔓延测度实例研究，在时间尺度上分为静态和动态，在空间尺度上分为宏观和微观。静态测度和动态测度的区分在于是否引入动态指标和测度期数的不同，宏观测度和微观测度的区分在于是把城市整体作为测度单元还是把城市内部单元作为测度单元。横向比较和纵向比较的研究方法也被应用于以上不同时间和空间尺度组合的案例研究。

宏观尺度的实例研究表明，中国不同区域、不同规模城市的蔓延水平存在显著差异，其蔓延指数的动态变化也呈现不同趋势。横向比较来看，全国主要大城市中，超大和特大城市的蔓延程度相对较低，而规模相对较小的大城市蔓延程度较高。纵向比较来看，长江经济带典型城市普遍存在城市土地扩张速度明显快于人口增长速度的问题，有的城市综合蔓延指数呈现上升趋势，有的城市则有不同幅度的下降。

微观尺度的实例研究表明，杭州市不同分区的蔓延情形也相差甚远，且随着郊区化的推进，蔓延的主战场逐渐从近郊区转移到远郊区。主城区综合蔓延度最小，并且呈减小趋势，土地扩张与人口增长关系相对均衡。郊区建设用地扩张迅速，大部分街道都呈现土地扩张速度快于人口增长速度的特征，主要空间载体类型是开发区、大学城和新城。近郊区部分区域综合蔓延指数上升，也有部分区域综合蔓延指数下降。远郊区综合蔓延指数不断提高，是城市内部蔓延最显著的区域。具体到建设用地栅格上的综合蔓延指数，也大体呈现中心区蔓延指数最低、离中心越远蔓延指数越高的空间分布规律。跳跃式和边缘式是城市蔓延的两种常见类型，其中跳跃式蔓延占据主导。

无论是不同城市，还是城市内部不同分区，甚至是建设用地的不同类型，其蔓延水平、蔓延规模与变化趋势都存在明显的差异。这印证了本书第一章中强调的开展多时空尺度城市蔓延比较研究的重要性。

第 六 章

经济体制转型下的蔓延机理解释框架

制度变迁和公共政策是推动中国城市蔓延的重要因素。在转型期，中国的经济、社会、政治体制等诸多方面都发生了剧烈变迁，复杂的正式和非正式制度安排强烈地作用于城市空间开发过程（洪世键、张京祥，2012）。因此在分析中国城市蔓延的机理时，制度层面的因素是不容忽视的。本章从中国经济体制转型的特殊背景出发，深入分析分权化、全球化、市场化、城市化进程中参与城市空间开发的主体角色的演变。基于政府和市场因素在不同类型城市蔓延形成中的作用，本章构建了经济体制转型下中国城市蔓延机理的解释框架。

第一节 中国的经济体制转型

对中国经济体制转型的内涵理解，最具代表性的研究是 Wei（2001）和 Wei（2012），他们构建了一个包含分权化、市场化、全球化三个过程的中国经济体制转型模型，认为这三个过程中的多元主体交互作用，共同推动了中国城市空间结构的演化与调整。Gao 和 Yuan（2017）在上述模型的基础上增加了城市化的维度，构建了中国经济体制转型的四重过程模型。基于这两个模型，中国经济体制转型的内涵可以概括为分权化、市场化、全球化、城市化四个方面。

一 分权化

分权化包含中央政府向地方政府行政分权和财政分权、政府向企业放权让利和非公有制经济合法化等内涵。通过分权化改革，中央政治经济权力迅速分散到地方，地方政府作为区域经济发展主体的地位和职能逐步得到确认与强化，激发了地方政府的积极性，使其成为高度趋利的"城市经营者"（陶然、汪晖，2010；洪世键、张京祥，2012）。

（一）中央政府向地方政府的行政分权

中央政府将发展经济的权力和职责下放给省级和市级政府（Zhou et al.，2017）。地方政府的行政责任大幅增加，需要直接负责各自的管辖范围内的经济发展和公共服务提供。行政分权还赋予了地方政府相当大的决策权和资源配置权（He et al.，2008；Gao and Yuan，2017），使其深入参与地方经济发展。地方政府可以通过向村集体或村民支付较低的基本补偿金来征收大量农村土地，并以较高的市场价格将土地使用权转让/租赁给开发商（Fang and Pal，2016）。土地管理法规定，集体土地只有被征收为国有土地之后才可以进入土地市场，因此，地方政府实际上垄断了一级市场的土地供应。此外，地方政府还通过一系列正式制度（如空间规划和监管政策），在引导城市空间发展方面发挥重要作用（Zhou et al.，2017）。

（二）中央政府向地方政府的财政分权

20世纪80年代以来，中央政府重新明确了中央与地方的财政关系，被称为"财政包干制"，财政收入和支出的责任被下放给地方政府（Wong et al.，1995）。1994年，新的税收分配制度建立，明确地将国家税和地方税区分开来，75%的增值税上交中央政府，其余25%由地方政府征收。分税制改革后，地方政府的收入来源包括城市国有土地出让收益、营业税、当地企业所得税和利润、个人收入和固定资产投资方向调节税（He et al., 2008）。中央给地方分配的税收份额下降，地方政府财政收入的主要来源变成自筹资金，而不再是以前的国家预算拨款（Lin and Yi, 2011; Chen et al., 2016）。因此，分税制改革极大地增加了地方政府的财政压力（Zhang and Zou, 1998）。

（三）个体和私营企业的经营自主权

非公有制经济逐步合法化、企业被赋予经营自主权也被认为是分权化改革的一部分，被当作政企间的放权让利（Qian and Weingast, 1997）。在计划经济时代，中国实行单一公有制，政企不分，国有企业管理主体缺乏经营决策的自主权。从1978年到1987年，个体经济逐渐得到政府和公众的承认，并拥有了合法地位。1988年4月，宪法修正案补充说：国家允许私营经济在法律规定的范围内存在和发展。1997年，中国共产党第十五次全国代表大会确立了公有制为主体、多种所有制经济共同发展的基本经济制度，标志着私营经济和其他非公有制经济取得合法地位。此外，自20世纪90年代中期以来，国有企业和乡镇集体企业通过改制（罗仲伟，2009），获得了更大的自主经营权，从而增强了市场竞争力。

二 市场化

市场化即计划经济向市场经济的转型，包含价格和竞争机制形成，以及城市土地市场和房地产市场建立等内涵。改革开放后，中国广大理论工作者和实践工作者认真总结了国内外改革发展的经验教训，逐步提出和丰富了社会主义市场经济理论。1979年，邓小平同志提出"社会主义也可以搞市场经济"；1982年，党的第十二次全国代表大会正式提出以计划经济为主、市场经济为辅的观点；1984年，党的十二届三中全会正式提出社会主义经济是以公有制为基础的计划商品经济；1992年，邓小平在"南方谈话"中提出要建立社会主义市场经济体制，党的第十四次全国代表大会正式确立了社会主义市场经济体制。随着计划经济向市场经济的转型，国家取消了对要素流通和商品交易的控制，并引入了价格和竞争机制，市场机制开始在资源配置中发挥作用。

市场化改革主要体现在土地使用制度改革和城镇住房制度改革两个方面，由此分别形成了城市土地市场和城市房地产市场。

（一）城市土地市场

国有土地有偿使用制度和土地招、拍、挂制度的形成是土地使用制度改革的两个重要内容。在计划经济体制下，国有土地使用制度实行行政划拨制度，国有土地由政府无偿划拨，而土地交易是不允许的。1982年《中华人民共和国宪法》和1986年《中华人民共和国土地管理法》规定，任何组织或个人不得侵占、买卖、出租或者以其他形式非法转让土地。深圳市1987年首次协议出让国有土地使用权，1988年首次拍卖出让国有土地使用权，突破了国有土地使用权不得转让的法律规定。随后，福州、海口、广州、厦门、上海等城市也相继成为试点城市。在保留城市土地国家所有的前提下，土地使用权可以通过协议、招标、拍卖等方式转让给使用者，转让的土地使用权可以进行转让、出租和抵押。为了适应土地使用制度改革的需要，1988年4月颁布实施的宪法修正案删除了土地不得转让的规定，增加了"土地使用权可以依照法律的规定转让"的条文。《中华人民共和国土地管理法》中的有关条例修改为"国家依法实行国有土地有偿使用制度"，"国有土地和集体所有的土地的使用权可以依法转让"。至此，国有土地有偿使用制度得以确立。然而，在之后的十多年中，划拨制度与有偿使用制度并存，且划拨制度的覆盖范围仍然大于有偿制度（王楠，2009）。

进入21世纪以后，城市土地市场化改革不断深入，国有土地使用权招标、拍卖、挂牌出让范围进一步扩大。从行政划拨和行政定价的国有土地使用权非市场划拨制度转向以市场形成价格为核心、以经营性土地招标拍卖挂牌出让为表现形式的土地资源市场配置轨道（王楠，2009）。2002年5月，国土资源部发布《招标拍卖挂牌出让国有土地使用权规定》，指出"商业、旅游、娱乐和商品住宅等各类经营性用地,必须以招标、拍卖或者挂牌方式出让"。2006 年 8 月,《国务院关于加强土地调控有关问题的通知》进一步规定,"工业用地必须采用招标拍卖挂牌方式出让,其出让价格不得低于公布的最低价标准"。2007 年 3 月,《中华人民共和国物权法》规定:"工业、商业、旅游、娱乐和商品住宅等经营性用地以及同一土地有两个以上意向用地者的,应当采取招标、拍卖等公开竞价的方式出让。"

(二) 城市房地产市场

改革开放之前,中国实行福利性住房制度,国家统包住房投资建设,并以实物形式分配给职工,而且几乎免费使用。1978—1991 年,随着住房制度改革和土地使用制度改革的启动与推进,住宅商品价值逐渐显化,逐步形成了新建商品房买卖和存量房买卖、租赁市场。1994 年 7 月,国务院发布《关于深化城镇住房制度改革的决定》,确定住房改革的基本内容是"三改四建":"三改",即改变计划经济体制下的福利制度,从住房建设投资由国家、单位统包的体制改为国家、单位、个人三者合理负担的体制;从国家和单位建设住房、分配住房、维护管理住房的体制,改为社会化、专业化运行体制;从住房实物福利分配方式改为以按劳分配的货币工资分配为主的方式。"四建",即建立与社会主义市场经济体制相适应的新的住房制度,包括建立以中低收入家庭为对象,具有社会保障性质的经济适用住房供应体系和以高收入家庭为对象的商品房供应体系;建立住房公积金制度;发展住房金融和保险,建立政策性和商业性并存的住房信贷体系;建立规范的房地产交易市场和房屋维修管理市场。随着城镇住房制度改革的不断深化,中国房地产市场发展壮大,房地产开发成为城市新的经济增长点。

三 全球化

全球化包含扩大对外经济交往,通过设立经济特区、沿海开放城市、国家级开发区等举措吸引外国资本投资等内涵。20 世纪中叶以来，世界经济一体化的趋势更加明显。80年代至90年代初期，国家对外开放的部署逐步展开。一方面，积极主动地扩大对外经济交往；另一方面，放宽政策，放开或者取消各种限制，不再采取封锁国内市场和国内投资场所的保护政策。1980年5月，中央政府决定在深圳、珠海、汕头、厦门设立4个经济特区。1984年5月，中国沿海港口城市对外开放，包括大连、秦皇岛、天津、烟台、青岛、连云港、南通、上海、宁波、温州、福州、广州、湛江、北海共14个大中港口城市。此后，中国的对外开放由南到北、由东到西层层推进，基本上形成了"经济特区—沿海开放城市—沿海经济开放区—沿江和内陆开放城市—沿边开放城市"的全方面对外开放新格局。通过对外开放，中国终结了与世界市场的孤立，并积极参与到由市场导向的全球化经济中去。中国成为发展中国家中最大的外国直接投资接受国（Wei et al.，2013），吸引外资成为中国城市的主要政策目标（Yuan et al.，2014），通过设立经济特区、降低关税、加入世界贸易组织（WTO）等举措，极大地促进了外资的流入。

四 城市化

城市化是指从严格限制农村向城市的人口流动，到不断放松户籍政策、允许农民工进城就业，再到城市政府积极引导城市化建设的转变。在计划经济时代，政府主导下的城市化发展缓慢。1958—1978年，国家采取了由"消费城市"向"生产城市"转变的城市方针，优先发展重工业，并且通过户籍管理制度等手段严格限制农村向城市的人口流动。这一时期，由于重工业优先政策和不合理的城乡二元户籍制度，中国的城市化发展基本停滞，城市化率从1960年代的19.75%下降到1964年的14.6%。改革开放初期，在农村工业化的推动下，城市化发展逐渐恢复。从20世纪80年代中期开始，中国进入了以城市为重点的经济体制改革阶段，制造业发展迅速，户籍政策也不断放松，允许农民工进城就业，城市化稳步发展。

1992年以来，中国进入了全面建立社会主义市场经济体制时期，城市化受市场导向的影响快速发展。新一轮工业化和城镇化在全国范围内迅速全面展开，城镇数量大规模增加。通过"撤县建市"等行政区划调整、开发区热、房地产开发、城市基础设施建设、产业结构调整等大大加快了城镇化步伐。

第二节　城市蔓延机理解释框架

厘清中国经济体制转型过程中政府与市场关系的变化，有助于更好地理解政府与市场在城市蔓延中的作用。改革开放前，中国处于高度集中的计划经济时代，要素市场缺失。生产资料、住宅等都被认为不是商品，也没有相应的市场，政府通过行政手段以分配和划拨的办法配置资源。通过分权化、市场化、全球化和城市化，市场机制得以建立，开发商、企业、城市居民等多元化的市场主体共同参与城市空间的开发。在分析政府与市场多元主体的价值取向和行为选择的基础上，本节构建了转型期中国城市蔓延机理的理论解释框架（见图6-1）。

一　政府与市场多元主体

（一）政府主体

经济体制转型一方面凸显了城市空间（城市土地）的资产价值，另一方面激发了城市政府促进经济增长和城市建设的积极性与主动性，使地方政府成为拥有更多行政权力同时又高度趋利的"企业型政府"。促进城市经济发展，推进城市化，实现城市空间转型升级，增加财政收入等成为地方政府的主要目标。在图6-1中，在多重目标的驱动下，地方政府的行为选择主要由以下三条逻辑线组成。

第一，市场化改革使土地资源成为政府可经营的、最大活化的资产（陈虎等，2002），土地出让收益也因此成为地方政府财政收入的重要来源。在巨额收益的刺激下，城市政府具有强烈的征收农村集体土地用于城市建设的冲动,并且为了在短期内获得土地出让收益,地方政府往往会大规模"圈地"和征地,然后大量转让土地(洪世键、张京祥,2012)。

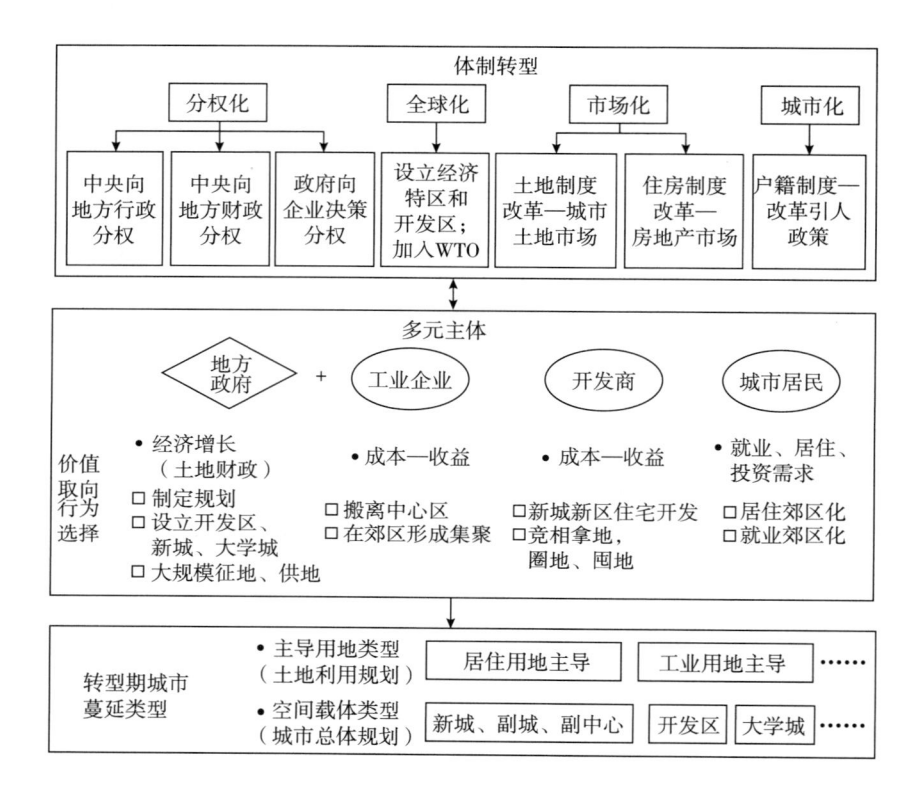

图 6-1　转型期中国城市蔓延机理的理论解释框架

第二,工业制造业对促进当地经济增长和就业的作用是长期的,而房地产业对提高财政收入的作用是短期的,因此,地方政府把招商引资、鼓励制造业发展作为促进经济增长的主要内容。通过低价供应工业用地吸引工业企业投资,同时高价出让土地给开发商来获得巨额土地出让金,可以满足城市政府增加城市基础设施建设投资的需要,实现房地产业对工业制造业的补贴。

第三,为了配合城市空间结构调整与优化、促进产业转型升级,地方政府积极通过规划手段和政策工具推动新城新区开发，鼓励在主城区外围建设大型工程。

（二）工业企业

非公有制经济的合法化和对外开放使市场经济活动中的企业主体更加多元化，分权化又给了企业充足的经营自主权。在理性预期假设下，企业会选择能使其自身利益最大化的决策，这一价值取向是以成本—收益分析为基础的。图6-1中，在产业转型升级过程中，原先布局在中心区的工业企业向外搬迁，并在郊区形成大规模集聚。它们以较低的价格租赁或购买郊区的工业用地使用权，以满足扩大生产规模的需求。影响其区位选址的影响因子主要有以下几个。

第一，土地、资金和劳动力等生产要素的可获得性和所需支付的成本。其中，土地生产要素因其不可流动性和资源稀缺性，重要性大大提高。根据级差地租和竞租理论，城市中心区可开发空间小且价格昂贵，工业企业会为了更宽敞的空间和更低廉的土地租金而选址在主城外围的郊区。

第二，产业集群带来的集聚经济。通过在一定空间范围内的产业集群，企业之间可以获得共享中间投入品、共有劳动力储备、劳动力技能匹配、知识外溢等集聚经济效益，并且在专业化分工的基础上充分利用规模经济效益，大大降低企业成本。因此，工业企业倾向于向开发区和工业园区集聚。

第三，运输距离和成本。新古典区位理论认为，工业企业追求的最佳区位是费用最小。新古典区位理论的奠基人韦伯提出最小成本理论，认为交通是影响工业布局的最重要因素，工业有向交通轴线集聚的倾向。

第四，政府行为和空间政策在很大程度上影响工业选址。比如，规划设立开发区，政府出于保护环境、促进产业转型升级等规划目标而出台的旧城改造计划，以及一系列引导中心区污染严重的工厂外迁的政策，往往成为某一时期郊区工业用地开发突然增长或市中心工业用地骤减的诱导因素。规划是直接体现政府行政管理意志的政策手段，规定了各类用地的界限和适用范围，在极大程度上影响了工业企业的区位选择。

（三）房地产开发商

在市场机制下，房地产开发商和城市居民成为房地产市场的供求主体（董昕，2001）。国有土地市场和房地产市场的形成，使开发商取代政府成为房地产投资决策的主体。开发商投资决策行为以资本投入与收益为最根本的出发点，除房地产市场周期、供需、资金和回报时间以外，地价（房价）、地段、交通、配套成为影响房地产开发选址的最重要因素。

在城市人口增长带动住宅需求增加，中心区土地价格居高不下、土地资源稀缺，而郊区基础设施、配套也在不断完善的情形下，土地价格更低的郊区成为房地产开发的重要阵地。图6-1中，房地产开发商竞相在郊区发展潜力较高的板块拿地圈地，并通过向银行抵押融资的方式开发商业和住宅楼盘。在房地产市场供给远小于需求的情形下，开发商愿意支付昂贵的出让金去竞拍商住用地，高涨的房价使开发商扣除成本后仍能收获高额利润。

（四）城市居民

一方面，户籍政策的放松和引人政策大大加快了城市化进程，城市人口大规模增长，城市的就业、居住需求激增。工业郊区化缩短了郊区居民的通勤距离，也大大提高了社会对郊区住宅的需求偏好。另一方面，房地产市场的形成和住房金融信贷刺激了城市居民对住宅的消费需求和投资需求的增长。而城市居民通过影响住宅供需来影响居住用地开发，影响其居住区位选择的因素除了家庭收入水平，还有区位、通勤距离、价格、配套设施等。

二 政府和市场作用辨析

一般认为，欧美城市蔓延主要是市场经济下自发市场力作用的结果（刘勇等，2019），是市场各行为主体（包括个人、企业、开发商、地方政府）在追求各自利益最大化这一理性预期下决策的产物，

"政府政策也是追随市场的"(陈鹏,2007)。而在当前中国城市空间发展中,政府和市场的作用关系被理解为,地方政府占主导地位,而市场力量起次要作用(Ye,2014;Liu et al.,2016a;Tian et al.,2017)。

尽管"市场失灵"也被一些学者认为是转型期中国城市过度扩张或城市蔓延的关键原因之一(Zhu,2005),但更多的学者认为这一现象主要是由制度因素驱动的(陈鹏,2007;Yew,2012;洪世键、张京祥,2012)。苏建忠(2006)认为,经济发展与全球化、大型项目建设、机动化与道路建设、信息技术发展、郊区房地产开发、行政区划调整和土地制度与规划管理是广州市城市蔓延的驱动因素,并且土地制度、城市规划制度、干部考核选拔制度等制度性、体制性因素是深层次原因。陈建华(2009)认为公共财政制度、户籍制度、社会保障和救助制度以及土地制度改革滞后是中国城市蔓延的制度性成因。黄晓军等(2009)将经济发展、人口增长、开发区建设、机动化、住宅扩散与郊区房地产开发和城市规划等作为形成长春市城市蔓延的主要原因。

"政府失灵"被认为是中国城市蔓延的根源所在。陈鹏(2009)认为,转型期中国的城市蔓延可能是由耕地保护、城市规划控制、人口增长限制和土地市场监管等多项政策实施的失败而导致的。冯科(2010)认为,中国城市蔓延的主要原因有:城市经济快速发展,行政区划调整导致土地需求和供给能力释放;土地供应市场化和征地制度缺陷引发的"圈地运动";工业用地总量特别是开发区工业用地总量失控,利用效率低下;传统的土地利用总体规划约束与控制能力的弱化;其中,除了第一点中城市经济的迅速发展是市场力作用的结果,其余各点归根结底都是土地利用规制失灵的结果。Yue等(2013)认为中国的城市蔓延与城乡建设用地双轨制度和基本农田保护制度、城市规划等城市增长管理政策的失败密切相关,并指出地方政府在区域竞争中为了招商引资、促进地方经济发展,不惜通过修改城市规划、土地利用规划、缩减农地保护指标来满足开发项目的用地需求。并且，开发区、大学城和新城建设等几个最主要的蔓延模式在很大程度上是规划引导的结果。Liu 等（2018）提出了一个土地财政与城市蔓延的分析框架，将中国城市蔓延归因于土地财政激励下政府干预与市场监管失灵。该研究强调土地财政动机对城市蔓延的关键影响：分税制改革以来，地方政府积极通过土地获取收益，试图从房地产开发中获得巨额的土地收益，并通过低地价补贴推动工业园区的产业发展，为基础设施向郊区延伸提供所需要的融资，由此推进了城市外延式扩张，导致工业园区蔓延、低密度住宅蔓延、半城镇化蔓延等多种形式的城市蔓延。

尽管价格和竞争机制等市场力量尚未在城市空间发展中发挥主导作用，但随着市场化改革的深入，市场机制在城市空间发展中的作用将越来越大。分权化、市场化、全球化、城市化进程几乎是同步推进的，无论是被迫接受还是主动迎合，地方政府的角色已经转变为"企业型"。在所谓的"企业家精神"（Duckett，2006）的驱动下，地方政府既是"运动员"又是"裁判"，即在积极促进 GDP 发展的同时又要起到空间分布的监管者作用（He et al.，2016）。不断增加的经济负担和财政压力提高了地方政府吸引投资、促进地方经济发展的积极性和主动性。它们一方面通过规划、管制等政策手段引导城市建设的快速发展，另一方面利用市场逻辑间接干预经济。例如，通过设立大量开发区并实行一系列优惠政策（如廉价的土地、良好的基础设施、税收减免和财政补贴），降低企业的成本预期、提高企业的收益预期，从而影响企业的区位选择。

三　多中心发展与城市蔓延

随着城市人口、用地和经济增长的需求不断增长，许多大城市原先的单中心发展模式的发展劣势开始凸显。随着西方多中心规划思潮的引入，中国很多大城市在城市总体规划中相继提出了"多中心"的空间发展思路。

(一) 典型城市的多中心发展

从上一章对长江经济带典型城市的蔓延测度结果来看，许多大城市的副中心和新城建设未能有效阻止中心城区继续蔓延，而且多中心规划战略对郊区开发产生了重要的推动作用。

1. 上海的"多中心、多极核"结构

上海是中国最大的港口和重要的经济、科技、贸易、金融、信息、文化中心。其多中心发展起步较早，早在1986年发布的《上海城市总体规划方案》中就提出了"要逐步改变单一中心的城市布局，积极地、有计划地建设中心城、卫星城、郊县小城镇和农村集镇"，重点发展金山卫和吴淞南北两翼，加速新区建设，从而形成"中心城+卫星城"的发展模式。20世纪90年代以来，随着浦东新区的开发开放，形成了陆家嘴金融贸易区、外高桥保税区、金桥出口加工区和张江高科技园区四个国家级开发区和一批生活园区。多中心、多极核、开敞式的城市空间结构基本形成。1990—2000年，上海的城市空间继续向外扩张，特别是沿着黄浦江两岸的东西方向，城市建设用地由604.41平方千米增加到873.93平方千米，扩张率达45%。进入21世纪，上海进行了大规模的基础设施建设和城市功能更新改造，城市空间规模进一步扩大。2000—2010年，新增城市建设用地达452.15平方千米，扩张率为51.7%。《上海市城市总体规划（1999年—2020年）》进一步提出，要"严格控制中心城人口规模，加快中心城人口向郊区重点发展城镇疏解，吸引农村人口向新城和中心镇集中"，"外环线以内地区作为中心城，人口控制在800万"，并规划了宝山、嘉定、松江、金山、闵行、惠南、青浦、南桥、城桥、空港新城及海港新城11个新城，新城人口规模为20万—30万人。在2018年发布的最新版规划《上海市城市总体规划（2017—2035年）》中提出要形成"网络化、多中心、组团式、集约型"的空间结构，形成以中心城为主体，以虹桥、川沙、宝山、闵行4个主城片区为支撑的主城区，重点建设嘉定、松江、青浦、奉贤、南汇等新城。

2. 南京的"多中心、开敞式"结构

南京是江苏省省会，东部地区重要的中心城市。1990—2000年，城镇建设用地从246.15平方千米增长为354.56平方千米，扩张率为44%，城市建设主要集中在主城范围内，特别是老城区。2000—2010年新增城镇建设用地达461.39平方千米，扩张率为130%，以城南和城东两个方向的扩张态势最明显。2001年修编的《南京市城市总体规划（1991—2010年）调整》明确提出"以长江为主轴，以主城为核心，结构多元，间隔分布，多中心，开敞式的都市发展区空间格局"。之后，南京城市空间进入快速扩张的阶段。2007年，南京市城市总体规划的修编工作开始，提出了主城—新市区（3个）—新城（7个）—重点镇——般镇五个等级的空间结构。2016年，《南京市城市总体规划（2011—2020年）》发布，确定了以主城为核心、以放射性交通走廊为发展轴的"多心开敞、轴向组团、拥江发展"的都市区空间结构，其中，中心城区由主城区和东山、闲林、江北三个副城组成，建设龙潭、汤山、禄口、板桥、滨江、桥林、龙袍、永阳、淳溪等新城。

3. 杭州的"一主三副、多组团"结构

杭州是浙江省省会，长江三角洲中心城市之一。1983年发布的《杭州市城市总体规划（1981—2000年）》明确提出要"开辟钱塘江边新区"，"钱塘江南岸一公里范围内先予控制，以后按规划逐步开发"。为了解决杭州市城市快速发展与城市空间资源狭小这一矛盾，杭州市行政区划先后数次进行了调整，1996年将萧山市和余杭市所辖的六个乡镇划入杭州市区，2001年将萧山、余杭两市"撤市设区"，2014年和2017年先后将富阳市、临安市"撤市设区"，并于2021年对主城的行政区划做了较大调整，调整后的市辖区由上城区、拱墅区、西湖区、滨江区、萧山区、余杭区、临平区、钱塘区、富阳区、临安区组成。区划调整满足了杭州城市发展的空间需求，在空间布局上迈出了沿江、跨江发展的重要一步，也大大推动了城市空间扩张的步伐。1990—2000年，城镇建设用地从136.87平方千

米增至194.68平方千米，增长率达42%。2000—2010年，杭州城镇建设用地新增面积达225.16平方千米，增长率达115.7%。为了推动杭州从"西湖时代"迈向"钱塘江时代"，杭州市规划局从2001年开始编制《杭州市城市总体规划（2001—2020）》，直到2007年获批，规划明确了"城市东扩，旅游西进，沿江开发，跨江发展"的城市发展方向，规划将原先以旧城为核心的团块状布局转变为以钱塘江为轴线的跨江、沿江、网络化组团式布局，确定了"一主三副、双心双轴、六组团、六条生态带"的开放式空间结构模式。中心城区由主城和江南、临平、下沙三个副城组成，六大组团包括塘栖、良渚、余杭、义蓬、瓜沥和临浦组团。随着2012年未来科技城管委会成立，以及之后的阿里巴巴西溪园区、梦想小镇、中国人工智能小镇等相继落地，余杭组团中的未来科技城快速成为杭州城市发展的重点板块。在2016年新一轮的总规修编中，扩大了未来科技城和钱塘江南岸的钱江世纪城的规模。

4. 武汉的"主城区为核、多轴多心"的发展格局

武汉是湖北省省会，中国中部地区中心城市和综合交通枢纽。由于长江、汉水的分隔，武汉市主城区从历史上就形成了汉口、汉阳、武昌相对独立的组团式分散型城市空间格局。于1995年编制完成、1999年获批的《武汉市城市总体规划（1996—2020年）》针对主城规划做出以下布局："规划江北、江南两个核心区，在核心区周围布局10个中心区片，在主城边缘布局10个综合组团，之间以轨道交通线、快速路及主次干道相联系，形成'多中心组团式'的布局结构"。其中，汉口地区包括江北核心区，二七、三阳、新华、宝丰4个中心区片，古田、常青、后湖3个综合组团；汉阳地区包括晴川区片，十升、四新、沌口3个综合组团；武昌地区包括江南核心区，首义、晒湖、中南、徐东、杨园5个中心区片，青山、关山、白沙、南湖4个综合组团。1990—2000年武汉城区城镇建设用地从307.06平方千米增长为404.34平方千米，扩张率为32%。2000年以后，武汉城市空间加速扩张。2000—2010年，城镇建设用

地面积增至793.71平方千米，扩张率达96.3%。2010年发布的《武汉市城市总体规划（2010—2020年）》针对都市发展区规划提出要形成"以主城区为核、多轴多心"的开放式空间结构，针对主城区优化调整提出"主城区延续圈层发展、组团布局的格局"，并规划建设四新、鲁巷、杨春湖3个城市副中心。

5. 成都的"主中心+副中心"结构

成都是四川省省会，西部地区重要的中心城市。成都中心城布局是典型的"单中心"结构基础上逐层外溢的"摊大饼"式拓展模式（曾九利，2006）。1990—2000年城镇建设用地从147.57平方千米增长为246.2平方千米，扩张率为67%，城市增长主要集中在金牛区和武侯区。《成都市城市总体规划（2003—2020）》提出要构建"一主两次多核"的多中心城市空间结构。2000—2010年新增城镇建设用地267.61平方千米，扩张率高达108.6%，城市增长主要集中在成华区和金牛区，同时，城市郊区卫星城区扩展迅速，并迅速与主城区连接在一起。之后，《成都市城市总体规划（2011—2020年）》提出，要规划形成由1个特大中心城市、8个卫星城、6个区域中心城、10个小城市、68个特色镇构成的全域统筹、城乡一体、协调发展的城镇体系，其中龙泉、双流、新津卫星城部分地区整合形成天府新区成都片区。规划还针对中心城区做出如下设定："中心城区由圈层拓展向扇叶状布局转变，并由单中心向多中心转变，在三环外建设副中心。"在多中心规划引导下，成都市区一直以来的"单中心"圈层拓展、"环形加放射"的空间格局正在改变，逐渐呈现出由主城区逐渐向新都区、双流区、龙泉驿区等外围组团分散的趋势。

6. 重庆的"多中心、组团式"结构

重庆是中国重要的中心城市之一，长江上游地区经济中心，西南地区综合交通枢纽。重庆主城区是山地城市形态最具典型性与代表性的部分，城市扩展呈跳跃式、不均衡的星形扩展（牟凤云等，2008）。1980年开始编制、1983年经国务院批准的《重庆市城市总体规划（1981—2000）》确定了重庆"有机松散，分片集中"的"多中心、组团式"城市布局结构与形态。1997年重庆直辖后，新编的《重庆市城市总体规划（1996—2020）》针对重庆都市圈的设想是继续保持"多中心、组团式"的布局结构，都市圈由主城和外围组团组成，其中，主城包含3个片区（嘉陵江以北的北部片区，长江以东的南部片区，嘉陵江以南、长江以西的西部片区）和12个组团（大石坝、观音桥、唐家沱、弹子石、南坪、李家沱、渝中、大杨石、大渡口、中梁山、沙坪坝、双碑组团），此外，在主城外围另设有11个组团。1990—2000年主城区城镇建设用地从154.75平方千米增长到211.56平方千米，扩张率为37%，主城区城市空间扩张格局主要以渝中区为核心，沿长江和嘉陵江两岸、交通线与渝北区、沙坪坝区、江北区的低平河谷地带呈条带状扩展。进入21世纪后，重庆主城区城市空间扩展速度明显加快，2000—2010年城镇建设用地面积增加了244.62平方千米，扩张率高达115.6%，城市布局突破了传统的条带状扩展模式，呈现多核心的相对分散、组团增长格局。2010年5月，国务院批准设立两江新区，之后，重庆市又重新修订了城市总体规划。2011年修订的《重庆市城乡总体规划（2007—2020年）》针对主城区规划提出要保持"一城五片、多中心组团式"的布局结构，主城由中部、北部、南部、西部、东部5个片区组成，共包含21个组团和8个功能区。其中，中心城区包括中部、北部、南部片区，12个组团和2个功能区。

（二）多中心发展的主要载体

多中心城市发展一般采取跳跃式的新城或开发区建设等模式（顾朝林等，2000），以承担中心城区疏散人口和农村转移人口的职能，一般重点布局工业、居住、科教、仓储等功能。从20世纪90年代中期以来，国内各地城市兴起了一波新城新区建设的热潮，城市政府纷纷在城市总体规划中提出在主城外围建设开发区、新城（副城）、大学城（Liu et al., 2011; Wei, 2012; Shen and Wu, 2013）。国家发展和改革委员会城市和小城镇改革发展中心课题组

2013年对156个地级市的一项调查发现，其中90%的地级市正在规划新城新区。近年来还有大批特色小镇和其他新的城市空间发展载体出现。以下对讨论最多的开发区、新城、大学城三种载体类型出现城市蔓延的机理进行分析。

1. 开发区

中国在过去几十年中经历了开发区建设的热潮，极大地推动了工业用地的空间扩张，工业向产业基地和开发区集聚趋势明显。20世纪90年代中期，大连、秦皇岛、烟台、青岛、宁波、广州、湛江、天津、连云港、南通先后设立10个经济技术开发区，自此中国掀起了开发区建设的热潮。虽然自2003年以来，国家开展了以清理开发区为重点的土地市场治理整顿行动，各级开发区数量已从2003年前的6866个下降至2006年的1568个（洪世键、张京祥，2012），但是全国各地的开发区数量仍然相当可观。根据《中国开发区审核公告目录（2018年版）》数据，全国共有2735个省级以上开发区，包括230个国家级经济技术开发区、168个国家级高新技术产业开发区、268个其他国家级开发区以及2069个省级开发区。除了省级和国家级开发区，还有无数的由地方城市政府设立的开发区。在一些较发达的城市，几乎每个乡镇都有开发区或工业功能区（陶然等，2009）。

2. 新城

新城、卫星城建设是继"开发区热"之后的又一波热潮，并成为城市空间拓展的重点区域。常晨、陆铭（2017）建立的2014年全国新城数据库显示，272个地级以上城市有在建或已建成的新城，其规划面积总计达6.63万平方千米，平均每个城市建有2.5个新城。例如，北京市在2004年城市总体规划修编中规划了通州、密云、大兴、房山、昌平、怀柔、延庆、门头沟、顺义、平谷和亦庄共11个新城。上海市2001年的城市总体规划在中心城以外规划了11个新城，包括松江、嘉定、闵行、青浦、南桥、金山、宝山、城桥、惠南、空港和海港。在新城建设的实践初期，主要是一些人口规模大、经济发展快速的大城市在规划中引导建设新城和副城。而从 2009 年开始，大规模的新城建设在全国范围内铺开，许多中西部地区的、中小规模的城市也开始加入造城大军，这股热潮一直持续到 2013 年才有所收敛（常晨、陆铭，2017）。

3. 大学城

中国的大学城发展起源于 20 世纪 90 年代末。从 1999 年河北省廊坊市的东方大学城开始，我国各大中型城市掀起了建设大学城的热潮。据不完全统计，截至 2014 年，中国在建和已建成的大学城、高教园区项目已达 70 余个（徐莹，2016）。早期大学城的规划面积相对较小，但后来，大学城的规模不断扩大，成为新一轮"圈地运动"的重要载体（洪世键、张京祥，2012）。例如，上海大学城和松江大学城用地规模共 7.12 平方千米，南京仙林大学城用地规模为 70 平方千米，东莞大学科技城用地规模为 50 平方千米，杭州滨江、下沙和小和山的高教园区用地规模为 22.4 平方千米，等等。中国大学城建设的主要发展模式是在郊区或城市边缘选址建设大的高教园区，并将原先位于城市中心的大学迁出，集中布局在郊区的高教园区中。郊区大学城的建设可以带动周边地区的发展，为高新技术产业提供知识和人才支撑，并逐渐与城市融合，成为新的"卫星城"或城市组团（熊国平，2006）。

四 不同类型城市蔓延的形成原因

那么，多中心发展究竟是发挥了抑制蔓延的作用，还是对城市蔓延产生了推波助澜的作用？在"中心—外围"模型的机制下，次中心会在远离中心城区且市场潜力足够大的区位形成，由此构成多中心的城市体系（Fujita et al.，1999）。而常晨、陆铭（2017）指出，中国的造城运动并不符合上述机制，其原因是绝大多数中国城市的规模不够大，还未有形成次中心的市场潜力。他们还指出，这种情况会导致，本意通过同主城拉开距离来避免"摊大饼"式的新城建设，实际上却"摊了更大的一块饼"，导致新城缺乏活力、发展缓慢。换言之，新城数量和规模已经远远高于实际需求。无独有偶，Liu 和 Wang（2016）通过对中国 318 个城市的回归模型揭露了多中心程度越高，城市空间越碎片化，二者之间呈正相关关系；Yue 等（2016）发现许多大城市在空间形态上表现为多中心结构，但是次中心以跳跃式开发为主且缺乏完善的城市基础设施，在功能维（联系）上的多中心性不足。以上研究表明，许多大城市的副中心和新城建设未能有效阻止中心城区继续蔓延。按多中心发展的不同空间载体类型，采用本书构建的解释框架，来分析城市蔓延产生的内在机理。

（一）以开发区为载体的城市蔓延

开发区建设的一般思路是在主城外围另划一个区域发展工业，早期先布局工业企业、初步形成产业集聚，商服和居住功能仅仅作为辅助配套（洪世键、张京祥，2012）。因此，在一开始，开发区的土地利用结构往往呈现单一的工业用地主导模式，人口以园区工作的企业员工为主，城市服务和配套设施配套相对较差。此外，由于工业用地供应低于正常市场价格，企业缺乏土地集约利用的理念，导致园区土地资源利用较为粗放低效，甚至出现趁机囤积土地、多占多用、多占少用、占而不用等现象（李红，1998；徐佩贤，2004），造成不同程度的资源闲置与浪费。综上所述，许多开发区在建设初期呈现跳跃式、低密度、通达性差、用地结构单一、低效率等蔓延特征。

开发区在城市空间发展中逐渐占据主导地位，这是地方政府推动的结果。设立不同类型的开发区，如经济开发区、高新技术园区、自贸区等，目的是更有效地吸引投资。由于缺乏区位特质性，制造业部门具有较高的流动性（陶然、汪晖，2010），各地区争夺制造业生产投资的竞争则围绕工业土地的供应价格以及税收优惠和补贴政策而展开（郑江淮等，2004；张清勇，2006）。开发区是各级地方政府为了招商引资、发展经济而设立的人为降低交易成本、引导产业集聚的特定区域（郝书辰、李军杰，2004）。地方政府在激烈的区域竞争压力下不惜以低价甚至"零地价"供应工业用地。虽然国家政策要求工业用地必须以招标、拍卖、挂牌的形式公开出售或出租，并且不断调整强制性的工业用地最低价标准，但地方政府可以通过"定向招拍挂"等方式变相地协议出让土地。通过这种方式，许多开发区和工业园区不仅可以获得大片预留土地，而且还被赋予了行政和规划权限，园区可以自己设定企业入园标准，并有权批准投资项目，从而确保了工业项目的需求能够得到最大限度的满足，还可以通过财政优惠政策等经济手段吸引企业入驻。

（二）以新城为载体的城市蔓延

在多中心规划实践中，通过规划引导的次中心规模集聚过程缓慢，尤其是在一些基础发展条件不足以自发形成次中心的区域。有些新城甚至沦为空城、"鬼城"（孙斌栋、魏旭红，2016），如鄂尔多斯市康巴什新区、铁岭市铁岭新城、昆明市呈贡新城、郑州市郑东新区、天津市京津新城、营口市营东新城、十堰市东部新城等，即出现了新城开发过剩的情况。

以新城为空间载体类型的城市蔓延是由地方政府政绩冲动、开发商盲目投资、个人投机等因素共同导致的。从市场因素来看，持续的房地产牛市和居高不下的房价使整个社会形成了房地产价格持续上涨的预期和投资观念，开发商、银行、投资者众人拾柴，加剧了新城住宅开发的规模与速度。新设立的新城和卫星城需要一定的建设周期，可能在很长一段时期之后才能完善交通与配套设施，短期内难以吸引到足够的人口和资本流入。一些地方政府官员存在求大求快心理（童大焕，2014），过度追求空间城市化而忽视市场发展的规律。并且，为满足新城初期建设的投资需求，地方政府也有极大的动力通过征地和大规模出让住宅用地来增加财政收入。因此，从政府因素的角度，新城开发过剩是由于地方政府超前的规划和过度的土地供应，以及未能及时提供完善的交通与公共服务造成的。

（三）以大学城为载体的城市蔓延

郊区大学城距离市中心较远，与市中心的交通连接依赖快速交通，因此必须投入巨额资金进行配套建设，以满足学校广大师生在生活、商务、文化、娱乐休闲、医疗等生活方面的需求。然而，在通常情况下，这些配套设施建设较为滞后，造成郊区大学城在很长一段时间内呈现通达性较差的蔓延特征。

目前，中国大学城的建设大多是政府行为，一方面是为满足高等教育规模扩张的需要（李峻峰，2007），另一方面旨在促进教育资源共享、优化空间形态和空间结构（何志军等，2005），引导城市空间扩展的方向（王成超、黄民生，2006）。例如，广州大学城建设是城市"南扩"进入"新珠江时代"的重要举措；杭州下沙高教园区是城市从"西湖时代"进入"钱塘时代"的重要空间战略部署；上海松江大学城是松江新城建设规划的重要内容（任春洋，2003）。为充分发挥大学城在促进科学研究和高新技术产业发展方面的作用，其规划与选址往往围绕着高新技术产业密集区（王成超、黄民生，2006），由此形成了高教园区与开发区组团布局的模式。

除了政府引导的外部驱动力，郊区大学用地的扩张也有大学自身的内在动力。近年来，高校大规模扩招导致其用地普遍紧张，城区内部高教园区空间载荷趋于饱和（陆青，2003），驱使各高校在城市外围甚至周边县市另建新校区，以寻求更大的发展空间、容纳更多的师生。许多高校会出租或转让中心城区老校区的土地使用权，由于原先这些在城区内部的高校办学用地都是由政府行政划拨、无偿使用的，高校通过资产置换能够获取大额资金，用来在郊区建设大规模的新校区。以杭州为例，自 2003 年以来，主城内的高校纷纷迁往郊区的大学城和高教园区。2003 年，位于主城文教区的中国计量学院老校区用地以 10.55 亿元竞拍转让，并在下沙高教园区投资 5.35 亿元建设新校区，占地面积达 1180 亩。2005 年，浙江理工大学以 11.2 亿元转让了主城文教区的老校区，并在下沙高教园区建设了新校区。浙江大学湖滨校区和华家池校区的土地使用权转让最引人瞩目，原因是其成交价格两次刷新了杭州地王的新纪录。比如在 2005 年湖滨校区拍卖所得的 24.6 亿元中，浙江大学获得 17.6 亿元，这使其摆脱了紫金港新校区建设造成的还贷风险，杭州市政府也获得 7 亿元，达到了"双赢"局面。

本章小结

本章阐述了分权化、市场化、全球化、城市化四重进程并存的经济体制转型内涵，将转型期城市政府、企业、开发商、居民等多元主体的价值取向和行为选择视为构成城市蔓延的根本动力，并提出了基于政府和市场因素的转型期中国城市蔓延机理解释框架。多中心发展模式下城市空间扩张的三个主要载体是开发区、新城、大学城，其中，新设立的开发区和规划的新城区一般功能结构比较单一，开发区以工业用地为主，新城区以居住用地为主。使用本书构建的机理解释框架，能够对不同类型主导的城市蔓延机理进行定性解释。这也表明，以政府与市场多元主体价值取向和行为选择的视角来解释转型期中国城市蔓延的机理是一个可行的尝试。

第 七 章

宏观和微观尺度城市蔓延机理定量分析

第一节　宏观尺度城市蔓延影响因素分析

在宏观尺度城市蔓延测度研究中发现，不同规模、区位、地形地貌的城市具有各异的多维蔓延指数。案例城市中有部分因受山岭、河流、冲沟等地形自然条件的影响而呈现分散式组团状布局的城市形态，但由于这些制约因素分布对城市空间发展的影响差异较大，很难从宏观尺度对其进行观测。为减少特殊地形对模型结果解释度的影响，本节按市辖区内平均坡度、高程、山地地貌百分比等条件剔除15个特殊地形城市，并剔除5个数据缺失的城市，以71个城市为模型样本揭示宏观尺度城市蔓延影响因素的一般规律。

一　解释变量与主成分分析

根据上一章构建的转型期城市蔓延机理解释框架，经济体制转型通过政府政策和市场机制作用于城市空间发展。在宏观尺度上，城市蔓延的影响变量聚焦于政府和市场因素作用最显著的土地市场，并和区位、规模、社会经济水平等传统变量一起构建城市蔓延的解释模型。具体包括 X_1 "市场化程度"、X_2 "土地出让面积增长率"、X_3 "土地出让金增长率"、X_4 "实际利用外资增长率"、X_5 "地理区位"、X_6 "社会经济发展"、X_7 "城市规模" 7 个解释变量。各变量详细说明与指标数据描述统计如表 7-1 和表 7-2 所示。

表 7-1　　　　　　　　宏观尺度城市蔓延解释变量

解释变量	类型	说明
X_1 "市场化程度"	连续型	土地资源要素市场化配置程度（2000—2014 年）
X_2 "土地出让面积增长率"	连续型	土地出让面积年均增长率（2010—2014 年）
X_3 "土地出让金增长率"	连续型	土地出让金年均增长率（2010—2014 年）
X_4 "实际利用外资增长率"	连续型	实际利用外资增长率（2010—2014 年）
X_5 "地理区位"	多分类	地理分区：1（西部地区）、2（中部地区）、3（东部地区）
X_6 "社会经济发展"	连续型	市辖区夜间灯光影像平均值
X_7 "城市规模"	多分类	市辖区常住人口规模：1（100 万—300 万）、2（300 万—500 万）、3（500 万—1000 万）、4（1000 万及以上）

表 7-2　　　　　　　宏观尺度城市蔓延解释变量描述统计

解释变量	单位	N	最小值	最大值	均值	标准差
X_1 "市场化程度"	—	71	0.08	0.88	0.47	0.20
X_2 "土地出让面积增长率"	—	71	0.11	0.83	0.31	0.14
X_3 "土地出让金增长率"	—	71	0.04	1.14	0.40	0.20
X_4 "实际利用外资增长率"	—	71	-1.00	22.75	0.35	2.75
X_5 "地理区位"	—	71	1.00	3.00	2.59	0.58
X_6 "社会经济发展"	$nW/cm^2/sr$	71	0.76	15.50	4.11	2.94
X_7 "城市规模"	万人	71	1.00	4.00	2.04	0.78

各解释变量之间可能存在多重共线性，主成分分析法（PCA）能够将一组可能存在相关性的变量转换为一组线性不相关的主成分

因子，并且在尽可能多地保留指标的信息载荷的同时，又能最大限度使因子变量相互独立（岳文泽等，2020）。本节采取主成分分析法来抽取主成分因子，并依据特征值大于 1 来确定因子数目。

在主成分分析之前，先采用 Z-Score 标准化法对原始数据进行标准化，以消除不同类型数据量纲的影响。Z-Score 标准化公式如下：

$$ZX_i = \frac{X_i - \bar{X}_i}{\sigma_i} \tag{7-1}$$

式（7-1）中，X_i 为第 i 个变量指标，$\bar{X}_i$ 为 X_i 的均值，σ_i 为 X_i 的标准差，ZX_i 表示指标 X_i 标准化处理后的数值。经过处理的数据符合标准正态分布，即均值为 0，标准差为 1。

通过 KMO 和 Bartlett 球形检验分析可以发现（见表 7-3），KMO 值为 0.755，Bartlett 球形检验结果显著（近似卡方 = 590.634，df = 78，p<0.001），拒绝各变量独立的假设，各变量间具有较强的相关性，根据 Kaiser 标准可知适合进行因子分析。最后，在 SPSS 软件中对 ZX_1—ZX_7 进行主成分分析。

表 7-3　　　　　　　　KMO 和 Bartlett 球形检验

KMO 取样适切性量数		0.755
Bartlett 球形检验	近似卡方	590.634
	自由度	78
	显著性	0.000

主成分分析运行结果显示，ZX_1—ZX_6 的提取度均大于 0.6（见表 7-4），说明提取的公因子能在很大程度上保留这 6 个原始变量信息。ZX_7 的提取度小于 0.5，说明变量 X_7 "城市规模"的提取度不佳，未能在最大限度上保留原始变量信息。对 ZX_1—ZX_6 依据初始特征值大于 1 的标准提取了 3 个主成分（见表 7-5），累计方差贡献率为 73.445%，且不存在双重载荷现象，表明主成分分析效果较为理想。

第七章 宏观和微观尺度城市蔓延机理定量分析

表 7-4 公因子方差

	ZX_1	ZX_2	ZX_3	ZX_4	ZX_5	ZX_6	ZX_7
初始值	1	1	1	1	1	1	1
提取度	0.649	0.805	0.713	0.671	0.766	0.678	0.375

表 7-5 总方差解释

成分	初始特征值			提取载荷平方和			旋转载荷平方和		
	总计	方差百分比	累计（%）	总计	方差百分比	累计（%）	总计	方差百分比	累计（%）
1	1.981	33.025	33.025	1.981	33.025	33.025	1.948	32.464	32.464
2	1.373	22.876	55.901	1.373	22.876	55.901	1.372	22.870	55.334
3	1.053	17.544	73.445	1.053	17.544	73.445	1.087	18.111	73.445
4	0.644	10.727	84.172						
5	0.588	9.797	93.969						
6	0.362	6.031	100.000						

使用最大方差法对成分矩阵进行正交旋转，由旋转后的成分载荷矩阵（见表7-6）可知，主成分1主要承载了X_2"土地出让面积增长率"和X_3"土地出让金增长率"两个变量的内容；主成分2主要承载了X_1"市场化程度"和X_6"社会经济发展"两个变量的内容；主成分3主要承载了X_4"实际利用外资增长率"和X_5"地理区位"两个变量的内容。

表 7-6 旋转成分矩阵

变量	成分		
	1	2	3
ZX_1	-0.119	**0.845**	0.087
ZX_2	**0.863**	0.085	-0.077
ZX_3	**0.829**	0.105	-0.096
ZX_4	0.574	-0.197	**0.603**

续表

变量	成分		
	1	2	3
ZX_5	-0.258	0.185	**0.837**
ZX_6	-0.326	**-0.753**	-0.003

由成分得分系数矩阵（见表 7-7）可得 F1、F2、F3 的得分公式：

$$F1 = -0.107 \times ZX_1 + 0.441 \times ZX_2 + 0.422 \times ZX_3 + 0.318 \times ZX_4 - 0.130 \times ZX_5 - 0.127 \times ZX_6$$

$$F2 = 0.625 \times ZX_1 + 0.020 \times ZX_2 + 0.038 \times ZX_3 - 0.217 \times ZX_4 + 0.096 \times ZX_5 - 0.538 \times ZX_6$$

$$F3 = 0.022 \times ZX_1 - 0.062 \times ZX_2 - 0.082 \times ZX_3 + 0.581 \times ZX_4 + 0.759 \times ZX_5 + 0.041 \times ZX_6$$

表 7-7　　　　　　　　　成分得分系数矩阵

变量	成分		
	1	2	3
ZX_1	-0.107	0.625	0.022
ZX_2	0.441	0.020	-0.062
ZX_3	0.422	0.038	-0.082
ZX_4	0.318	-0.217	0.581
ZX_5	-0.130	0.096	0.759
ZX_6	-0.127	-0.538	0.041

二　Logistic 回归模型

Logistic 回归模型是一种常用的非线性统计方法，研究一个二分类或多分类因变量与多个连续或分类自变量变化的依存关系，并能够解释因变量的发生概率。该模型在城市扩张和城市土地利用变化的驱动力分析中的作用已经在许多实证研究中得到证实（Braimoh and Onishi, 2007；谢花林、李波, 2008；Bui et al., 2011；Liu et al., 2011；李春林等, 2014；Zhang et al., 2018）。由于 Logistic 回归模型的因变量是分类变量，采用 Logistic 回归建立城市蔓延解释模型时，需要将连续的城市蔓延指数转换为分类变量。本研究构建了一个二元 Logistic 回归模型来解释宏观尺度城市蔓延的形成原因，以蔓延指数的中位数 0.35 为标准将因变量 Y 划分为"蔓延"和"不蔓延"两类：当综合蔓延指数大于等于 0.35 时，Y 取值为 1，表示蔓延；当综合蔓延指数小于 0.35 时，Y 取值为 0，表示不蔓延。在 Logistic 回归模型假设下，因变量 $Y=1$ 事件发生的概率 $P(Y=1)$ 是由一系列解释变量构成的非线性函数（梁辰、王诺, 2014）。在本研究中，将使用主成分分析得到的主成分因子代入模型，表达式如下：

$$P(Y=1) = \exp(\beta_0 + \sum_{i=1}^{n} \beta_i F_i) / [1 + \exp(\beta_0 + \sum_{i=1}^{n} \beta_i F_i)] \quad (7-2)$$

式（7-2）中，F_i 为主成分因子，β_i 为回归系数值，β_0 为常数项。

对式（7-2）进行 Logit 变换，利用一般线性回归模型建立被解释变量与解释变量之间的依存模型，即 Logistic 回归模型（周小平等, 2015）：

$$\mathrm{logit}[P(Y=1)] = \ln\left[\frac{P(Y=1)}{1-P(Y=1)}\right] = \beta_0 + \sum_{i=1}^{n} \beta_i F_i \quad (7-3)$$

式（7-3）中，$P(Y=1)/[1-P(Y=1)]$ 是发生比，表示蔓延的概率与不蔓延的概率之比。

在 Logistic 回归中，用优势比（Odds Ratio, OR）来解释驱动因子的作用。优势比可以表达为 $\exp(\beta)$，是回归系数的以 e 为底的自然幂指数（田媛等, 2012），表示影响因素一个单位值的变化带来的 $Y=1$ 事件发生概率的变化情况（王济川、郭志刚, 2001）。

三 主成分因子对城市蔓延的作用

采用逐步后退回归方法进行变量的筛选，3 个主成分因子通过显著性检验（见表7-8），各因子对模型贡献量大小依次为：F2（0.746）>F1（0.642）>F3（-0.496）。-2 Log Likelihood（-2倍对数似然值）为82.793，较小，说明模型的显著性水平较高。运用ROC曲线检验模型拟合优度，ROC曲线下的面积值为0.718，说明模型具有一定准确性。

表7-8　　　　　　　　　　模型估计结果

自变量	β	标准误差	Wald 检验值	自由度	显著性	exp（β）
F1	0.642	0.294	4.768	1	0.029**	1.901
F2	0.746	0.293	6.469	1	0.011**	2.109
F3	-0.496	0.292	2.889	1	0.089*	0.609
常量	-0.054	0.267	0.041	1	0.840	0.948
-2 Log Likelihood	82.793					
ROC 值	0.718					

注：*表示在10%的水平上显著，**表示在5%的水平上显著；-2 Log Likelihood 越小，表示模型显著性水平越高。

F2在5%的水平上显著，对城市蔓延具有显著的正向作用，F2每增加1个单位值，城市蔓延发生的概率增加110.9%。由主成分分析结果可知，F2与X_1"市场化程度"正相关且与X_6"社会经济发展"负相关，意味着X_1"市场化程度"对城市蔓延具有正向作用，而X_6"社会经济发展"对城市蔓延具有负向作用。土地资源要素市场化配置程度越高，城市蔓延发生的概率越高，这证明了市场化对城市蔓延的推动作用。市辖区夜间灯光影像平均值越高，社会经济发展水平越高，城市蔓延发生的概率越低。

F1在5%的水平上显著，对城市蔓延具有显著的正向作用，F1每增加1个单位值，城市蔓延发生的概率增加90.1%。由主成分分析结果可知，F1与X_2"土地出让面积增长率"和X_3"土地出让金增长率"正相关，意味着X_2"土地出让面积增长率"和X_3"土地出让金增长率"都对城市蔓延具有正向作用。土地出让规模和土地出让金增长越快,城市蔓延发生的概率越高。在中国,国有土地的一级市场由政府垄断,这就意味着城市土地出让规模极大程度反映了政府对城市开发的政策意志。地方政府能够从土地资源市场配置得到土地出让金从而增加地方财政收入,这也成为城市政府增加土地出让规模的主要动力之一。这证明了地方政府通过土地市场的运作对城市蔓延所起到的推动作用。

F3 在 10% 的水平上显著,对城市蔓延具有负向作用,随着 F3 的增加,城市蔓延发生的概率降低 39.1%。由主成分分析结果可知,X_4 "实际利用外资增长率"和 X_5 "地理区位"与 F3 正相关,表示这两个变量对城市蔓延具有负向作用。模型结果表明,西部地区大城市发生蔓延的概率>中部地区大城市发生蔓延的概率>东部地区大城市发生蔓延的概率,这进一步印证了第四章测度结果的初步发现。实际利用外资增长率对城市蔓延并没有正向推动作用,实际利用外资增长率越高,说明大城市所处的地区越发达,城市蔓延的概率越低。这一模型结果与初始假设相悖,说明全球化因素对城市蔓延的促进作用未能在模型中直接观测到。

第二节 微观尺度城市蔓延影响因素分析

为了探究城市蔓延的微观机理,本节采用代表政府和市场因素的空间变量构建计量模型,对杭州市区工业用地蔓延和居住用地蔓延进行计量解释的实证研究,并分析和探讨了政府和市场因素对这两类蔓延的影响。根据上一章对城市蔓延机理的定性解释,居住用地蔓延和工业用地蔓延过程中的参与主体不同,影响主体行为决策的因素和作用也存在差异。因此,本节将分别对居住用地蔓延与工业用地蔓延构建计量模型,从而分析和比较政府因子与市场因子对这两种用地蔓延的推动作用。

一 地理探测器模型

微观尺度研究中,解释变量和被解释变量都可以采用空间数据,通过挖掘利用其空间自相关性和空间分异性两大特性来认识其背后过程机理。地理探测器是探测空间分异性、揭示其背后驱动力的一组统计学方法(王劲峰、徐成东,2017)。其核心假设是,如果解释变量(X)对被解释变量(Y)有重要影响,那么X和Y在空间分布上应该具有相似性(Wang et al.,2010;Wang and Hu,2012)。基于上述假设,地理探测器通过空间异质性来探测因变量与自变量之间空间分布格局的一致性,据此度量自变量对因变量的解释度,即q值(王劲峰、徐成东,2017)。地理探测器能够度量地理要素空间分异性、探测解释因子、分析变量之间的交互关系,目前已被广泛应用于多个学科领域的影响机理研究(Wang and Hu,2012;Zhu et al.,2020;Yan et al.,2021)。相比其他统计学方法,地理探测器原理保证了其对多自变量共线性免疫(王劲峰、徐成东,2017),并且能够探测两变量真正的交互作用,而不限于计量经济学预先指定的乘性交互(王劲峰、徐成东,2017)。

地理探测器由因子探测器、生态探测器、交互探测器以及风险探测器四个模块组成(Wang et al.,2010)。本研究采用了因子探测器、生态探测器和交互探测器子模块,以下分别对每个模块的功能和计算方法进行简单的介绍。

因子探测器主要用于检测Y的空间异质性,明确具有统计显著性的X及其对Y的解释力(王劲峰、徐成东,2017;孙丽蓉等,2021)。解释力由q值来表达,表达式如下(Wang et al.,2010):

$$q = 1 - \frac{1}{N\sigma^2} \sum_{h=1}^{L} N_h \sigma_h^2 \qquad (7-4)$$

式(7-4)中,$h = 1, \cdots, L$,为影响因子的分层,即分类或分区;N_h和N分别为每个分层和区域内总共的栅格数;σ_h^2和σ^2分别是每个分层和整个区域Y值的方差。q的值域为[0,1],其值越大

表示 Y 的空间差异越明显，因子 X 对 Y 的解释力越强，反之亦然。

生态探测器反映每两个因子（例如解释变量 X_1 和 X_2）对 Y 的空间分布的影响是否具有显著差异，以 F 统计量来衡量（王劲峰、徐成东，2017）：

$$F = \frac{N_{X_1}(N_{X_2} - 1) \sum_{h=1}^{L_1} N_h \sigma_h^2}{N_{X_2}(N_{X_1} - 1) \sum_{h=1}^{L_2} N_h \sigma_h^2} \tag{7-5}$$

式（7-5）中，N_{X_1}、N_{X_2} 分别表示因子 X_1 和 X_2 的样本量；L_1 和 L_2 分别表示变量 X_1 和 X_2 的分层数目；$\sum_{h=1}^{L_1} N_h \sigma_h^2$ 和 $\sum_{h=1}^{L_2} N_h \sigma_h^2$ 分别表示由 X_1 和 X_2 形成的分层的层内方差之和。其中，零假设 H_0：$\sum_{h=1}^{L_1} N_h \sigma_h^2 = \sum_{h=1}^{L_2} N_h \sigma_h^2$。如果在 α 的显著性水平上拒绝 H_0，则表明两因子 X_1 和 X_2 对 Y 的空间分布的影响存在显著差异。

交互探测器主要用于识别解释变量之间是否具有交互作用及其作用方向和类型（韩静等，2020；Yan et al.，2021）。例如，评估解释变量 X_1 和 X_2 共同作用时是否会增加或减弱对 Y 空间分异的解释力，或者变量对 Y 的影响是相互独立的（王劲峰、徐成东，2017）。评估的方法是空间叠加变量 X_1 和 X_2 得到它们的交互因子 $X_1 \cap X_2$，分别计算 X_1、X_2、$X_1 \cap X_2$ 对 Y 的 q 值。通过比较在单因子作用时的 q 值、两个单因子的 q 值之和与双因子交互作用时的 q 值，根据三者之间的大小关系，将交互作用类型分为五类（王劲峰、徐成东，2017；王伟，2019；Zhu et al.，2020）：当 $q(X_1 \cap X_2) < \text{Min}(q(X_1), q(X_2))$ 时，交互作用类型为非线性减弱；当 $\text{Min}(q(X_1), q(X_2)) < q(X_1 \cap X_2) < \text{Max}(q(X_1), q(X_2))$ 时，交互作用类型为单因子非线性减弱；当 $\text{Max}(q(X_1), q(X_2)) < q(X_1 \cap X_2) < q(X_1) + q(X_2)$ 时，交互作用类型为双因子增强；当 $q(X_1 \cap X_2) = q(X_1) + q(X_2)$ 时，两个变量因子相互独立；当 $q(X_1 \cap X_2) > q(X_1) + q(X_2)$ 时，交互作用类型为非线性增强。

二 变量与数据抽样

地理探测器具有处理各类别变量的优势（孙丽蓉等，2021），模型因变量可以为连续型变量或二值变量（王劲峰、徐成东，2017）。本研究中，被解释变量 Y 是二值变量，以"综合蔓延指数大于 0.61 且扩张类型不是填充式"作为判定蔓延的标准（阈值标准说明见第五章第四节），将城市内部新增建设用地划分为不蔓延（$Y=0$）和蔓延（$Y=1$）两类。观测数据是点数据的形式，是采用规则抽样和随机抽样相结合的空间采样方法得到的。首先，生成 1 千米间隔的规则采样点，然后采用随机抽样的方法对两个因变量子集（$Y=0$ 和 $Y=1$）各抽取 500 个样本点。居住用地蔓延解释模型和工业用地蔓延解释模型的总样本量均为 1000。

根据上文对城市蔓延机理的理论分析以及参考既有文献研究选取的影响因子，本研究选取了传统区位因子、人口、土地市场、政策等反映政府和市场因素的指标作为居住用地蔓延和工业用地蔓延的解释变量（见表 7-9）：区位因子包含 X_1 "主中心距离"、X_7 "配套距离"、X_8 "坡度" 3 个解释变量；人口因子包含 X_6 "人口增长" 1 个解释变量；政策因素包含 X_2 "新城新区距离" 和 X_3 "土地利用规划" 2 个解释变量；市场因子包含 X_4 "基准地价" 和 X_5 "土地出让价格" 2 个解释变量。其中，城市建设用地基准地价是由政府土地管理部门按不同的土地级别、不同的地段分别评估和测算的商业、工业、住宅等各类用地在某一时点上土地使用权的平均价格；土地出让价格是在国有土地一级市场中通过招标、拍卖、挂牌等市场配置方式出让的成交价格。

表 7-9　　　　　　　　　微观尺度城市蔓延解释变量

解释变量	类型	说明
X_1 "主中心距离"	连续型	到城市主中心的距离

续表

解释变量	类型	说明
X_2 "新城新区距离"	连续型	到新城和新区的距离
X_3 "土地利用规划"	二分类	土地利用规划（2000—2020年）：1表示规划作居住或工业用途；0表示规划作其他用途
X_4 "基准地价"	连续型	由政府土地管理部门确定的城市居住用地和工业用地基准地价
X_5 "土地出让价格"	连续型	通过招标、拍卖、挂牌等市场配置方式出让的居住用地和工业用地价格（2000—2010年）
X_6 "人口增长"	连续型	新增人口数量（2000—2010年）
X_7 "配套距离"	连续型	周边学校、商业、医院、地铁、公园等配套设施的平均最近邻距离
X_8 "坡度"	连续型	坡度

地理探测器模型的自变量必须为类型量（王劲峰、徐成东，2017）。本研究中，城市蔓延解释变量均为"1千米×1千米"栅格数据，在ArcGIS10.2平台中将栅格值提取到样本点上。解释变量既有分类型变量，也有连续型变量，在SPSS软件中对连续型变量进行等分转换，将解释变量都转换为分类型变量。最后，使用地理探测器软件（GeoDetector）运行模型，得到模型结果。

三 居住用地蔓延影响因素

（一）影响因子探测结果

利用地理探测器模型研究不同因子对杭州市区居住用地蔓延空间分布特征的驱动作用。因子探测结果显示（见表7-10），不同驱动因子的解释力度由高到低排序为：X_7"配套距离">X_4"居住基准地价">X_6"人口增长">X_1"主中心距离">X_2"新城新区距离">X_5"土地出让价格">X_8"坡度">X_3"土地利用规划"。所有因子均通过0.001的显著性检验，表明传统区位因子、人口、土地市场、政府政策等因子都对杭州市区居住用地蔓延的影响显著。配套距离在影响居住用地蔓延空间分异的贡献量中排在首位（q值为0.254),结合二者的空间分布图发现居住用地蔓延主要发生在配套设施空间失配的地区。政府划定的居住基准地价成为第二主导因素（q 值为 0.219），它对居住用地蔓延的影响作用远超过土地市场中土地出让价格的影响作用（q 值为 0.138）。城镇化和郊区化导致城市内部人口分布的空间分异显著，人口增长因子对居住用地蔓延空间分异的影响力（q 值为 0.193）仅次于配套距离、居住基准地价。到主中心距离与到新城新区距离的 q 值分别为 0.178 和 0.172，表明主中心与新城新区对居住用地蔓延空间分异的影响作用几乎相当。政府编制的土地利用规划对居住用地蔓延空间分布的影响作用最小（q 值为 0.060），表明用来防止城市建设用地过度扩张的土地利用规划政策工具对蔓延的控制作用十分有限。

表 7-10　　　　　　　　　居住用地蔓延驱动因子探测结果

因子	q 值	q 值排序	显著性
X_1 "主中心距离"	0.178	4	0.000
X_2 "新城新区距离"	0.172	5	0.000
X_3 "土地利用规划"	0.060	8	0.000
X_4 "居住基准地价"	0.219	2	0.000
X_5 "土地出让价格"	0.138	6	0.000
X_6 "人口增长"	0.193	3	0.000
X_7 "配套距离"	0.254	1	0.000
X_8 "坡度"	0.089	7	0.000

生态探测结果显示（见图 7-1），X_1 "主中心距离"、X_2 "新城新区距离"、X_4 "居住基准地价"、X_6 "人口增长" 中任意两个因子对居住用地蔓延空间分异的影响都不存在显著性差异。X_3 "土地利用规划" 与 6 个因子的影响作用存在显著性差异，X_8 "坡度" 与 5 个因子存在显著性差异，X_3 "土地利用规划" 与 X_8 "坡度" 无显著差异。X_5 "土地出让价格" 与 X_1 "主中心距离"、X_2 "新城新区距

离"、X_6 "人口增长"和 X_8 "坡度"的影响作用无显著差异,而与 X_3 "土地利用规划"、X_4 "居住基准地价"和 X_7 "配套距离"存在显著性差异。

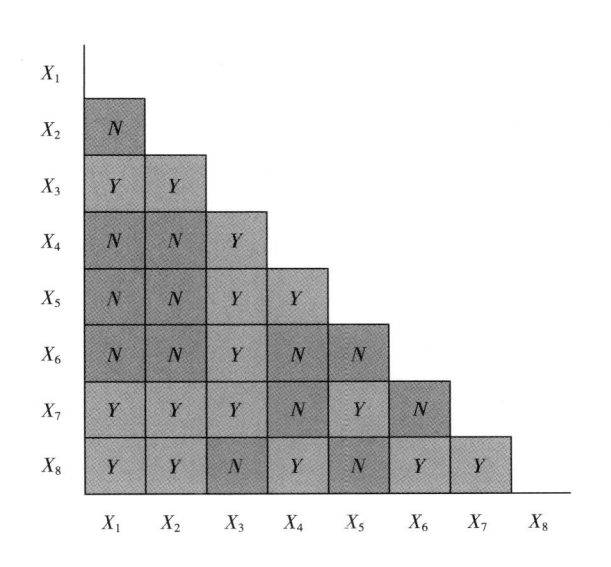

图 7-1　居住用地蔓延驱动因子显著性差异

注:置信水平为 95%,Y 表示存在显著性差异,N 表示不存在显著性差异。

(二)因子交互作用

交互探测结果表明(见图 7-2),所选因子中任意两个因子对居住用地蔓延空间分异的交互作用都大于单个因子的单独作用,交互作用类型以双因子增强为主,小部分为非线性增强。X_7 "配套距离"和 X_6 "人口增长"与其他因子的交互作用最强。其中,X_7 "配套距离"与 X_6 "人口增长"以及与 X_1 "主中心距离"表现出较强的双因子增强交互作用,q 值分别为 0.410 和 0.400。X_1 "主中心距离"与 X_6 "人口增长"具有较强的非线性增强交互作用(q 值为 0.383),并且与其他因子具有双因子增强交互作用(q 值区间为 0.191—0.400)。X_5 "土地出让价格"与 X_6 "人口增长"具有较强的非线性增强交互作用(q 值为 0.379),并且与其他因子具有双因子增强交互作用（q 值区间为 0.161—0.354）。X_4 "居住基准地价" 与其他因子的交互作用类型为双因子增强（q 值区间为 0.227—0.362）。X_2 "新城新区距离" 与其他因子的交互作用类型为双因子增强，它与 X_7 "配套距离"（q 值为 0.356）以及与 X_6 "人口增长"（q 值为 0.348）的交互作用最强，其次是与 X_1 "主中心距离"（q 值为 0.290）以及与 X_5 "土地出让价格"（q 值为 0.286）。X_3 "土地利用规划" 和 X_8 "坡度" 两个因子单独对居住用地蔓延空间分异的影响最小（q 值<0.1），在与其他因子交互作用之后影响力明显增强（q 值>0.1）。以上结果表明，居住用地蔓延的空间分异不是由各个因子独立作用形成的，当区位、人口、土地市场、政府政策等因子共同作用时，对居住用地蔓延空间分异的解释力更强。

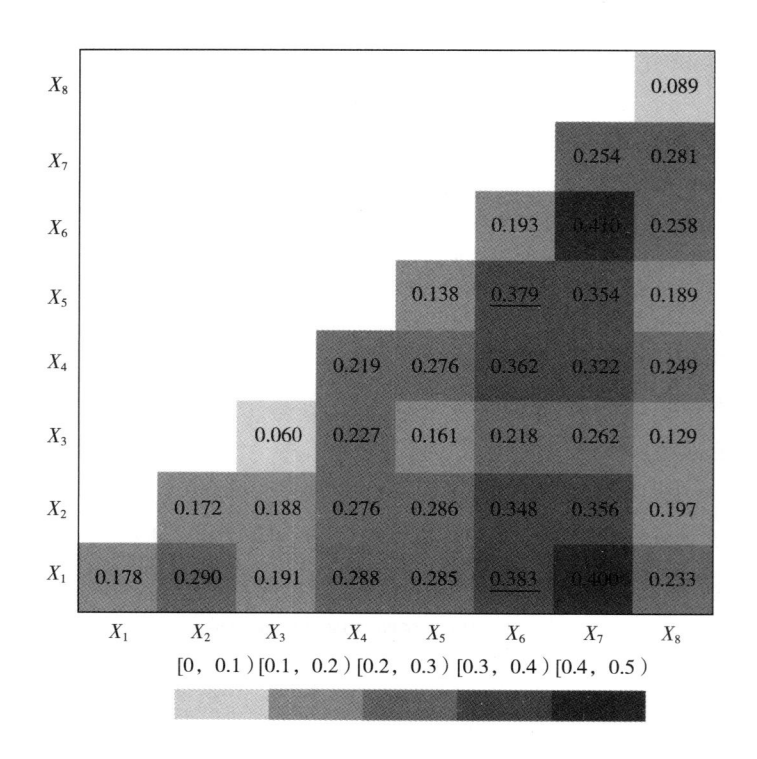

	X_1	X_2	X_3	X_4	X_5	X_6	X_7	X_8
X_8								0.089
X_7							0.254	0.281
X_6						0.193	0.430	0.258
X_5					0.138	0.379	0.354	0.189
X_4				0.219	0.276	0.362	0.322	0.249
X_3			0.060	0.227	0.161	0.218	0.262	0.129
X_2		0.172	0.188	0.276	0.286	0.348	0.356	0.197
X_1	0.178	0.290	0.191	0.288	0.285	0.383	0.400	0.233

[0, 0.1) [0.1, 0.2) [0.2, 0.3) [0.3, 0.4) [0.4, 0.5)

图 7-2　居住用地蔓延驱动因子交互影响

注：有下划线表示交互类型为非线性增强；无下划线表示交互类型为双因子增强。

四 工业用地蔓延影响因素

(一) 影响因子探测结果

利用地理探测器模型研究不同因子对杭州市区工业用地蔓延空间分布特征的驱动作用。因子探测结果显示（见表7-11），X_1—X_7 通过0.001的显著性检验，X_8 则在0.1水平上显著，表明区位、人口、土地市场、政府政策等因子对杭州市区工业用地蔓延的影响十分显著。各解释变量的 q 值从大到小依次为 X_7 "配套距离" > X_4 "工业基准地价" > X_1 "主中心距离" > X_6 "人口增长" > X_2 "新城新区距离" > X_5 "土地出让价格" > X_3 "土地利用规划" > X_8 "坡度"，这一排序与居住用地蔓延解释模型的结果有所不同。配套距离同样是影响工业用地蔓延空间分异的主导因素（q 值为0.142），结合二者的空间分布图发现工业用地蔓延通常在配套设施空间失配的情形下发生。工业基准地价也同样是第二主导因素（q 值为0.122），并且其影响作用远超过土地市场中土地出让价格的影响作用（q 值为0.039）。相比居住用地蔓延解释模型，到主中心距离因子对工业用地蔓延的空间分异的影响作用更靠前（q 值为0.100），超过人口增长因子对工业用地蔓延空间分异的影响力（q 值为0.088）。到新城新区距离的影响力依然超过了土地出让价格因子，土地利用规划因子与坡度因子对工业用地蔓延空间分布的影响作用也仍是最小。但总体来说，工业用地蔓延解释模型中每个因子的 q 值更小，说明工业用地蔓延模型的解释力稍逊色于居住用地蔓延模型。

表7-11　　　　　　　　工业用地蔓延驱动因子探测结果

因子	q 值	q 值排序	显著性
X_1 "主中心距离"	0.100	3	0.000
X_2 "新城新区距离"	0.072	5	0.000
X_3 "土地利用规划"	0.013	7	0.000

续表

因子	q 值	q 值排序	显著性
X_4 "工业基准地价"	0.122	2	0.000
X_5 "土地出让价格"	0.039	6	0.000
X_6 "人口增长"	0.088	4	0.000
X_7 "配套距离"	0.142	1	0.000
X_8 "坡度"	0.010	8	0.094

生态探测结果显示（见图7-3），X_1 "主中心距离"、X_2 "新城新区距离"、X_4 "工业基准地价"、X_6 "人口增长"、X_7 "配套距离"中任意两个因子对工业用地蔓延空间分异的影响都不存在显著性差异。X_3 "土地利用规划"与X_1 "主中心距离"、X_4 "工业基准地价"和X_7 "配套距离" 3个因子的影响作用存在显著性差异。X_5 "土地出让价格"与X_4 "工业基准地价"和X_7 "配套距离"的影响作用存在显著性差异。X_8 "坡度"对工业用地蔓延空间分异的影响

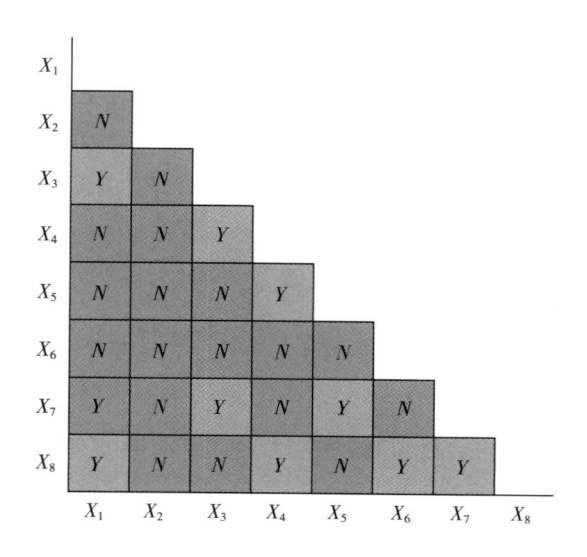

图7-3 工业用地蔓延驱动因子显著性差异

注：置信水平为95%，Y 表示存在显著性差异，N 表示不存在显著性差异。

作用与 X_1 "主中心距离"、X_4 "工业基准地价"、X_6 "人口增长" 和 X_7 "配套距离" 4 个因子的影响作用存在显著性差异，而与 X_2 "新城新区距离"、X_3 "土地利用规划" 和 X_5 "土地出让价格" 的影响作用无显著差异。

（二）因子交互作用

交互探测结果表明（见图7-4），模型中各个解释变量对工业用地蔓延空间分异的影响作用不是相互独立的，任意两个因子之间均存在交互作用，且两两共同作用时都会增强对工业用地蔓延的解释力。因子交互类型为双因子增强或非线性增强，且以非线性增强类型为主。X_7 "配套距离" 和 X_6 "人口增长" 的协同作用最显著，其他任意因子与 X_6 或 X_7 交互作用时的 q 值达到最大，例如，$q(X_6 \cap X_7)$ 为 0.307，$q(X_5 \cap X_7)$ 为 0.232，$q(X_4 \cap X_7)$ 为 0.217，$q(X_3 \cap X_7)$ 为 0.168，$q(X_2 \cap X_7)$ 为 0.224，$q(X_1 \cap X_6)$ 为 0.247。X_3 "土地利用规划" 和 X_8 "坡度" 两个因子单独对工业用地蔓延空间分异的影响最小，在与其他因子交互作用之后影响力虽有所增强但仍是影响最小的。X_5 "土地出让价格" 与其他因子的交互作用类型均为非线性增强，交互作用后的 q 值范围为 0.070—0.232，在与 X_3 "土地利用规划" 和 X_8 "坡度" 交互作用时，q 值最低。X_4 "工业基准地价" 与其他因子交互作用时的 q 值为 0.137—0.217，其与 X_5 "土地出让价格"、X_3 "土地利用规划" 和 X_8 "坡度" 的交互作用表现为非线性增强。X_1 "主中心距离" 与 X_4 "工业基准地价" 和 X_7 "配套距离" 具有双因子增强交互作用，并且与其他因子产生非线性增强交互作用，通过交互形成的增强效应表现为 q 值的提高，$q(X_1 \cap X_2)$、$q(X_1 \cap X_5)$、$q(X_1 \cap X_6)$ 和 $q(X_1 \cap X_7)$ 比 $q(X_1)$ 翻了一番以上。X_2 "新城新区距离" 与 X_1 "主中心距离"、X_5 "土地出让价格"、X_6 "人口增长"、X_7 "配套距离" 交互后的 q 值是 $q(X_2)$ 的 2 倍以上，交互作用类型呈非线性增强。由此可见，工业用地蔓延的布局是由 8 个显著性因子两两交互作用从而形成的增强效应导致的。

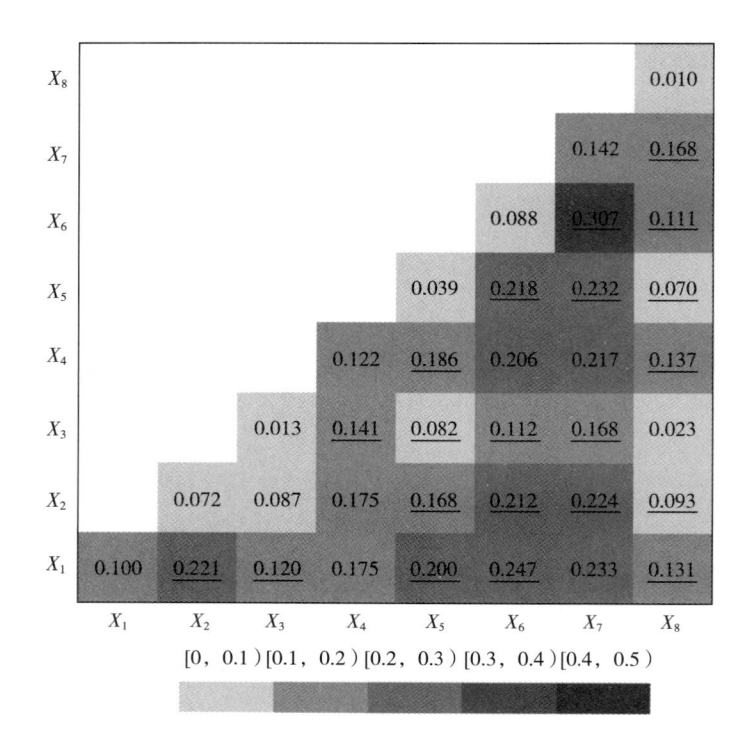

图 7-4 工业用地蔓延因子交互探测结果

注：有下划线表示交互作用类型为非线性增强；无下划线表示交互类型为双因子增强。

五 政府与市场交互作用的案例分析

无论是理论解释框架还是计量模型，都只能概括一般规律，很多差异还需要通过调研与案例分析来补充。结合杭州市区居住用地蔓延和工业用地蔓延模型结果，开展资料搜索与实地调研，选取新城与人口增长的交互作用对居住用地蔓延的影响、开发区与地价差的交互作用对工业用地蔓延的影响等方面，补充案例分析。

（一）新城与人口增长、土地市场

居住用地蔓延解释模型的因子探测结果显示，人口增长因子对蔓延因变量的空间分异的影响力居于高位，表明新增居民对住宅的需求会刺激郊区住宅开发。根据本书提出的解释框架，居民从需求侧影响房地产市场的供需关系进而推动居住用地扩张和蔓延。随着一系列人才优惠政策的出台，大量外来人才涌入杭州，但由于主城区居住空间资源极为有限，吸纳这些新增城市居民的职能落在了城市郊区。不断增长的居住需求和投资需求强烈地刺激了开发商投身房地产项目开发的积极性。

交互因子探测结果显示，新城新区距离因子与人口增长因子交互作用明显（q 值为 0.348），新城与人口增长交互后的增强效应大大提高了对居住用地蔓延的解释力。城市政府为了推动城市化进程、促进城市空间结构调整，通过规划政策手段引导郊区新城、住宅小区开发，对居住用地蔓延产生了重大影响。20 世纪 90 年代修订的杭州城市总体规划提出在杭州市区设置 40 多个居住区，包括主城 30 多个、下沙副城 7 个、滨江副城 5 个。这些规划布置在郊区的居住区，推进了这一时期居住用地扩张的进程。随着新城开发建设计划的提出，城市政府通过土地征收和土地储备制度，陆续加推新城的地块。新城规划，迎合了新增居民对郊区大面积、低总价住宅的需求偏好，吸引开发商竞相在新城拿地用于开发住宅楼盘。

新城新区距离与土地出让价格的交互作用也很强（q 值为 0.286），表明新城规划与土地市场价格机制两者交互后对居住用地蔓延的解释能力增强。1997 年，杭州市开始正式实施土地储备制度，并颁布了《杭州市国有土地使用权招投标拍卖管理办法》，明确规定经营性房地产开发用地必须通过招标和拍卖的方式取得土地使用权。引入市场价格和竞争机制之后，郊区同性质土地的价格可能仅为中心区地块价格的几分之一。2008—2010 年，杭州共售出经营性用地 27782 亩，其中远郊占 63%。在此期间，主城区土地出让均价由 953 万元/亩增加到 1529 万元/亩，余杭区土地出让均价由 265 万元/亩提高到 371 万元/亩，萧山区从 145 万元/亩上涨至 506 万元/亩，郊区与中心区土地出让价格差距仍然十分明显。地方政府为了增加地方财政收入，大规模征收郊区农村集体土地，并以高价出让给开发商，从中获取巨额的土地出让金。因此，地方政府在郊区居住用地扩张中起到了极为重要的作用。

配套距离因子与新城新区距离因子和人口增长因子都产生了强烈的交互增强作用，表明郊区新城和住宅小区开发很多是发生在远离主中心、配套相对不完善的外围地区。尽管新城的基础设施配套需要很长的发育期，但新城及附近地区的土地开发升值潜力仍然吸引了大量房地产投资项目。

（二）开发区与企业分异

工业用地蔓延的因子探测结果显示，到新城新区距离的影响力排序靠后，说明工业用地蔓延的类型分异显著，还有许多工业企业没有选址在开发区。那么，开发区到底承载了多少工业用地扩张，开发区内工业用地的蔓延情形如何呢？通过2014年对杭州市域16家省级以上开发区的实地调查可以发现，杭州市开发区和各种工业功能区数量多而分散，郊区工业开发既出现了在开发区内大规模集聚的情形，也出现了以破碎的小规模地块在郊区其他地方分散布局的情形。土地利用效率空间分异特征是，下沙、滨江两个国家级开发区集约水平相对较高，以通信设备、计算机、电子机械及器材制造业和医药制造业等高附加值、高新技术企业为主；而城市边缘区是以普通制造业为主的工业园区或乡镇工业功能区，其集约水平相对较低，开发强度不高，产出效益与高新技术园区差别较大。

地方政府统筹了城市战略发展、产业结构调整、空间优化与环境保护等方面的需要，通过规划政策和强制搬迁的手段快速地推动中心区工业企业搬迁。《杭州市城市总体规划（1996—2010年）》鼓励工业企业从城市中心区向钱塘江两岸搬迁，《杭州市城市总体规划（2001—2020年）》计划在江南、下沙、临平等副中心规划各类产业集聚点，引导工业用地向这些郊区副中心集聚，并陆续推进企业搬迁计划。例如，2005年杭州电化、杭州油脂化工、庆丰农化和龙山化工四家化工类企业在政府统一协调下从滨江区搬迁到萧山的临江工业园区；2009年杭氧、杭叉、杭机和杭重等装备制造业的龙头企业搬迁至临安经济技术开发区。

调研还发现，不同类型企业主体在工业郊区化的过程中会做出不同的决策选择，形成了不同的工业用地空间格局。对于国有企业、外资企业和大型民营企业，其选址分布一般在省级以上的开发区。政府会通过各种投资门槛（包括投资强度、产值、税收、土地使用规模等）来筛选工业企业和项目。例如，萧山区政府制定的新项目准入标准，要求工业企业用地面积大于 1.33 公顷，而且要求固定资本投资高于 4500 万元/公顷。工业企业进入省级和国家级开发区的进入壁垒更高，固定资本投资和税收需要分别大于 6750 万元/公顷和 450 万元/公顷。满足上述要求的国有企业、外商投资企业和大型民营企业成为地方政府竞相争夺的热点。在集聚经济和财政激励的推动下，这些企业向具有区位和比较优势的国家级或省级开发区集聚。例如，2000—2010 年，杭州市区的 4 个国家级开发区吸引了 1000 多个外商投资企业，占市区外商直接投资（FDI）总额的 74%。对于小企业和低端制造业企业，由于无法达到国家级或省级开发区的入园门槛要求，只能分布在远郊区的各个乡镇，一些乡镇后来形成了工业功能区集群。这些相对分散的工业企业也极大地影响了郊区的工业布局，例如萧山的 12 个功能区和余杭的 9 个功能区平均每个容纳了 1000 多平方千米的工业用地。

（三）住宅和工业用地价格差

工业用地蔓延模型结果还显示，土地出让价格的解释力比新城新区距离因子更低，表明土地市场价格机制对工业用地蔓延不起主导作用。中心区工业生产成本越来越高，日益紧缺的空间资源不利于企业生产规模的扩大。为了追求效益最大化，中心区工业企业逐渐向地价低、开放空间大的郊区迁移，中心区则转变为收益率更高的贸易、金融、商服业等用地类型。尽管较低的土地价格、充足的土地供应以及规模集聚效应都是影响工业用地郊区化的重要因素，但是由于这些市场因素的效应几乎与开发区和规划政策的效应高度重叠，其作用很大程度上被政府作用所覆盖。农村工业化和乡镇企业布局则主要是由市场因素驱动的。

相对于商住用地较高的出让价格，杭州工业用地被人为地压低价格进行出让。2007—2010 年，工业用地平均价格为 283 元/平方米，仅为商住用地价格的 1/20。近郊区工业用地平均成交价 380 元/平方米，远郊区 250 元/平方米。沿着城市中心向郊区的轴线，商住用地价格呈现显著下降的趋势，而工业用地价格却没有显著的变化趋势。在多数情况下，租赁或出让工业用地的收入甚至不能抵上征地和建设基础设施的费用。但是，低廉的工业用地价格有助于吸引更多的工业企业，来自工业企业的未来税收以及更多的积极外部性（如工业 GDP 增长和就业机会）可以平衡目前的土地租赁费用损失。城市或地区在招商引资上发生的激烈竞争，进一步加快了工业用地空间郊区化发展。

本章小结

本章分别从宏观尺度和微观尺度开展了城市蔓延机理的定量解释。宏观尺度蔓延机理的定量解释部分，选取地理区位、规模、社会经济发展水平、土地市场等因子作为解释变量。以全国主要城市的蔓延测度结果作为因变量，主成分分析和 Logistic 回归模型结果表明：土地资源要素市场化配置程度越高，城市蔓延发生的概率越高；土地出让规模和土地出让金增长越快，城市蔓延发生的概率越高；社会经济发展水平越高，城市蔓延发生的概率越低；西部地区大城市发生蔓延的概率>中部地区大城市发生蔓延的概率>东部地区大城市发生蔓延的概率。宏观尺度城市蔓延解释计量模型结果证明了市场化对城市蔓延的推动作用，并且，地方政府通过土地市场的运作对城市蔓延起推动作用。

微观尺度蔓延机理的定量解释部分，选取了传统区位因子、人口、土地市场、政策等因子作为居住用地蔓延和工业用地蔓延的解释变量。分别以微观尺度居住用地蔓延测度结果和工业用地蔓延测度结果为因变量，地理探测器模型结果表明：传统区位因子、人口、土地市场、政府政策等因子都对居住用地蔓延和工业用地蔓延有显著影响，并且各个因子之间存在明显的交互作用，因子交互作用形成的增强效应导致居住用地蔓延和工业用地蔓延的空间分异。值得注意的是，政策变量土地利用规划与地形因子对城市蔓延的影响作用最小，表明土地利用规划政策工具对蔓延的控制作用十分有限，换言之，出现了"政策失灵"。

宏观尺度与微观尺度的计量解释研究在一定程度上验证了上一章构建的城市蔓延理论解释框架。面对"政策失灵"的问题，应当进一步剖析其背后的形成原因，并将其与得到验证的市场与政府因子及其交互作用一起，作为城市蔓延管控决策的根本依据。

第 八 章

转型期中国城市蔓延管控

第一节 西方城市蔓延调控的经验启示

一 西方城市蔓延调控工具

西方国家调控城市蔓延的政策工具种类繁多（Bengston et al.，2004；蒋芳等，2007b；冯科，2010；洪世键、张京祥，2012），主要可以分为五大类：①公共用途土地征收，政府通过征收私有土地来建立公园、生态保护区等；②规制方法，如绿带、城市增长边界、土地开发许可与准入、间歇性开发规制、增长控制比例等；③基础设施引导政策，如公共交通导向型开发、充足公共设施条例；④区域差异调节政策，如开发权转移、分区等；⑤经济手段引导政策，如开发影响费、保护减税、填充与再开发奖励等。下文对最常用的蔓延调控工具做简单介绍。

（一）绿带

绿带（Greenbelt）是指城市或都市区周围由农田或其他绿色空间构成的环带区域（洪世键、张京祥，2012），其宽度从数百米到几十千米不等，其位置一般位于城市边缘或者各个城区之间。绿带政策的主要功能是隔离、阻挡城市建设开发，通过禁止绿带内的城市开发来防止城市无序蔓延（杨小鹏，2010）。绿带规划最早起源于英国伦敦（Amati and Yokohari，2007），并在欧洲、北美以及亚洲的许多城市得到广泛应用（吴国强等，2001；Honma，2002；李强、戴俭，2005；Bengston and Youn，2006；Lee and Linneman，2010）。

（二）城市增长边界

城市增长边界（Urban Growth Boundaries）是一个城市预期的增长边界（黄慧明、Sam Casella，2007），通过在城市外围设置增长边界，限定只能在边界内进行城市建设开发，而边界外的土地不能用于城市开发（Knaap and Nelson，1992）。一般来说，城市增长边界强调对城乡土地开发的划分作用，边界内抑制蔓延、倡导紧凑发展，边界外保护开放空间、维持乡村特色（Cho et al.，2008；吕斌、徐勤政，2010）。城市增长边界最早是1976年美国塞勒姆市提出的（王颖等，2014），之后成为美国控制城市蔓延的主要工具之一，许多州还通过立法将城市增长边界纳入了土地利用规划（Weitz and Moore，1998；Dempsey and Plantinga，2013），其中以俄勒冈州波特兰大都市区最具代表性（Nelson and Moore，1993；Staley and Gerard，1999；Kim，2013）。城市增长边界有"刚性"与"弹性"双重含义（Knaap and Hopkins，2001；黄明华等，2012），从时空演化来看区分为"永久性"和"动态性"（王颖等，2014）。

（三）基础设施引导

充足公共设施条例（Adequate Public Facilities）要求启动新开发项目时，必须确保道路、给排水、学校等基础设施和市政服务配套充足。比如，美国华盛顿州要求在项目开发前，必须确定由政府或开发商负责先行建设或在开发期间配套建设足够的公共服务设施（蒋芳等，2007b）。

城市服务边界（Urban Service Boundaries）是指划定提供城市基础设施以及公共服务的区域范围，边界外不支持城市的建设，服务提供将会受到限制（Staley and Gerard，1999）。城市服务边界通过控制城市公共设施来弹性引导城市发展，是美国许多大都市区城市管理的重要手段（沈山、秦萧，2012）。在实践中，它通常与充足公共设施条例等政策工具配套使用（洪世键、张京祥，2012）。

公共交通导向型开发（Transit Oriented Development）指的是以便捷、高效的公共交通引导城市均衡扩张的发展模式，通过在轨道交通和快速公交干线的交通站点附近安排居住、就业、商业以及教育和医疗来实现城市组团的紧凑发展（孔令琦，2013）。这一规划理念起源于美国，并且在欧洲、亚洲和拉丁美洲得到了广泛应用，如丹麦哥本哈根（Knowles，2012）、瑞典斯德哥尔摩（Stojanovski et al.，2014）、中国北京（陈文娟，2009）和广州（李橘云、马小毅，2015）等。

（四）经济手段引导

开发影响费（Development Impact Fee）是政府针对开发新项目带来的基础设施开支而向开发商和购买者征收的一次性费用（蒋芳等，2007b）。这一工具已被运用到政府对道路、给排水、学校、消防等基础设施和市政服务支出中（Burge and Ihlanfeldt，2013）。该政策能够提高新项目开发的效率，对于已经存在公共设施的地区降低开发影响费，而对缺少基础设施的地区提高开发影响费，从而抑制城市空间向无基础设施的地区蔓延（翁羽，2007）。税收调节（Tax Regulation）则作为边界划定的配套政策，通过对边界内外设置不同的税种、税率和征税方式，鼓励城市在边界内开发而减少边界外的扩张（吴次芳等，2009；王颖等，2014）。日本对都市计划区内外农地实行的差别税率政策是其最具代表性的实例之一（洪世键、张京祥，2012）。

（五）开发权转移

开发权转移（Transfer of Development Rights）是通过交易将开发权从需要保护的地区转让给允许开发地区的一种土地利用管理机制（Johnston and Madison，1997），它是基于市场机制的，包含自愿和强制性两种模式（Tavares，2003）。该政策能够引导土地开发项目选址在更适合开发的地区，保护农用地、生态敏感区和开放空间（丁成日，2008a）。20世纪70年代末80年代初，美国的部分州开始启动开发权转移实践（靳相木、沈子龙，2010），积累了大量实践经验，如马里兰州卡尔弗特县和蒙哥马利县、新泽西州派恩兰兹地区、华盛顿州西雅图市等（黄慧明、Sam Casella，2007；McConnell and Walls，2009；Nelson and Juergensmeyer，2012）。

二 西方城市蔓延调控效果与启示

城市蔓延调控工具的实践效果引起了广泛关注（Khare and Beckman，2013；Horn，2015）。

（一）大多数调控工具实践成效明显

西方城市蔓延调控工具大多在控制城市蔓延、保护开放空间、保护耕地、节约基础设施投资成本和中部地区城市复兴方面发挥了一定程度的积极作用（Nelson and Moore，1996；冯科，2010）。Nelson（1999）将未实施增长管理的乔治亚州与实施了增长管理的佛罗里达州和俄勒冈州进行比较，发现增长管理政策对抑制蔓延、保护农用地、改善交通、节约能源的效果明显。Nelson 和 Dawkins（2004）基于对293个大都市地区的截面数据的分析发现，增长管理政策对中心城区复兴起到了较好的推动作用。英国绿带政策的实施提高了城市土地利用效率，废弃的棕地得到了重新开发利用，城市形态更加紧凑（Hall et al.，1973）。Gennaio 等（2009）通过对比1970—2000年瑞士城市增长边界内外的土地开发规模与建筑密度发现，城市增长边界政策抑制了边界内的城市土地扩张，并提高了边界内的建筑密度。Banzhaf 和 Lavery（2010）基于宾夕法尼亚州的案例分析发现，分级税率是一种有效的抑制城市蔓延的手段，提高分级税率可以促进城市建设的密度。Nahlik 和 Chester（2014）以加利福尼亚州洛杉矶为例，评估了轻轨和快速公交等带来的环境效应和经济效应，认为 TOD 政策在降低消费者经济成本、减少能源消耗和空气污染物排放等方面发挥了积极作用。

（二）部分地区实践未能达到预期效果

既有的城市蔓延管控策略并非"万能钥匙"，在一些国家和地区的实践中出现了调控效果不佳的情形。宋彦、丁成日（2005）指出，韩国的绿带法案未能起到抑制城市蔓延和保护环境的效果，而且还出现绿带以外的土地开发无序扩张、城市土地价格上涨、居民可负担的住房短缺等负面效果。Man（1997）认为韩国首尔市的绿带政策加剧了城市拥堵，使中心城市与卫星城之间的通勤距离增加。Lin等（2005）指出，尽管美国华盛顿州西雅图市的城市增长边界政策实现了部分预期目标，但是边界外农村地区的低密度开发却变得更加严重，使乡村开放空间和自然栖息地的减少加剧。Hepinstall-Cymerman等（2013）针对20世纪90年代末美国华盛顿州增长管理法案中的城市增长边界政策，选择了六个县对城市增长边界实施前后的土地利用变化进行了评价，结果发现与城市增长管理的预期相反：案例县市的城市建设用地覆盖率从8%增加到19%，草地和农用地从11%减少到8%；边界外的城市建设用地增长比边界内更快，边界外的新开发项目也比边界内的新开发项目多。Khare和Beckman（2013）发现加拿大的精明增长政策实践没有达到预期的效果，并将其主要归咎于相互冲突的规划方针、地方政府和消费偏好、精明增长策略本身的局限性。

（三）对中国城市蔓延调控的启示

随着发展中国家对城市蔓延的日益重视，其城市规划与管理实践中也逐渐引入西方城市增长管理和精明增长理念（Horn，2015）。许多学者比较了中国和西方国家城市蔓延的差异，并初步探讨了西方城市蔓延控制策略的"中国化"（蒋芳等，2007b；张景奇、娄成武，2014）。孙萍等（2011）认为，中国和西方国家城市蔓延机理的差异决定了其控制对象有所不同：中国城市蔓延的产生多是由政府尤其是地方政府的决策引起的，因此需要完善相关政策体系，从根本上消除制度漏洞，有效监督地方政府行为，以确保城市蔓延政策的执行效率；中国住宅郊区化的主要原因是高房价造成的挤出效应，因此城市边缘地区的低地价应该成为调控主要针对的对象。他们还提出了将行政疏导型控制手段与市场引导型控制手段协调配合的建议。

除了国情差异，由于中国各个城市的地域差异巨大，如何针对城市之间以及城市内部的差异制定差别化的调控政策、选择适合的调控工具，是中国城市蔓延调控所面临的难题。王家庭等（2015）提出要对不同成本—收益类型的城市实行差异化的治理模式：高度协调的城市应采用空间管制分区与基本农田保护制度相结合的治理模式；中度协调城市重点采用空间管制分区工具，辅之以环城绿带工具；低度协调城市采用城市增长边界及城市建设用地总量控制两项工具，并将空间管制分区工具贯穿其中；弱度协调城市应以城市建设总量控制为整体指导工具，并结合环城绿带工具和基本农田保护制度工具。冯科等（2008）和吴次芳等（2009）认为，城市增长边界既要具有不可逾越的刚性，又要保留一定的弹性，可以随着城市发展进行必要的调整。他们还进一步提出，在需要保护的开放空间和农用地边缘划定刚性边界，而在生态环境承载力高、基础设施配套好、适宜进行大规模开发的地区划定弹性边界。

城市蔓延管控的政策工具有较强的环境依赖性。越来越多的学者和规划管理人员已经认识到不能只是照搬西方的成功经验，而要根据管控工具本身的作用和特点、治理地区的制度和经济特色，来选择合适的手段和配套政策。

第二节 转型期中国城市蔓延管控的政策成效

一 国内城市蔓延管控的实践

虽然目前中国尚未形成系统的城市蔓延调控政策体系（洪世键、张京祥，2012），但是陆续制定了一些十分严格的管控措施。中国的城市规划在控制性详细规划和空间管制规划上广泛借鉴了美国的区划以及城市增长边界等政策工具（宋彦等，2012），其规划体系中的禁建区、限建区与国外的城市增长边界具有一定的相似性（龙瀛等，2009；吴次芳等，2009）。在"多规合一"和国土空间规划制度改革之前，中国城市蔓延管控的实践主要有：城乡规划的"三区四线"；土地利用规划的土地用途管制、建设用地总量控制、基本农田保护、"三界四区"、土地利用年度计划；主体功能区规划和生态功能区规划等。

（一）城乡规划的"三区四线"

划定"三区四线"是城乡规划管理的重要手段。《城市规划编制办法》（2006）、《中华人民共和国城乡规划法》（2008）、《省域城镇体系规划编制审批办法》（2010）、《城市、镇控制性详细规划编制审批办法》（2011）和《城市绿（紫、黄、蓝）线管理办法》等法规法条和制度规定都明确了"三区"和"四线"在城乡规划中的基础地位。

"三区"是指禁建区、限建区、适建区。其中，禁建区是禁止城市建设开发活动的区域范围，主要包括基本农田、河道、水源地一级保护区、风景名胜区核心区、自然保护区核心区和缓冲区、森林湿地公园生态保育区和恢复重建区、地质公园核心区、道路红线、区域性市政走廊用地范围内、城市绿地、地质灾害易发区、矿产采空区、文物保护单位保护范围等；限建区是限制城市建设开发活动的区域范围，主要包括水源地二级保护区、地下水防护区、风景名胜区非核心区、自然保护区非核心区和缓冲区、森林公园、非生态保育区、湿地公园非保育区和恢复重建区、地质公园非核心区、海陆交界生态敏感区和灾害易发区、文物保护单位建设控制地带、文物地下埋藏区、机场噪声控制区、市政走廊预留和道路红线外控制区、矿产采空区外围、地质灾害低易发区、蓄滞洪区、行洪河道外围一定范围等；适建区是适宜开发建设的区域范围，即在已经划定为城市建设用地的区域，合理安排生产用地、生活用地和生态用地，合理确定开发时序、开发模式和开发强度。

"四线"是指绿线、蓝线、紫线、黄线。其中，绿线是城市各类绿地范围的控制线；蓝线是江、河、湖、库、渠和湿地等城市地表水体保护和控制的地域界线；紫线是国家历史文化名城内的历史文化街区和省、自治区、直辖市人民政府公布的历史文化街区的保护范围界线，以及城市历史文化街区外经县级以上人民政府公布保护的历史建筑的保护范围界线；黄线是对城市发展全局有影响、必须控制的城市基础设施用地的控制界线。

"三区"和"四线"都是优化空间配置、保护生态环境、引导城乡建设的规划手段和政策工具，"三区"侧重于省域、市域等宏观层面的管控，"四线"则更多关注城市街区、具体地块等微观层面的建设要求（梁占强，2016）。

（二）土地利用规划相关的调控政策

中国从1986年《中华人民共和国土地管理法》（以下简称《土地管理法》）开始实施土地利用总体规划制度，1998年修订后的《土地管理法》明确规定：国家实行土地用途管制制度。国家编制土地利用总体规划，规定土地用途，将土地分为农用地、建设用地和未利用地。严格限制农用地转为建设用地，控制建设用地总量，对耕地实行特殊保护。《土地管理法》还明确了严格控制耕地转为非耕地的制度、占用耕地补偿制度、基本农田保护制度等。基于土地利用总体规划的土地用途管制、建设用地总量控制和一系列耕地保护政策都与抑制城市扩张相关，根据规制手段可以分为定用途、定数量、定空间、定时间四类（彭錞，2017）。

1. 定用途：土地用途管制

土地用途管制是中国土地管理的根本制度，1998年修订的《土地管理法》正式确立了以土地用途管制为核心的新型土地管理制度，要求"使用土地的单位和个人必须严格按照土地利用总体规划确定的用途使用土地"。土地用途管制是指通过编制土地利用总体规划，划定土地用途区域，确定土地使用限制性条件（许迎春等，2015）。

在此过程中，还要对土地用途管制行为进行动态监测，以保证实践中能切实依照土地利用总体规划规定的用途来使用土地（张延昉，2011）。土地用途管制的内容包括土地利用方向管制、土地用途转用管制、土地利用程度管制和土地利用效益管制四个方面（张全景，2008）。

2. 定数量：耕地保有量和建设用地总量控制

在土地利用总体规划中的约束性指标包括耕地保有量、基本农田保护面积、城乡建设用地规模、新增建设占用耕地规模、整理复垦开发补充耕地义务量、人均城镇工矿用地等调控指标。以 2016 年《全国土地利用总体规划纲要（2006—2020 年）调整方案》为例，其要求到 2020 年，全国耕地保有量为 18.65 亿亩以上，基本农田保护面积为 15.46 亿亩以上，建设用地总规模控制在 61079 万亩之内。与这些约束性指标相关的制度内容已成体系，并且在一系列法律法条中被确立下来。在《中华人民共和国耕地占用税暂行条例》（1987 年 4 月）以及《中华人民共和国基本农田保护条例》（1994 年 8 月）等一系列法律法规中都强调了对耕地的保护。1998 年《土地管理法》中规定："各省、自治区、直辖市划定的基本农田应当占本行政区域内耕地的百分之八十以上"；"实行建设用地总量控制"；实行"耕地总量动态平衡的制度"，强调耕地占补平衡，要求非农业建设经批准占用耕地的占地单位，应按照"占多少，垦多少"的原则，负责开垦与所占用耕地的数量和质量相当的耕地。2000 年 11 月，国土资源部《关于加强土地管理促进小城镇健康发展的通知》中提出对"小城镇建设中镇域或县域范围内的用地总量进行控制"。2004 年 8 月修正的《土地管理法》对控制建设用地总量的规定更加具体明确："严格限制农用地转为建设用地，控制建设用地总量……地方各级人民政府编制的土地利用总体规划确定的控制指标，耕地保有量不得低于上一级土地利用总体规划确定的控制指标。" 2008 年《中共中央关于推进农村改革发展若干重大问题的决定》提出要"划定永久基本农田"，2011 年国土资源部、农业部联合发出的《关于加强和完善永久基本农田划定有关工作的通知》部署永久基本农田划定工作，2014年的《关于进一步做好永久基本农田划定工作的通知》要求在已有划定永久基本农田工作的基础上，将城镇周边、交通沿线现有易被占用的优质耕地优先划为永久基本农田。

3. 定空间："三界四区"

为加强对城乡建设用地的空间管制，2008年《全国土地利用总体规划纲要（2006—2020年）》中明确了建设用地空间管制的要求，提出要在土地利用总体规划中划定"三界"和"四区"。"三界"即城乡建设用地的规模边界、扩展边界、禁止建设边界。其中，规模边界是指按照城乡建设用地规模指标划定的城乡建设用地边界，即城、镇、村、工矿建设用地边界；扩展边界是指为适应城乡建设发展的不确定性，在城乡建设用地规模边界之外，在规划期内可供城乡建设选择布局的范围边界；禁止建设边界是指为了保护自然资源、生态、环境、景观等特殊需要，划定规划期内需要禁止各项建设的空间范围边界。"四区"即允许建设区、有条件建设区、限制建设区、禁止建设区。其中，允许建设区是规模边界以内的区域；有条件建设区是规模边界以外、扩展边界以内的区域；禁止建设区是禁止建设用地边界以内的区域；限制建设区则是指辖区范围内除允许建设区、有条件建设区、禁止建设区外的其他区域。

4. 定时间：土地利用年度计划

1998年修订的《土地管理法》提出了对土地利用年度计划的安排，要求根据国民经济和社会发展计划、国家产业政策、土地利用总体规划以及建设用地和土地利用的实际情况编制土地利用年度计划。1998年发布的《中华人民共和国土地管理法实施条例》第13条规定，土地利用年度计划应当包括农用地转用计划指标、耕地保有量计划指标、土地开发整理计划指标。土地利用年度计划是土地利用总体规划的分期形态，把整个规划期内的数量指标分解到每一年份落地（彭錞，2017），是对年度内各项用地数量（新增建设用地量、土地整理复垦开发补充耕地数量和耕地保有量等）的具体安排

（苗宏图，2013）。土地利用年度计划具有集权式的计划管理色彩，每年基层政府能够报审并实施的建设用地指标来自中央政府"计划指令"式逐级分解下达（陶然、汪晖，2010）。

（三）主体功能区规划

主体功能区规划以县级行政区为基本单元，编制国家和省份两级。国家于 2007 年启动了主体功能区划的编制工作，并于 2010 年 12 月颁布《全国主体功能区规划》。各省、自治区、直辖市人民政府按照《全国主体功能区规划》明确的原则和要求，编制完成省级主体功能区规划。主体功能区规划要求根据城市不同区域的资源禀赋、环境容量、生态状况、人口数量和现有开发密度与发展潜力，统筹考虑未来人口分布、经济布局、国土利用和城镇化格局，将国土空间划分为优化开发区域、重点开发区域、限制开发区域和禁止开发区域四类主体功能区，并据此引导开发方向，规范开发秩序，管制开发强度。2011 年，国家"十二五"规划纲要明确阐释了实施主体功能区战略的主要内容，并将主体功能区政策上升为国家战略。2016 年，国家"十三五"规划纲要提出"强化主体功能区作为国土空间开发保护基础制度的作用，加快完善主体功能区政策体系"。

二 蔓延管控"政策失灵"及其成因

（一）城市蔓延管控的"政策失灵"

中国实行严格的耕地保护制度，设置了城市规划、基本农田保护、空间用途管制和土地利用年度计划等一系列政策。然而，本书第五章揭示了中国主要大城市严峻的城市蔓延现状与趋势，用实践事实说明了中国当前的城市管控政策并没能成功遏制城市蔓延对农田和其他开放空间的快速侵占，这一发现与其他研究结论相一致（Ding, 2007; Tan et al., 2011; Zhang et al., 2014）。本书第七章对微观尺度城市蔓延影响因子的计量模型结果也揭示了土地利用规划因子对城市蔓延的影响作用最小，表明土地利用规划政策工具对蔓延的控制作用十分有限。

"规划跟着建设项目走"使规划政策的强制性和约束性减弱,土地利用总体规划和各类用地指标的频繁修改在主要城市的规划实践中十分普遍。其制度性的原因在于自上而下的土地利用规划模式,即国家向省级下达各项约束性指标,然后再从省级层面向下逐级层层分解到乡镇一级。这种自上而下、计划色彩的刚性指标分配模式带来了很大的弊端,上级政府与下级政府乃至用地单位存在用地需求的信息不对称。上级下达的指标屡屡被突破或者不达标,造成土地利用总体规划的宏观调控作用"失灵"。例如,在规划实施过程中,基本农田频繁调整和补划,使优质基本农田逐步被吞噬,基本农田"上山下滩"的问题突出(唐健、卢艳霞,2006)。

(二)城市蔓延管控中的矛盾与冲突

经济体制转型不仅改变了政府主体在城市开发中的行为选择,还改变了其在城市增长管理中的价值取向。在中国,城市蔓延管控的主体是政府,包括中央政府、地方各级政府以及不同政府部门,而用地单位对建设用地的需求会影响地方政府行为。本书认为,经济体制转型使中央政府、地方政府和不同部门在城市蔓延管控的价值取向产生分异,双方的利益博弈导致城市蔓延管控政策的失灵。

转型期中国城市增长管理主体与关系如图 8-1 所示。中央政府的宏观调控目标是实现开发与保护的整体协调与城市可持续发展,具体到空间管制的目标就是保护耕地、严格控制建设用地指标。因此,中央政府采取偏紧的城市增长管理政策,强调内涵式集约利用土地的开发模式(洪世键、张京祥,2012),通过出台各项严格的耕地保护政策法规和一系列约束性指标来抑制城市蔓延。

地方政府出于发展地方经济、迅速扩大城市规模的政绩冲动,与中央政府管控城市增长、保护耕地的管控目标之间产生冲突。随着土地供给和土地需求逐步走向市场化,加上"土地批租权"的下放,地方政府和官员不断加速土地非农化。当项目建设与土地利用总体规划相违背的时候，在保护耕地和发展经济的博弈中，地方政府发展经济、追求政绩的价值目标驱使它们的管理决策倒向大型建设项目的用地需求，而不是保护耕地。为了给一些不符合规划的大型项目放行，地方政府不惜以违反中央政府审批过的基本农田保护指标、城市总体规划和土地利用规划为代价，通过自行修改规划来满足城市建设和经济发展需求（Yue et al.，2013）。为了获得更多的建设指标，用地单位和地方政府还可能会向上一级政府虚报建设用地需求。地方政府对中央政府偏紧的管控政策不切实履行，使城市蔓延管控的效果大打折扣（洪世键、张京祥，2012）。

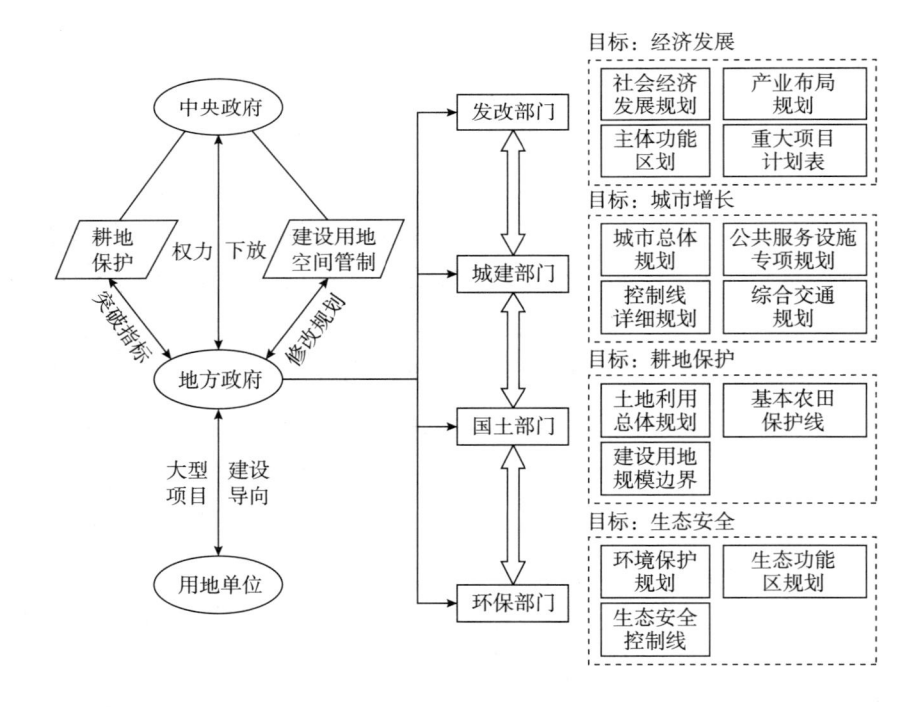

图8-1 转型期中国城市增长管理主体与关系

此外，在多重规划体系下，规划编制的权限分散在不同部门，不同编制主体的目标不同，容易各自为政。发改部门的目标是促进地方经济增长，是主体功能区规划的编制主体；城建部门的目标是推动城市建设、调整与优化城市空间结构，负责编制城市总体规划以及城市交通、公共服务等专项规划；国土部门以耕地保护为主要目标，编制土地利用总体规划，划定基本农田保护线和建设用地规模边界；环保部门出于生态安全保护的目标编制环境保护规划；还有矿产资源规划、经济开发园区规划、村镇规划等，都有不同的编制主体。由于各项规划编制主体的目标冲突，以及不同规划的期限、基础数据、编制标准、审批程序的差异，规划之间缺乏衔接协调，甚至相互矛盾。

三 "多规合一"与国土空间规划

所谓"多规合一"（也称为"多规融合"）是指将国民经济和社会发展规划、城乡规划、土地利用规划、生态环境保护规划等多个规划融合到一个区域上，实现一个市县一本规划、一张蓝图。该政策是为了解决各类规划自成体系、内容冲突、缺乏衔接等问题而提出的。2013年12月，中央城镇化工作会议中提出了"探索建立统一的空间规划体系，限定城市发展边界、划定城市生态红线、探索经济社会发展、城乡、土地利用规划的'三规合一'，形成一张蓝图加以落实"的总体要求。2014年3月，《国家新型城镇化规划（2014—2020）》提出，推动有条件地区的经济社会发展规划、城市规划、土地利用规划等"多规合一"。同年8月，国家发改委、国土资源部、环保部和住建部四部委联合下发《关于开展市县"多规合一"试点工作的通知》，提出在全国28个市县开展"多规合一"试点工作，通知要求合理确定规划期限、规划目标、规划任务及构建市县空间规划衔接协调机制等主要任务。

2016年发布的《全国土地利用总体规划纲要（2006—2020年）调整方案》中提出要加快划定永久基本农田、城市开发边界和生态保护红线，推进"多规合一"，坚持保护优先，建设用地安排要避让优质耕地、河道滩地、优质林地，合理安排生产、生活、生态用地空间。2017年《全国国土规划纲要（2016—2030年）》中提出要

"优化生产、生活、生态空间，推进生态文明建设，完善国土空间规划体系和提升国土空间治理能力"。2018年3月通过《深化党和国家机构改革方案》，组建自然资源部，并由其统一行使全民所有自然资源资产所有者职责以及所有国土空间用途管制和生态保护修复职责。国务院机构改革实现了规划权的高度统一，即将国家发改委的主体功能区规划，国土资源部的土地利用规划，住建部的城乡规划，国家海洋局的海洋规划，国家林业局和农业部的森林、湿地和草原规划等所有的空间上的规划职权都归属于自然资源部。2019年5月发布的《关于建立国土空间规划体系并监督实施的若干意见》提出：到2020年，基本建立国土空间规划体系，逐步建立"多规合一"的规划编制审批体系、实施监督体系、法规政策体系和技术标准体系，基本完成市县以上各级国土空间总体规划编制，初步形成全国国土空间开发保护"一张图"；到2025年，健全国土空间规划法规政策和技术标准体系，全面实施国土空间监测预警和绩效考核机制，形成以国土空间规划为基础，以统一用途管制为手段的国土空间开发保护制度；到2035年，全面提升国土空间治理体系和治理能力现代化水平，基本形成生产空间集约高效、生活空间宜居适度、生态空间山清水秀，安全和谐、富有竞争力和可持续发展的国土空间格局。同年新修订的《土地管理法》明确规定：国家建立国土空间规划体系；经依法批准的国土空间规划是各类开发、保护和建设活动的基本依据；已经编制国土空间规划的，不再编制土地利用总体规划和城乡规划。

从"多规合一"试点到机构改革再到新的土地管理法确立国土空间规划的法律地位，标志着国土空间规划新时代已经开启。但是，因为这些改革试点仍在陆续进行中，相关政策工具能否对抑制城市蔓延发挥积极有效的作用还有待将来考察。

第三节　城市蔓延治理思路与多导向的管控策略

一　转型期中国城市蔓延治理思路

通过上文对城市蔓延测度、城市蔓延机理解释以及"政策失灵"的原因分析，可以总结城市蔓延治理的主要思路，包含以下四点：(1) 在宏观层面，城市蔓延在不同地区、规模、社会经济发展阶段的城市之间存在明显的空间分异，需要基于动态监测实施宏观调控策略；(2) 在微观层面，城市蔓延在不同空间结构模式、空间区位、用地类型、空间载体之间的表现与演化趋势各异，需要差异化、精细化的治理措施；(3) 转型期各级政府和多元市场主体的交互作用共同驱动城市蔓延，以往仅强调政府一方对城市增长的管理显然不能起到很好的效果，需要构建一个系统化的、多方主体参与的蔓延管控体系，从政府单一主体的城市增长管理向多中心的空间治理模式转变；(4) 约束性指标频繁被突破、规划不断被修改，造成很多规划外的城市用地扩张发生，而造成"政策失灵"的原因是自上而下的规划模式的弊端以及城市蔓延管控中存在的目标冲突与矛盾，因此，从根源上有必要通过深化改革来协调城市蔓延管控中各方的利益冲突，在新构建的国土空间规划体系下重新梳理城市蔓延管控的主体、方法和内容。

二　多导向的城市蔓延管控体系

城市蔓延实时监测是蔓延管控的决策依据，抑制城市蔓延带来的负面效应是蔓延管控的目标，从城市蔓延的驱动机制入手是蔓延管控的根本，加强规制是蔓延管控的手段和抓手，"多中心"和差异化治理是蔓延管控的方向。分别从监测、效应、驱动、规制和治理五个方面提出城市蔓延管控的建议，形成了一个多导向的城市蔓延管控策略体系。

（一）监测导向

从管理者实时掌握城市蔓延现状的管理需求出发，搭建蔓延实时监测平台、建立奖惩制度，打造基于大数据的智慧城市。构建一套更加完善的多维多尺度城市蔓延测度体系，与高校或科研机构建立长期合作，逐渐建立起公开的城市蔓延实时监测数据平台，实现对全国重点城市的动态监测。该平台的打造将更好地服务于城市蔓延管控，一方面使管控政策的提出更加有的放矢，另一方面能够及时跟进观察管控政策的实施是否能够有效地遏制城市蔓延。为鼓励地方政府实施中央政府制定的管控政策，抑制外延型扩张的政绩冲动，可以建立奖惩机制，根据实时监测结果，对城市蔓延管控实施效果较好的城市加以不同形式的奖励。

（二）效应导向

从预防和治理城市蔓延对社会—经济—生态产生负面影响的目标出发，制定环境保护、生态补偿机制、房价监控、完善公共交通实现公共服务均等化等详细策略。城市蔓延作为一种低效、过度的城市扩张方式，不仅对城市的社会经济发展产生了明显的影响，也对生态环境产生了不可估量的作用。其中，房价、交通出行、环境质量等都是最受关注的民生大事，从加强环境保护、构建生态补偿机制、房价监控、完善公共交通、配套城市公共服务等方面入手，可以有效地抑制城市蔓延可能带来的环境污染、生态破坏、交通拥堵、房价高涨、用地低效、空城和"鬼城"等负面影响。

（三）驱动导向

从蔓延形成的根本驱动因子出发，以深化土地制度改革、完善土地市场为抓手治理城市蔓延。地方政府高度趋利主导城市空间向外开发，开发商和个人投资者跟风投资房地产，开发区和企业圈地囤地，新城开发过剩等都是中国城市蔓延的驱动因素，尤其是地方政府的决策在其中起主导作用。因此，需要完善城乡土地二元市场、农村土地征收制度等相关的政策体系，尽可能地消除制度体系中的漏洞，同时对地方政府的行为进行有效监管，以确保城市蔓延政策的执行效率。

（四）规制导向

以改进中国城市增长管理现有工具政策为导向，依托"多规合一"和国土空间规划编制试点的推进，逐渐明确国土空间规划体系下城市蔓延管控的主体、方法与内容。基于国土空间规划试点实践中对"双评价"、"三区"（城镇空间、生态空间、农业空间）和"三线"（城镇开发边界、生态保护红线、永久基本农田）、底线思维、用途管制等关键内容的经验积累，完善城市蔓延管控的规制政策和配套保障。

（五）治理导向

顺应治理主体多元化的转型趋势，改善"政府本位主义"的管理理念、过于注重"经济指标"的管理目标、过于依赖行政强制和行政命令的管理方式以及缺少公众参与等问题。在治理导向下，城市蔓延的管控策略应从调整和转变政府行政模式的管理理念，拓宽公众参与渠道，培育和加强非政府组织和公民参与城市规划管理等方面展开。

本章小结

本章总结了西方城市蔓延调控的经验启示，着重分析了转型期中国城市蔓延管控的内在逻辑，并揭露了管控"政策失灵"的根本原因。在原有的规划体系下，城市规划、基本农田保护、空间用途管制和土地利用年度计划等一系列保护耕地、控制城市建设无序扩张的政策，在遏制城市蔓延方面没有发挥应有的作用。在促进经济快速增长、扩大城市竞争力的政绩目标驱动下，地方政府与以管控城市增长、保护耕地为价值目标的中央政府之间存在利益冲突。地方政府经常通过突破指标、修改规划来满足大型建设项目的用地需求。通过深化改革来协调国土空间管理中各方之间的利益冲突，构建一个系统化的、多方主体参与的蔓延管控体系，是未来城市蔓延调控的主要方向。

参考文献

一 中文文献

Oliva, F.、Facchinetti, M.、Fedeli, V.、刘川:《关于城市蔓延和交通规划的政治与政策》,《国际城市规划》2002年第6期。

曹均伟、李凌:《经济学的定性分析与定量分析:争论与融合》,《上海立信会计学院学报》2007年第3期。

常晨、陆铭:《新城:造城运动为何引向债务负担》,《学术月刊》2017年第10期。

陈虎、张京祥、朱喜钢、崔功豪:《关于城市经营的几点再思考》,《城市规划汇刊》2002年第4期。

陈嘉平:《新马克思主义视角下中国新城空间演变研究》,《城市规划学刊》2013年第4期。

陈建华:《我国城市蔓延问题成因分析》,《现代经济探讨》2009年第4期。

陈建华:《中国三大都市圈城市蔓延研究》,上海社会科学院出版社2017年版。

陈鹏:《基于土地制度视角的我国城市蔓延的形成与控制研究》,《规划师》2007年第3期。

陈鹏:《中国土地制度下的城市空间演变》,中国建筑工业出版社2009年版。

陈启明、陈华友:《改进的熵值法在确定组合预测权系数中的应用》,《统计与决策》2011 年第 13 期。

陈伟、夏建华:《综合主、客观权重信息的最优组合赋权方法》,《数学的实践与认识》2007 年第 1 期。

陈文娟:《TOD 模式对新城空间形态组织的影响研究——以北京市重点新城为例》,硕士学位论文,北京大学,2009 年。

陈扬科:《从蔓延到多中心集聚——演变机制及对城市生产率的影响》,硕士学位论文,南京大学,2017 年。

陈洋、李立勋、许学强:《1960 年代以来西方城市蔓延研究进展》,《世界地理研究》2007 年第 3 期。

丁成日:《美国土地开发权转让制度及其对中国耕地保护的启示》,《中国土地科学》2008a 年第 3 期。

丁成日:《增长、结构和效率——兼评中国城市空间发展模式》,《规划师》2008b 年第 12 期。

丁娇:《城市地价与凸壳识别的城市用地空间扩展类型关系研究》,硕士学位论文,河北师范大学,2011 年。

董爽、袁晓勐:《城市蔓延与节约型城市建设》,《规划师》2006 年第 5 期。

董昕:《城市住宅区位及其影响因素分析》,《城市规划》2001 年第 2 期。

[美] 杜安伊、普拉特-兹伊贝克、斯佩克:《郊区国家:蔓延的兴起与美国梦的衰落》,苏薇等译,华中科技大学出版社 2008 年版。

杜志威、李郇:《收缩城市的形成与规划启示——基于新马克思主义城市理论的视角》,《规划师》2017 年第 1 期。

方创琳、祁巍锋:《紧凑城市理念与测度研究进展及思考》,《城市规划学刊》2007 年第 4 期。

冯健:《转型期中国城市内部空间重构》,科学出版社 2004 年版。

冯科:《城市用地蔓延的定量表达、机理分析及其调控策略研究——以杭州市为例》，博士学位论文，浙江大学，2010年。

冯科、吴次芳、韩昊英：《国内外城市蔓延的研究进展及思考——定量测度内在机理及调控策略》，《城市规划学刊》2009年第2期。

冯科、吴次芳、韦仕川、刘勇：《城市增长边界的理论探讨与应用》，《经济地理》2008年第3期。

傅建春、李钢、赵华、张季一：《中国城市人口与建成区土地面积异速生长关系分析——基于652个设市城市的实证研究》，《中国土地科学》2015年第2期。

［英］格迪斯：《进化中的城市：城市规划与城市研究导论》，李浩等译，中国建筑工业出版社2012年版。

贡瀛翰：《论帕特里克·格迪斯有机的城市观》，硕士学位论文，上海师范大学，2014年。

谷凯：《北美的城市蔓延与规划对策及其启示》，《城市规划》2002年第12期。

顾朝林：《北京土地利用/覆盖变化机制研究》，《自然资源学报》1999年第4期。

顾朝林、陈振光：《中国大都市空间增长形态》，《城市规划》1994年第18期。

顾朝林、甄峰、张京祥：《集聚与扩散：城市空间结构新论》，东南大学出版社2000年版。

官玉洁：《渭南市城市空间扩展的土地利用效率研究》，硕士学位论文，西安建筑科技大学，2013年。

韩静、芮旸、杨坤、刘薇、马滕：《基于地理探测器和GWR模型的中国重点镇布局定量归因》，《地理科学进展》2020年第10期。

韩婷：《空间生产视角下城市空间扩展研究——以济南市城市空间演变为例》，硕士学位论文，山东大学，2018年。

郝书辰、李军杰：《土地征用、城建打捆项目融资与开发区热》，《东岳论丛》2004年第3期。

郝晓斌、章明卓：《沙里宁有机疏散理论研究综述》，《山西建筑》2014 年第 35 期。

何秉孟：《再论新自由主义的本质》，《当代经济研究》2015 年第 2 期。

何刚：《近代视角下的田园城市理论研究》，硕士学位论文，四川大学，2007 年。

何志军、钱检、黄扬飞：《大学城的土地空间布局模式探讨——以杭州大学城为例》，《规划师》2005 年第 4 期。

洪世键、张京祥：《城市蔓延机理与治理：基于经济与制度的分析》，东南大学出版社 2012 年版。

胡晓添：《区域土地利用效率研究——以江苏省南通市为例》，博士学位论文，南京大学，2011 年。

黄慧明、Sam Casella. Faicp. PP：《美国"精明增长"的策略、案例及在中国应用的思考》，《现代城市研究》2007 年第 5 期。

黄明华、寇聪慧、屈雯：《寻求"刚性"与"弹性"的结合——对城市增长边界的思考》，《规划师》2012 年第 3 期。

黄秋霞：《新自由主义研究》，硕士学位论文，西南大学，2006 年。

黄晓军、李诚固、黄馨：《长春城市蔓延机理与调控路径研究》，《地理科学进展》2009 年第 1 期。

姜春云：《跨入生态文明新时代——关于生态文明建设若干问题的探讨》，《求是》2008 年第 21 期。

蒋芳、刘盛和、袁弘：《北京城市蔓延的测度与分析》，《地理学报》2007a 年第 6 期。

蒋芳、刘盛和、袁弘：《城市增长管理的政策工具及其效果评价》，《城市规划学刊》2007b 年第 1 期。

金国利、李静江编著：《西方经济学说史与当代流派》，华文出版社 1999 年版。

金经元：《再谈霍华德的明日的田园城市》，《国外城市规划》

1996 年第 4 期。

靳相木、沈子龙：《国外土地发展权转让理论研究进展》，《经济地理》2010 年第 10 期。

孔令琦：《城市交通导向型发展（TOD）及其成效评价研究》，硕士学位论文，长安大学，2013 年。

李柏洲、徐广玉、苏屹：《基于组合赋权模型的区域知识获取能力测度研究——31 个省市自治区视阈的实证分析》，《中国软科学》2013 年第 12 期。

李博：《绿色基础设施与城市蔓延控制》，《城市问题》2009 年第 1 期。

李春林、刘淼、胡远满、徐岩岩、孙凤云：《基于增强回归树和 Logistic 回归的城市扩展驱动力分析》，《生态学报》2014 年第 3 期。

李红：《我国开发区布局及土地利用现状分析与研究》，《中国土地科学》1998 年第 3 期。

李鸿有：《当代美国大都市区分区规划制的实施及影响》，硕士学位论文，东北师范大学，2009 年。

李江：《基于 GIS 的城市空间形态定量研究及多尺度描述》，博士学位论文，武汉大学，2003 年。

李倞、秦柯：《浅析卫星城市规划理论》，《山西建筑》2008 年第 4 期。

李橘云、马小毅：《交通引导发展（TOD）模式在广州市的实践与探讨》，《城市轨道交通研究》2015 年第 8 期。

李峻峰：《大学城建设与城市可持续发展良性互动研究》，《华中科技大学学报（城市科学版）》2007 年第 1 期。

李强等：《多元城镇化与中国发展：战略及推进模式研究》，社会科学文献出版社 2013 年版。

李强、戴俭：《规划制度安排与"绿带"政策的绩效：伦敦与北京的比较》，《城市发展研究》2005 年第 6 期。

李强、戴俭：《西方城市蔓延治理路径演变分析》，《城市发展研究》2006 年第 4 期。

李强、高楠：《城市蔓延的生态环境效应研究——基于 34 个大中城市面板数据的分析》，《中国人口科学》2016 年第 6 期。

李强、刘安国、朱华晟：《西方城市蔓延研究综述》，《外国经济与管理》2005 年第 10 期。

李强、杨开忠：《城市蔓延》，机械工业出版社 2007 年版。

李珊珊：《基于精明增长理论的城市土地集约化利用策略研究》，硕士学位论文，华中科技大学，2007 年。

李万峰：《卫星城理论的产生、演变及对我国新型城镇化的启示》，《经济研究参考》2014 年第 41 期。

李效顺、曲福田、陈友偲、牟守国：《经济发展与城市蔓延的 Logistic 曲线假说及其验证——基于华东地区典型城市的考察》，《自然资源学报》2012 年第 5 期。

李效顺、曲福田、张绍良、汪应宏：《基于国际比较与策略选择的中国城市蔓延治理》，《农业工程学报》2011 年第 10 期。

李彦军：《精明增长与城市发展：基于城市生命周期的视角》，《中国地质大学学报》（社会科学版）2009 年第 1 期。

李一曼、修春亮、其布日、陈晨：《长春城市蔓延测度与治理对策研究》，《地域研究与开发》2013 年第 2 期。

李一曼、修春亮、魏冶、孙平军：《长春城市蔓延时空特征及其机理分析》，《经济地理》2012 年第 5 期。

梁辰、王诺：《基于 Logistic 回归的沿海经济区建设用地演变驱动因素研究——以大连市新市区为例》，《地理科学》2014 年第 5 期。

梁占强：《城市增长边界的国际经验及对中国的启示》，硕士学位论文，河北师范大学，2016 年。

廖莹：《城市规划理论在我国实践中的运用——以卫星城理论为例》，《安徽农业科学》2012 年第 8 期。

刘芳：《北京城市蔓延的特征及成因分析》，硕士学位论文，北京交通大学，2010年。

刘纪远、匡文慧、张增祥、徐新良、秦元伟、宁佳、周万村、张树文、李仁东：《20世纪80年代末以来中国土地利用变化的基本特征与空间格局》，《地理学报》2014年第1期。

刘纪远、战金艳、邓祥征、战金艳：《经济改革背景下中国城市用地扩展的时空格局及其驱动因素分析》，《AMBIO-人类环境杂志》2005年第4期。

刘卫东、谭韧骠：《杭州城市蔓延评估体系及其治理对策》，《地理学报》2009年第4期。

刘勇、岳文泽、范蓓蕾：《快速城市化下的土地利用：格局、效应与政策》，科学出版社2019年版。

龙瀛、韩昊英、毛其智：《利用约束性CA制定城市增长边界》，《地理学报》2009年第8期。

陆青：《大学城与城市新区发展》，《东北大学学报》（社会科学版）2003年第2期。

罗显正：《多中心城市空间结构的演化及规划干预研究》，硕士学位论文，重庆大学，2014年。

罗仲伟：《新中国企业规模演变的历史轨迹》，《学习与探索》2009年第5期。

吕斌、徐勤政：《我国应用城市增长边界（UGB）的技术与制度问题探讨》，《规划创新：2010中国城市规划年会论文集》，2010年。

苗宏图：《土地利用年度计划指标分解研究——以榆林市为例》，硕士学位论文，南京农业大学，2013年。

牟凤云、张增祥、谭文彬：《基于遥感和GIS的重庆市近30年城市形态演化特征分析》，《云南地理环境研究》2008年第5期。

［美］R.E.帕克、E.N.伯吉斯、R.D.麦肯齐：《城市社会学——芝加哥学派城市研究》，宋俊岭、郑也夫译，商务印书馆2012年版。

潘聪林、韦亚平：《"城中村"研究评述及规划政策建议》，《城市规划学刊》2009年第2期。

彭錞：《中国集体土地征收决策机制：现状、由来与前景》，《华东政法大学学报》2017年第1期。

秦蒙、刘修岩：《城市蔓延是否带来了我国城市生产效率的损失？——基于夜间灯光数据的实证研究》，《财经研究》2015年第7期。

饶传坤、韩卫敏：《我国城市蔓延研究进展与思考》，《城市规划学刊》2011年第5期。

任春洋：《新开发大学城地区土地空间布局规划模式探析》，《城市规划学刊》2003年第4期。

沈清基：《新城市主义的生态思想及其分析》，《城市规划》2001年第11期。

沈山、秦萧：《国外城市服务边界研究进展及启示》，《城市与区域规划研究》2012年第2期。

石忆邵：《从单中心城市到多中心域城市——中国特大城市发展的空间组织模式》，《城市规划汇刊》1999年第3期。

史守正、石忆邵：《城市蔓延的多维度思考》，《人文地理》2017年第4期。

宋彦、丁成日：《韩国之绿化带政策及其评估》，《城市发展研究》2005年第5期。

宋彦、许杰兰、张永平：《城乡规划纳入公共政策：城市增长管理政策工具经验》，《〈规划师〉论丛》2012年第1期。

宋逸：《田园城市理论及其实践历史》，硕士学位论文，上海师范大学，2014年。

苏建忠：《广州城市蔓延机理与调控措施研究》，博士学位论文，中山大学，2006年。

孙斌栋、魏旭红等：《中国城市区域的多中心空间结构与发展战略》，科学出版社2016年版。

孙超英、赵芮：《中国城市发展道路探析——基于城市发展"三大宪章"的演进逻辑》，《四川行政学院学报》2016年第3期。

孙丽蓉、周冬梅、岑国璋、马静、党锐、倪帆、张军：《基于地理探测器模型的疏勒河流域景观生态风险评价及驱动因素分析》，《干旱区地理》2021年第5期。

孙平军、封小平、孙弘、修春亮：《2000—2009年长春、吉林城市蔓延特征、效应与驱动力比较研究》，《地理科学进展》2013年第3期。

孙萍、唐莹、Mason, R. J.、张景奇：《国外城市蔓延控制及对我国的启示》，《经济地理》2011年第5期。

唐彬杰：《川东北核心城市空间扩展及影响机制研究——以达州为例》，硕士学位论文，四川师范大学，2018年。

唐健、卢艳霞等编著：《我国耕地保护制度研究理论与实证》，中国大地出版社2006年版。

陶然、陆曦、苏福兵、汪晖：《地区竞争格局演变下的中国转轨：财政激励和发展模式反思》，《经济研究》2009年第7期。

陶然、汪晖：《中国尚未完成之转型中的土地制度改革：挑战与出路》，《国际经济评论》2010年第2期。

田媛、许月卿、郭洪峰、吴艳芳：《基于多分类Logistic回归模型的张家口市农用地格局模拟》，《资源科学》2012年第8期。

童大焕：《中国城市的死与生：走出费孝通陷阱》，东方出版社2014年版。

王成超、黄民生：《我国大学城的空间模式及影响因素》，《经济地理》2006年第3期。

王春杨：《我国城市蔓延问题的经济学分析和对策》，硕士学位论文，重庆大学，2008年。

王国爱、李同升：《"新城市主义"与"精明增长"理论进展与评述》，《规划师》2009年第4期。

王慧：《新城市主义的理念与实践、理想与现实》，《国际城市规划》2002 年第 3 期。

王济川、郭志刚：《Logistic 回归模型：方法与应用》，高等教育出版社 2001 年版。

王家庭：《快速城市化时期中国城市蔓延的理论与实证研究》，人民出版社 2020 年版。

王家庭、谢郁、马洪福、蔡思远：《中国城市蔓延的多指标指数测度研究——基于快速城镇化的背景》，《城市规划》2019 年第 6 期。

王家庭、张邓斓、赵丽：《我国城市蔓延的成本——收益测度与治理模式选择》，《城市问题》2015 年第 7 期。

王家庭、张俊韬：《中国城市蔓延测度：基于 35 个大中城市面板数据的实证研究》，《经济学家》2010 年第 10 期。

王家庭、赵丽、冯树、赵运杰：《城市蔓延的表现及其对生态环境的影响》，《城市问题》2014 年第 5 期。

王劲峰、徐成东：《地理探测器：原理与展望》，《地理学报》2017 年第 1 期。

王楠：《国有土地有偿使用制度研究》，硕士学位论文，中国海洋大学，2009 年。

王伟：《基于地理探测器模型的中亚 NDVI 时空变化特征及其驱动因子分析》，《国土资源遥感》2019 年第 4 期。

韦亚平、王纪武：《城市外拓和地方城镇蔓延——中国大城市空间增长中的土地管制问题及其制度分析》，《中国土地科学》2008 年第 4 期。

王颖、顾朝林、李晓江：《中外城市增长边界研究进展》，《国际城市规划》2014 年第 4 期。

魏守华、陈扬科、陆思桦：《城市蔓延、多中心集聚与生产率》，《中国工业经济》2016 年第 8 期。

翁羽：《城市增长管理理论及其对中国的借鉴意义》，《城市》2007 年第 4 期。

邬建国：《景观生态学：格局、过程、尺度与等级》，高等教育出版社 2007 年版。

吴次芳、韩昊英、赖世刚：《城市空间增长管理：工具与策略》，《规划师》2009 年第 8 期。

吴冬青、冯长春、党宁：《美国城市增长管理的方法与启示》，《城市问题》2007 年第 5 期。

吴国强、余思澄、王振健：《上海城市环城绿带规划开发理念初探》，《城市规划》2001 年第 4 期。

吴良镛：《芒福德的学术思想及其对人居环境学建设的启示》，《城市规划》1996 年第 1 期。

夏书章、王枫云：《中国城市郊区化进程中的无序蔓延表征、隐患及政府应对策略》，《行政论坛》2010 年第 1 期。

谢花林、李波：《基于 logistic 回归模型的农牧交错区土地利用变化驱动力分析——以内蒙古翁牛特旗为例》，《地理研究》2008 年第 2 期。

熊国平：《当代中国城市形态演变》，中国建筑工业出版社 2006 年版。

徐莹：《大学城规划建设研究综述与展望》，《南方建筑》2016 年第 1 期。

许佩倩：《土地集约利用与开发区的可持续发展》，《现代经济探讨》2004 年第 11 期。

许学强、周一星、宁越敏编著：《城市地理学》（第二版），高等教育出版社 2009 年版。

许迎春、刘琦、文贯中：《我国土地用途管制制度的反思与重构》，《城市发展研究》2015 年第 7 期。

续子林：《城市混合用地规划问题研究——以济南市为例》，硕士学位论文，山东师范大学，2014 年。

闫兵：《我国高密度人居环境下紧凑城市建设模式及规划应对》，硕士学位论文，重庆大学，2012 年。

阎川：《开发区蔓延反思及控制》，中国建筑工业出版社 2008 年版。

杨书航：《基于紧凑思想的城市更新策略研究——以天河客运站片区为例》，硕士学位论文，华南理工大学，2020 年。

杨小鹏：《英国的绿带政策及对我国城市绿带建设的启示》，《国际城市规划》2010 年第 1 期。

杨长明：《论卫星城与中国城市发展》，《江汉论坛》1995 年第 10 期。

杨振山、蔡建明：《国外多中心规划理念与发展经验对中国的借鉴作用》，《国际城市规划》2008 年第 4 期。

尧亮：《城市蔓延的定量测量》，硕士学位论文，华东师范大学，2009 年。

叶锦远：《国外城市空间结构理论简介》，《外国经济与管理》1985 年第 6 期。

由嘉欣：《沙里宁有机疏散理论与多中心城市格局——以济南多中心城市格局为例》，《城市住宅》2021 年第 7 期。

于文波、刘晓霞、王竹：《美国城市蔓延之后的规划运动及其启示》，《人文地理》2004 年第 19 期。

岳文泽、吴桐、刘学、张琳琳、吴次芳、叶艳妹、郑国轴：《中国大城市蔓延指数的开发》，《地理学报》2020 年第 12 期。

张昌娟、金广君：《论紧凑城市概念下城市设计的作为》，《国际城市规划》2009 年第 6 期。

张进：《美国的城市增长管理》，《国际城市规划》2002 年第 2 期。

张京祥、冯灿芳、陈浩：《城市收缩的国际研究与中国本土化探索》，《国际城市规划》2017 年第 5 期。

张景奇、娄成武：《中美城市蔓延特征差异对比及对中国蔓延治理的启示》，《资源科学》2014 年第 10 期。

张坤：《城市蔓延度量方法综述》，《国际城市规划》2007 年第

2 期。

张亮、岳文泽、刘勇:《多中心城市空间结构的多维识别研究——以杭州为例》,《经济地理》2017 年第 6 期。

张琳琳:《转型期中国城市蔓延的多尺度测度、内在机理与管控研究》,博士学位论文,浙江大学,2018 年。

张琳琳、岳文泽、范蓓蕾:《中国大城市蔓延的测度研究——以杭州市为例》,《地理科学》2014 年第 4 期。

张清勇:《中国地方政府竞争与工业用地出让价格》,《制度经济学研究》2006 年第 1 期。

张全景、欧名豪:《中国土地用途管制制度的耕地保护绩效研究》,商务印书馆 2008 年版。

张舒:《西方城市地域结构理论的评介》,《辽宁大学学报》(哲学社会科学版) 2001 年第 5 期。

张庭伟:《控制城市用地蔓延:一个全球的问题》,《城市规划》1999 年第 8 期。

张威:《美国区域规划协会研究》,硕士学位论文,华东师范大学,2008 年。

张雯:《美国的"精明增长"发展计划》,《现代城市研究》2001 年第 5 期。

张潇、陆林、任以胜、徐雨晨、张海洲:《中国城市蔓延的时空演变格局及其影响因素》,《经济地理》2021 年第 3 期。

张晓青、郑小平:《日本城市蔓延及治理》,《城市发展研究》2009 年第 2 期。

张延昉:《我国土地用途管制制度实施中的不足及完善对策》,硕士学位论文,郑州大学,2011 年。

赵和生:《城市规划与城市发展》,东南大学出版社 1999 年版。

郑红玉:《土地混合利用多尺度测度的理论和方法研究:以上海市为例》,博士学位论文,浙江大学,2018 年。

郑江淮、高春亮、张宗庆、刘健:《国际制造业资本转移:动因、技术学习与政策导向——以江苏沿江开发区产业配套为例的实证研究》,《管理世界》2004年第11期。

郑长德、钟海燕主编:《现代西方城市经济理论》,经济日报出版社2007年版。

中国社会科学院课题组:《新自由主义研究》,《经济学家》2004年第2期。

中国社会科学院"新自由主义"研究课题组:《关于"新自由主义"研究》,《社会科学管理与评论》2003年第4期。

周小平、王情、谷晓坤、钱辉:《基于Logistic回归模型的农户宅基地置换效果影响因素研究——以上海市嘉定区外冈镇宅基地置换为例》,《资源科学》2015年第2期。

诸大建、刘冬华:《管理城市成长:精明增长理论及对中国的启示》,《同济大学学报》(社会科学版)2006年第4期。

宗仁:《霍华德"田园城市"理论对中国城市发展的现实借鉴》,《现代城市研究》2018年第2期。

曾晨:《城市蔓延的多层次多维度测度和多尺度多策略空间回归建模》,科学出版社2016年版。

曾九利:《成都市城市空间结构研究》,硕士学位论文,重庆大学,2006年。

曾晓文:《基于紧凑城市理论的产业新城空间规划研究——以广州知识城为例》,硕士学位论文,华南理工大学,2020年。

二 外文文献

Airoldi, L., Turon, X., Perkol-Finkel, S., Rius, M., "Corridors for Aliens but Not for Natives: Effects of Marine Urban Sprawl at a Regional Scale", *Diversity and Distributions*, Vol. 21, 2015.

Alonso, W., *Location and Land Use*, Cambridge, MA: Harvard University Press, 1964.

Amarawickrama, S., Singhapathirana, P., Rajapaksha, N., "Defining Urban Sprawl in the Sri Lankan Context: With Special Reference to the Colombo Metropolitan Region", *Journal of Asian and African Studies*, Vol. 50, No. 5, 2015.

Amati, M., Yokohari, M., "The Establishment of the London Greenbelt: Reaching Consensus over Purchasing Land", *Journal of Planning History*, Vol. 6, No. 4, 2007.

Anas, A., Arnott, R., Small, K. A., "Urban Spatial Structure", *Journal of Economic Literature*, Vol. 36, No. 3, 1998.

Anderson, W. P., Kanaroglou, P. S., Miller, E. J., "Urban Form, Energy and the Environment: A Review of Issues, Evidence and Policy", *Urban Studies*, Vol. 33, No. 1, 1996.

Arribas-Bel, D., Nijkamp, P., Scholten, H., "Multidimensional Urban Sprawl in Europe: A Self-Organizing Map Approach", *Computers, Environment and Urban Systems*, Vol. 35, No. 4, 2011.

Artmann, M., Inostroza, L., Fan, P., "From Urban Sprawl to Compact Green Cities: Advancing Multi-Scale and Multi-Dimensional Analysis", *Ecological Indicators*, Vol. 96, 2019.

Bae, C. H. C., *Urban Sprawl in Western Europe and the United States*, London: Routledge, 2004.

Banzhaf, H. S., Lavery, N., "Can the Land Tax Help Curb Urban Sprawl? Evidence from Growth Patterns in Pennsylvania", *Journal of Urban Economics*, Vol. 67, No. 2, 2010.

Bart, I. L., "Urban Sprawl and Climate Change: A Statistical Exploration of Cause and Effect, with Policy Options for the EU", *Land Use Policy*, Vol. 27, No. 2, 2010.

Batty, M., Longley, P., *Fractal Cities: A Geometry of Form and Function*, Academic Press Professional, Inc., 1994.

Batty, M., Xie, Y., Sun, Z., "The Dynamics of Urban Sprawl (CASA Working Papers 15)", London: Centre for Advanced Spatial

Analysis, 1999.

Batty, M. , Besussi, E. , Chin, N. , "Traffic, Urban Growth and Suburban Sprawl (CASA Working Papers 70) ", London: Centre for Advanced Spatial Analysis (UCL), 2003.

Bengston, D. , Fletcher, J. , Nelson, K. , "Public Policies for Managing Urban Growth and Protecting Open Space: Policy Instruments and Lessons Learned in the United States", *Landscape and Urban Planning*, Vol. 69, No. 2-3, 2004.

Bengston, D. , Youn, Y. C. , "Urban Containment Policies and the Protection of Natural Areas: The Case of Seoul's Greenbelt", *Ecology and Society*, Vol. 11, No. 1, 2006.

Bernhardt, J. , Urban Sprawl: Origins and Environmental Consequences, Master Thesis, Blekinge Institute of Technology, 2007.

Bertaud, A. , Brueckner, J. K. , "Analyzing Building-Height Restrictions: Predicted Impacts and Welfare Costs", *Regional Science and Urban Economics*, Vol. 35, No. 2, 2005.

Bhatta, B. , *Analysis of Urban Growth and Sprawl from Remote Sensing Data*, Berlin, Heidelberg: Springer-Verlag, 2010.

Bhatta, B. , Saraswati, S. , Bandyopadhyay, D. , "Urban Sprawl Measurement from Remote Sensing Data", *Applied Geography*, Vol. 30, No. 4, 2010.

Bibby, P. , "Land Use Change in Britain", *Land Use Policy*, Vol. 26, Supplement 1, 2009.

Braimoh, A. , Onishi, T. , "Spatial Determinants of Urban Land Use Change in Lagos, Nigeria", *Land Use Policy*, Vol. 24, No. 2, 2007.

Breckenfeld, G. , "Coping with City Shrinkage", *Civil Engineering—ASCE*, Vol. 48, No. 11, 1978.

Breheny, M. , "Urban Compaction: Feasible and Acceptable?", *Cities*, Vol. 14, No. 4, 1997.

Bresson, G., Madre, J. L., Pirotte, A., "Is Urban Sprawl Stimulated by Economic Growth? A Hierarchical Bayes Estimation on the Largest Metropolitan Areas in France", Working Papers ERMES, 2004.

Brueckner, J. K., Fansler, D. A., "The Economics of Urban Sprawl: Theory and Evidence on the Spatial Sizes of Cities", *Review of Economics and Statistics*, Vol. 65, No. 3, 1983.

Brueckner, J. K., "Urban Sprawl: Diagnosis and Remedies", *International Regional Science Review*, Vol. 23, No. 2, 2000.

Brueckner, J. K., Thisse, J. F., Zenou, Y., "Why is Central Paris Rich and Downtown Detroit Poor? An Amenity-Based Theory", *European Economic Review*, Vol. 43, No. 1, 1999.

Bruegmann, R., *Sprawl: A Compact History*, University of Chicago Press, 2005.

Bui, D. T., Lofman, O., Revhaug, I., Dick, O., eds., "Landslide Susceptibility Analysis in the Hoa Binh Province of Vietnam Using Statistical Index and Logistic Regression", *Natural Hazards*, Vol. 59, No. 3, 2011.

Bullard, R. D., Johnson, G. S., Torres, A. O., eds., *Sprawl City: Race, Politics, and Planning in Atlanta*, Washington, DC: Island Press, 2000.

Burchell, R. W., Shad, N., Listokin, D., Phillips, H., Downs, A., Seskin, S., Davis, J., Moore, T., Helton, D., Gall, M., *The Costs of Sprawl—Revisited*, Transit Cooperative Research Program (TCRP) Report 39, Washington, D. C.: National Academy Press, 1998.

Burge, G. S., Ihlanfeldt, K. R., "Promoting Sustainable Land Development Patterns through Impact Fee Programs", *Cityscape*, Vol. 15, No. 1, 2013.

Burton, E., "The Compact City: Just or Just Compact? A Preliminary Analysis", *Urban Studies*, Vol. 37, No. 11, 2000.

Camagni, R., Gibelli, M. C., Rigamonti, P., "Urban Mobility and Urban Form: The Social and Environmental Costs of Different Patterns of Urban Expansion", *Ecological Economics*, Vol. 40, No. 2, 2002.

Carruthers, J., Ulfarsson, G., "Fragmentation and Sprawl: Evidence from Interregional Analysis", *Growth and Change*, Vol. 33, No. 3-4, 2002.

Catalán, B., Saurí, D., Serra, P., "Urban Sprawl in the Mediterranean? Patterns of Growth and Change in the Barcelona Metropolitan Region 1993-2000", *Landscape and Urban Planning*, Vol. 85, No. 3, 2008.

Cervero, R., Kockelman, K., "Travel Demand and the 3Ds: Density, Diversity, and Design", *Transportation Research Part D: Transport and Environment*, Vol. 2, No. 3, 1997.

Chen, J., Gao, J., Chen, W., "Urban Land Expansion and the Transitional Mechanisms in Nanjing, China", *Habitat International*, Vol. 53, 2016.

Cheng, J., Masser, I., "Urban Growth Pattern Modeling: A Case Study of Wuhan City, PR China", *Landscape and Urban Planning*, Vol. 62, No. 4, 2003.

Chettry, V., Surawar, M., "Assessment of Urban Sprawl Characteristics in Indian Cities Using Remote Sensing: Case Studies of Patna, Ranchi, and Srinagar", *Environment, Development and Sustainability*, No. 23, 2021.

Chin, N., "Unearthing the Roots of Urban Sprawl: A Critical Analysis of Form, Function and Methodology", CASA Working Papers 47, London: Centre for Advanced Spatial Analysis, 2002.

Chinitz, B., "Growth Management Good for the Town, Bad for the Nation?", *Journal of the American Planning Association*, Vol. 56, No. 1, 1990.

Cho, S.-H., Poudyal, N., Lambert, D. M., "Estimating Spatially

Varying Effects of Urban Growth Boundaries on Land Development and Land Value", *Land Use Policy*, Vol. 25, No. 3, 2008.

Churchman, A., "Disentangling the Concept of Density", *Journal of Planning Literature*, Vol. 13, No. 4, 1999.

Clawson, M., "Urban Sprawl and Speculation in Suburban Land", *Land Economics*, Vol. 38, No. 2, 1962.

Cohen, B., "Urbanization in Developing Countries: Current Trends, Future Projections, and Key Challenges for Sustainability", *Technology in Society*, Vol. 28, No. 1-2, 2006.

Coq-Huelva, D., Asián-Chaves, R., "Urban Sprawl and Sustainable Urban Policies. A Review of the Cases of Lima, Mexico City and Santiago de Chile", *Sustainability*, Vol. 11, No. 20, 2019.

Couch, C., Leontidou, L., Petschel-Held, G., eds., *Urban Sprawl in Europe: Landscapes, Land-Use Change and Policy*, Malden, MA: Blackwell Publishing Ltd., 2007.

Dantzig, G. B., "The ORSA New Orleans Address on Compact City", *Management Science*, Vol. 19, No. 10, 1973.

Dantzig, G. B., Saaty, T. L., *Compact City: A Plan for a Liveable Urban Environment*, San Francisco, CA: W. H. Freeman and Co., 1973.

Dempsey, J. A., Plantinga, A. J., "How Well Do Urban Growth Boundaries Contain Development? Results for Oregon Using a Difference-in-Difference Estimator", *Regional Science and Urban Economics*, Vol. 43, No. 6, 2013.

Deng, F. F., Huang, Y., "Uneven Land Reform and Urban Sprawl in China: The Case of Beijing", *Progress in Planning*, Vol. 61, No. 3, 2004.

Deng, X., Zhan, J., Chen, R., "The Patterns and Driving Forces of Urban Sprawl in China", IEEE International Geoscience and Remote Sensing Symposium, IEEE, 2005.

Deuskar, C. et al., *East Asia's Changing Urban Landscape: Measuring a Decade of Spatial Growth*, World Bank Publications, 2015.

Dey, J., Sakhre, S., Vijay, R., Bherwani, H., Kumar, R., "Geospatial Assessment of Urban Sprawl and Landslide Susceptibility around the Nainital Lake, Uttarakhand, India", *Environment Development and Sustainability*, No. 23, 2020.

Ding, C., "Policy and Praxis of Land Acquisition in China", *Land Use Policy*, Vol. 24, No. 1, 2007.

Downs, A., *New Visions for Metropolitan America*, Washington, DC: Brookings Institution Press, 1994.

Downs, A., "How America's Cities are Growing: The Big Picture", *The Brookings Review*, Vol. 16, No. 4, 1998.

Downs, A., "Some Realities about Sprawl and Urban Decline", *Housing Policy Debate*, Vol. 10, No. 4, 1999.

Duckett, J., *The Entrepreneurial State in China: Real Estate and Commerce Departments in Reform Era Tianjin*, London: Routledge, 2006.

Dupras, J., Alam, M., "Urban Sprawl and Ecosystem Services: A Half Century Perspective in the Montreal Area (Quebec, Canada)", *Journal of Environmental Policy and Planning*, Vol. 17, No. 2, 2015.

Dutton, J. A., *New American Urbanism: Reforming the Suburban Metropolis*, Skira-Berenice, 2000.

EEA, *Urban Sprawl in Europe: The Ignored Challenge*, EEA Repoot No. 10/2006, Copenhagen: European Environment Agency, 2006.

EEA, *Urban Sprawl in Europe*, Joint EEA-FOEN Report, No. 11/2016, Copenhagen: European Environment Agency, 2016.

Eid, J., Overman, H. G., Puga, D., Turner, M. A., "Fat City: Questioning the Relationship between Urban Sprawl and Obesity", *Journal of Urban Economics*, Vol. 63, No. 2, 2008.

Espindola, G. M. D., Carneiro, E., Façanha, A. C., "Four Decades of Urban Sprawl and Population Growth in Teresina, Brazil", *Applied Geography*, Vol. 79, 2017.

Ewing, R., "Characteristics, Causes, and Effects of Sprawl: A Literature Review", *Environmental and Urban Studies*, Vol. 21, No. 2, 1994.

Ewing, R., "Is Los Angeles-Style Sprawl Desirable?", *Journal of the American Planning Association*, Vol. 63, No. 1, 1997.

Ewing, R., Pendall, R., Chen, D., *Measuring Sprawl and Its Impact*, Washington, DC: Smart Growth America, 2002.

Ewing, R., Schieber, R. A., Zegeer, C. V., "Urban Sprawl as a Risk Factor in Motor Vehicle Occupant and Pedestrian Fatalities", *American Journal of Public Health*, Vol. 93, No. 9, 2003a.

Ewing, R., Schmid, T., Killingsworth, R., Zlot, A., Raudenbush, S., "Relationship between Urban Sprawl and Physical Activity, Obesity, and Morbidity", *American Journal of Health Promotion*, Vol. 18, No. 1, 2003b.

Ewing, R., Brownson, R. C., Berrigan, D., "Relationship between Urban Sprawl and Weight of United States Youth", *American Journal of Preventive Medicine*, Vol. 31, No. 6, 2006.

Ewing, R., Meakins, G., Hamidi, S., Nelson, A. C., "Relationship between Urban Sprawl and Physical Activity, Obesity, and Morbidity-Update and Refinement", *Health and Place*, Vol. 26, 2014.

Ewing, R., Hamidi, S., Grace, J. B., "Urban Sprawl as a Risk Factor in Motor Vehicle Crashes", *Urban Studies*, Vol. 53, No. 2, 2016a.

Ewing, R., Hamidi, S., Grace, J. B., Wei, Y. D., "Does Urban Sprawl Hold Down Upward Mobility?", *Landscape and Urban Planning*, Vol. 148, 2016b.

Ewing, R., Hamidi, S., *Costs of Sprawl*, New York: Routledge, 2017.

Fang, Y., Pal, A., "Drivers of Urban Sprawl in Urbanizing China:

A Political Ecology Analysis", *Environment and Urbanization*, Vol. 28, No. 2, 2016.

Feng, L. , Du, P. J. , Li, H. , Zhu, L. J. , "Measurement of Urban Fringe Sprawl in Nanjing between 1984 and 2010 Using Multidimensional Indicators", *Geographical Research*, Vol. 53, No. 2, 2015.

Filion, P. , Bunting, T. , Pavlic, D. , Langlois, P. , "Intensification and Sprawl: Residential Density Trajectories in Canada's Largest Metropolitan Regions", *Urban Geography*, Vol. 31, No. 4, 2010.

Fischel, W. A. , "Property Taxation and the Tiebout Model: Evidence for the Benefit View from Zoning and Voting", *Journal of Economic Literature*, Vol. 30, No. 31, 1992.

Foran, M. , *Expansive Discourses: Urban Sprawl in Calgary*, 1945–1978, Edmonton: Athabasca University Press, 2009.

Frece, J. , *Sprawl and Politics: The Inside Story of Smart Growth in Maryland*, New York: State University of New York Press, 2008.

Frenkel, A. , Ashkenazi, M. , "Measuring Urban Sprawl: How Can We Deal With It?", *Environment and Planning B: Planning and Design*, Vol. 35, No. 1, 2008.

Frumkin, H. , "Urban Sprawl and Public Health", *Public Health Reports*, Vol. 117, No. 3, 2002.

Frumkin, H. , Frank, L. , Jackson, R. J. , *Urban Sprawl and Public Health: Designing, Planning, and Building for Healthy Communities*, Washington, DC: Island Press, 2004.

Fujita, M. , *Urban Economic Theory: Land Use and City Size*, Cambridge: Cambridge University Press, 1989.

Fujita, M. , Krugman, P. , Mori, T. , "On the Evolution of Hierarchical Urban System", *European Economic Review*, Vol. 43, No. 2, 1999.

Fuladlu, K. , Riza, M. , Ilkan, M. , "Monitoring Urban Sprawl Using Time-Series Data: Famagusta Region of Northern Cyprus", *SAGE*

Open, Vol. 11, No. 2, 2021.

Fulton, W., *The New Urbanism: Hope or Hype for American Communities?*, Cambridge, MA: Lincoln Institute of Land Policy, 1996.

Fulton, W., Pendall, R., Nguyen, M., Harrison, A., *Who Sprawls Most? How Growth Patterns Differ across the U. S.*, Washington, DC: Brookings Institution, Center on Urban and Metropolitan Policy, 2001.

Galster, G., Hanson, R., Ratcliffe, M. R., Wolman, H., Coleman, S., Freihage, J., "Wrestling Sprawl to the Ground: Defining and Measuring an Elusive Concept", *Housing Policy Debate*, Vol. 12, No. 4, 2001.

Gao, B., Huang, Q., He, C., Sun, Z., Zhang, D., "How Does Sprawl Differ across Cities in China? A Multi-Scale Investigation Using Nighttime Light and Census Data", *Landscape and Urban Planning*, Vol. 148, No. 41, 2016.

Gao, J., Yuan, F., "Economic Transition, Firm Dynamics, and Restructuring of Manufacturing Spaces in Urban China: Empirical Evidence from Nanjing", *The Professional Geographer*, Vol. 69, No. 3, 2017.

Garrido-Cumbrera, M., Braçe, O., Ruiz, D. G., Lara, E. L., Cuevas, P. D., "Exploring the Influence of Sprawl on Commuting in the Seville Metropolitan Area (Spain)", *Journal of Transport and Health*, Vol. 5, Supplement, 2017.

Geddes, P., *Cities in Evolution: An Introduction to the Town Planning Movement and to the Study of City*, London: Williams and Norgate, 1915.

Gennaio, M., Hersperger, A., Burgi, M., "Containing Urban Sprawl-Evaluating Effectiveness of Urban Growth Boundaries Set by the Swiss Land Use Plan", *Land Use Policy*, Vol. 26, No. 2, 2009.

Ghazaryan, G., Rienow, A., Oldenburg, C., Thonfeld, F., Trampnau, B., Sticksel, S., Jürgens, C., "Monitoring of Urban Sprawl and Densification Processes in Western Germany in the Light of SDG Indicator 11.3.1 Based on an Automated Retrospective Classification Approach", *Remote Sensing*, Vol. 13, No. 9, 2021.

Gielen, E., Riutort-Mayol, G., Palencia-Jiménez, J. S., Cantarino-Martí, I., "An Urban Sprawl Index Based on Multivariate and Bayesian Factor Analysis with Application at the Municipality Level in Valencia", *Environment and Planning B: Urban Analytics and City Science*, Vol. 45, No. 5, 2018.

Gillham, O., *The Limitless City: A Primer on the Urban Sprawl Debate*, Washington, DC: Island Press, 2002.

Gordon, P., Wong, H. L., "The Costs of Urban Sprawl: Some New Evidence", *Environment and Planning A: Economy and Space*, Vol. 17, No. 5, 1985.

Gordon, P., Kumar, A., Richardson, H. W., "The Influence of Metropolitan Spatial Structure on Commuting Time", *Journal of Urban Economics*, Vol. 26, No. 2, 1989.

Gordon, P., Richardson, H. W., "Where's the Sprawl?", *Journal of the American Planning Association*, Vol. 63, No. 2, 1997a.

Gordon, P., Richardson, H. W., "Are Compact Cities a Desirable Planning Goal?", *Journal of the American Planning Association*, Vol. 63, No. 1, 1997b.

Gottmann, J., *Megalopolis: The Urbanized Northeastern Seaboard of the United States*, New York: The Twentieth Century Fund, 1961.

Hadly, C. C., "Urban Sprawl: Indicators, Causes, and Solutions", Document prepared for the Bloomington Environmental Commission, http://www.city.bloomington.in.us/planning, 2000.

Haines, V. A., "Energy and Urban Form", *Urban Affairs Review*,

Vol. 21, No. 3, 1986.

Hall, P., "Modeling the Post-Industrial City", *Futures*, Vol. 29, No. 4-5, 1997.

Hall, P., Thomas, R., Gracey, H., Drewrtt, R., *The Containment of Urban England*, London: Allen and Unwin, 1973.

Hamidi, S., Ewing, R., "A Longitudinal Study of Changes in Urban Sprawl between 2000 and 2010 in the United States", *Landscape and Urban Planning*, Vol. 128, No. 3, 2014.

Hamidi, S., Ewing, R., Preuss, I., Dodds, A., "Measuring Sprawl and Its Impacts an Update", *Journal of Planning Education and Research*, Vol. 35, 2015.

Harvey, D., "The Urban Process under Capitalism: A Framework for Analysis", *International Journal of Urban and Regional Research*, Vol. 2, No. 1-3, 1978.

Harvey, D., *Consciousness and the Urban Experience: Studies in the History and Theory of Capitalist Urbanization*, Baltimore: Johns Hopkins University Press, 1985.

Harvey, R. O., Clark, W. A. V., "The Nature and Economics of Urban Sprawl", *Land Economics*, Vol. 41, No. 41, 1965.

Hasse, J. E., Geospatial Indices of Urban Sprawl in New Jersey, Ph. D. Dissertation, New Jersey: The State University of New Jersey, 2002.

Hasse, J. E., Lathrop, R. G., "Land Resource Impact Indicators of Urban Sprawl", *Applied Geography*, Vol. 23, No. 2-3, 2003.

He, C., Wei, Y. D., Xie, X., "Globalization, Institutional Change, and Industrial Location: Economic Transition and Industrial Concentration in China", *Regional Studies*, Vol. 42, No. 7, 2008.

He, C., Chen, T., Mao, X., Zhou, Y., "Economic Transition, Urbanization and Population Redistribution in China", *Habitat Interna-*

tional, Vol. 51, No. 2, 2016.

Henderson, J. V., Thisse, J. -F., eds., *Handbook of Regional and Urban Economics*, Vol. 4, Elsevier, 2004.

Hepinstall - Cymerman, J., Coe, S., Hutyra, L. R., "Urban Growth Patterns and Growth Management Boundaries in the Central Puget Sound, Washington, 1986-2007", *Urban Ecosystems*, Vol. 16, 2013.

Herzog, L., *Global Suburbs: Urban Sprawl from the Rio Grande to Rio de Janeiro*, Routledge, 2014.

Honma, Y., "Supplement: Greenbelt Planning of Tokyo and Planner Ishikawa: A Land Problem in Nerimaku", *Gendaifukushi Kenkyu*, Vol. 2, 2002.

Horn, A., "Urban Growth Management Best Practices: Towards Implications for the Developing World", *International Planning Studies*, Vol. 20, No. 1-2, 2015.

Huang, D., Liu, Z., Zhao, X., Zhao, P., "Emerging Polycentric Megacity in China: An Examination of Employment Subcenters and Their Influence on Population Distribution in Beijing", *Cities*, Vol. 69, 2017.

Ingram, G. K., "Patterns of Metropolitan Development: What Have We Learned?", *Urban Studies*, Vol. 35, No. 7, 1998.

Inostroza, L., Baur, R., Csaplovics, E., "Urban Sprawl and Fragmentation in Latin America: A Dynamic Quantification and Characterization of Spatial Patterns", *Journal of Environmental Management*, Vol. 115, 2013.

Irwin, E. G., Bockstael, N. E., "The Evolution of Urban Sprawl: Evidence of Spatial Heterogeneity and Increasing Land Fragmentation", *Proceedings of the National Academy of Sciences of the United States of America*, Vol. 104, No. 52, 2007.

Jackson, K. T., *Crabgrass Frontier: The Suburbanization of the United States*, New York and Oxford: Oxford University Press, 1985.

Jacobs, J., *The Death and Life of Great American Cities: The Failure of Town Planning*, New York: Random House, 1961.

Jaeger, J., Bertiller, R., Schwick, C., Kienast, F., "Suitability Criteria for Measures of Urban Sprawl", *Ecological Indicators*, Vol. 10, No. 2, 2010.

Jaeger, J., Schwick, C., "Improving the Measurement of Urban Sprawl: Weighted Urban Proliferation (WUP) and Its Application to Switzerland", *Ecological Indicators*, Vol. 38, No. 3, 2014.

Jat, M. K., Garg, P. K., Khare, D., "Monitoring and Modelling of Urban Sprawl Using Remote Sensing and GIS Techniques", *International Journal of Applied Earth Observation and Geoinformation*, Vol. 10, No. 1, 2008.

Jenks, M., Burton, E., Williams, K., eds., *The Compact City: A Sustainable Urban Form?* London: Routledge, 1996.

Jetzkowitz, J., Schneider, J., Brunzel, S., "Suburbanisation, Mobility and the 'Good Life in the Country': A Lifestyle Approach to the Sociology of Urban Sprawl in Germany", *Sociologia Ruralis*, Vol. 47, No. 2, 2007.

Ji, W., Ma, J., Twibell, R. W., Underhill, K., "Characterizing Urban Sprawl Using Multi-Stage Remote Sensing Images and Landscape Metrics", *Computers Environment and Urban Systems*, Vol. 30, No. 6, 2006.

Johnson, E. A., Klemens, M. W., eds., *Nature in Fragments: The Legacy of Sprawl*, New York: Columbia University Press, 2005.

Johnson, M. P., "Environmental Impacts of Urban Sprawl: A Survey of the Literature and Proposed Research Agenda", *Environment and Planning A*, Vol. 33, No. 4, 2001.

Johnston, R. A., Madison, M. E., "From Land Marks to Landscapes: A Review of Current Practices in the Transfer of Development

Rights", *Journal of the American Planning Association*, Vol. 63, No. 3, 1997.

Jordan, S., Ross, J. P., Usowski, K. G., "U. S. Suburbanization in the 1980s", *Regional Science and Urban Economics*, Vol. 28, No. 5, 1998.

Kahn, M. E., "Does Sprawl Reduce the Black/White Housing Consumption Gap?", *Housing Policy Debate*, Vol. 12, No. 1, 2001.

Kasanko, M., Barredo, J. I., Lavalle, C., Mccormick, N., Demicheli, L., Sagris, V., Brezger, A., "Are European Cities Becoming Dispersed: A Comparative Analysis of 15 European Urban Areas", *Landscape and Urban Planning*, Vol. 77, No. 1-2, 2006.

Khare, A., Beckman, T., eds., *Mitigating Climate Change: The Emerging Face of Modern Cities*, Heidelberg: Springer, 2013.

Kim, J. H., "Measuring the Containment and Spillover Effects of Urban Growth Boundaries: The Case of the Portland Metropolitan Area", *Growth and Change*, Vol. 44, No. 4, 2013.

Kloosterman, R. C., Musterd, S., "The Polycentric Urban Region: Towards a Research Agenda", *Urban Studies*, Vol. 38, No. 4, 2001.

Knaap, G., Hopkins, L., "The Inventory Approach to Urban Growth Boundaries", *Journal of the American Planning Association*, Vol. 67, No. 3, 2001.

Knaap, G., Nelson, A. C., *The Regulated Landscape: Lessons on State Land Use Planning from Oregon*, Cambridge, MA: Lincoln Institute of Land Policy, 1992.

Knaap, G., Song, Y., Clifton, K., Ewing, R., Clifton, K., *Seeing the Elephant: Multi-Disciplinary Measures of Urban Sprawl*, National Center for Smart Growth Research and Education, Urban Studies and Planning Program, University of Maryland, 2005.

Knowles, R. D., "Transit Oriented Development in Copenhagen,

Denmark: From the Finger Plan to Ørestad", *Journal of Transport Geography*, Vol. 22, 2012.

Kolankiewicz, L., Beck, R., *Weighing Sprawl Factors in Large U. S. Cities: Analysis of U. S. Bureau of the Census Data on the 100 Largest Urbanized Areas of the United States*, Numbers USA, 2001.

Le Goix, R., "Gated Communities: Sprawl and Social Segregation in Southern California", *Housing Studies*, Vol. 20, No. 2, 2005.

Lee, C. -M., Linneman, P., "Dynamics of the Greenbelt Amenity Effect on the Land Market: The Case of Seoul's Greenbelt", *Real Estate Economics*, Vol. 26, No. 1, 1998.

Lefebvre, H., *The Production of Space*, Malden, MA: Blackwell Publishing Ltd., 1974.

Leroy, G., "Subsidizing Sprawl: How Economic Development Programs are Going Away", *Multinational Monitor*, No. 10, 2003.

Lewyn, M., *Government Intervention and Suburban Sprawl: The Case for Market Urbanism*, New York: Palgrave Macmillan, 2017.

Li, H., Wei, Y. D., Zhou, Y., "Spatiotemporal Analysis of Land Development in Transitional China", *Habitat International*, Vol. 67, 2017.

Lin, G. C. S., Yi, F., "Urbanization of Capital or Capitalization on Urban Land? Land Development and Local Public Finance in Urbanizing China", *Urban Geography*, Vol. 32, No. 1, 2011.

Lityński, P., Holui, A., "Macroeconomic Perspective on Urban Sprawl: A Multidimensional Approach in Poland", *Land*, Vol. 10, 2021.

Liu, J., Liu, M., Zhuang, D., Zhang, Z., Deng, X., "Study on Spatial Pattern of Land-Use Change in China during 1995-2000", *Science in China Series D*, Vol. 46, No. 4, 2003.

Liu, J., Zhang, Z., Xu, X., Kuang, W., Zhou, W., Zhang, S., Li, R., Yan, C., Yu, D., Wu, S., "Spatial Patterns and Driving

Forces of Land Use Change in China during the Early 21st Century", *Journal of Geographical Sciences*, Vol. 20, No. 4, 2010.

Liu, T., Cao, G., Yan, Y., Wang, R. Y., "Urban Land Marketization in China: Central Policy, Local Initiative, and Market Mechanism", *Land Use Policy*, Vol. 57, 2016a.

Liu, Y., Fan, P., Yue, W., Song, Y., "Impacts of Land Finance on Urban Sprawl in China: The Case of Chongqing", *Land Use Policy*, Vol. 72, 2018.

Liu, Y., Yue, W., Fan, P., Peng, Y., Zhang, Z., "Financing China's Suburbanization: Capital Accumulation through Suburban Land Development in Hangzhou", *International Journal of Urban and Regional Research*, Vol. 40, No. 6, 2016b.

Liu, Y., Yue, W., Fan, P., Song, Y., "Suburban Residential Development in the Era of Market-Oriented Land Reform: The Case of Hangzhou, China", *Land Use Policy*, Vol. 42, No. 42, 2015.

Liu, Y., Yue, W., Fan, P., "Spatial Determinants of Urban Land Conversion in Large Chinese Cities: A Case of Hangzhou", *Environment and Planning B: Planning and Design*, Vol. 38, No. 4, 2011.

Lloyd, C. T., Sorichetta, A., Tatem, A. J., "High Resolution Global Gridded Data for Use in Population Studies", *Scientific Data*, Vol. 4, No. 1, 2017.

Logan, M. F., *Fighting Sprawl and City Hall: Resistance to Urban Growth in the Southwest*, University of Arizona Press, 1995.

Lopez, R., Hynes, H. P., "Sprawl in the 1990s Measurement, Distribution, and Trends", *Urban Affairs Review*, Vol. 38, No. 3, 2003.

Lopez, R., "Urban Sprawl and Risk for Being Overweight or Obese", *American Journal of Public Health*, Vol. 94, No. 9, 2004.

Lv, Z. Q., Wu, Z. F., Wei, J. B., Sun, C., Zhou, Q. G., Zhang, J. H., "Monitoring of the Urban Sprawl Using Geoprocessing

Tools in the Shenzhen Municipality, China", *Environmental Earth Sciences*, Vol. 62, No. 6, 2011.

Magidi, J., Ahmed, F., "Assessing Urban Sprawl Using Remote Sensing and Landscape Metrics: A Case Study of City of Tshwane, South Africa (1984-2015)", *The Egyptian Journal of Remote Sensing and Space Science*, Vol. 22, No. 3, 2019.

Malpezzi, S., "Estimates of the Measurement and Determinants of Urban Sprawl in U. S. Metropolitan Areas", Wisconsin-Madison CULER Working Papers 99-06, University of Wisconsin Center for Urban Land Economic Research, 1999.

Man, C., "Congestion Effects of Spatial Growth Restrictions: A Model and Empirical Analysis", *Real Estate Economics*, Vol. 25, No. 3, 1997.

Marais, L., Denoon-Stevens, S., Cloete, J., "Mining Towns and Urban Sprawl in South Africa", *Land Use Policy*, Vol. 93, 2020.

Marcotullio, P. J., "Asian Urban Sustainability in the Era of Globalization", *Habitat International*, Vol. 25, No. 4, 2001.

Martellozzo, F., Clarke, K. C., "Measuring Urban Sprawl, Coalescence, and Dispersal: A Case Study of Pordenone, Italy", *Environment and Planning B: Planning and Design*, Vol. 38, No. 6, 2011.

Marzluff, J. M., Shulenberger, E., Endlicher, W., Alberti, M., Bradley, G., Ryan, C., Simon, U., ZumBrunnen, C., eds., *Urban Ecology: An International Perspective on the Interaction between Humans and Nature*, Boston, MA: Springer US, 2008.

Massey, D. S., Denton, N. A., "Suburbanization and Segregation in U. S. Metropolitan Areas", *American Journal of Sociology*, Vol. 94, No. 3, 1988.

McConnell, V., Walls, M., "Policy Monitor: U. S. Experience with Transferable Development Rights", *Review of Environmental Econom-*

ics and Policy, Vol. 3, No. 2, 2009.

McGarigal, K., Marks, B. J., *FRAGSTATS: Spatial Pattern Analysis Program for Quantifying Landscape Structure*, Portland, OR: USDA Forest Service, 1995.

Mckee, D. L., Smith, G. H., "Environmental Diseconomies in Suburban Expansion", *American Journal of Economics and Sociology*, Vol. 31, No. 2, 1972.

Metre, P., Mahler, B. J., Furlong, E. T., "Urban Sprawl Leaves Its PAH Signature", *Environmental Science and Technology*, Vol. 34, No. 19, 2000.

Miller, T., *China's Urban Billion: The Story Behind the Biggest Migration in Human History*, London: Zed Books, 2012.

Mills, E. S., *Studies in the Structure of the Urban Economy*, Baltimore, MD: Johns Hopkins University Press, 1972.

Monkkonen, P., Comandon, A., Montejano Escamilla, J. A., Guerra, E., "Urban Sprawl and the Growing Geographic Scale of Segregation in Mexico, 1990-2010", *Habitat International*, Vol. 73, 2018.

Moroni, S., Minola, L., "Unnatural Sprawl: Reconsidering Public Responsibility for Suburban Development in Italy, and the Desirability and Possibility of Changing the Rules of the Game", *Land Use Policy*, Vol. 86, 2019.

Moss, W. G., "Large Lot Zoning, Property Taxes, and Metropolitan Area", *Journal of Urban Economics*, Vol. 4, No. 4, 1977.

Muth, R., *Cities and Housing*, Chicago: University of Chicago Press, 1969.

Nahlik, M. J., Chester, M. V., "Transit-Oriented Smart Growth Can Reduce Life-Cycle Environmental Impacts and Household Costs in Los Angeles", *Transport Policy*, Vol. 35, 2014.

Naughton, B., "The Chinese Economy: Transitions and Growth",

Mit Press Books, Vol. 1, No. 4, 2007.

Navamuel, E. L., Rubiera Morollón, F., Moreno Cuartas, B., "Energy Consumption and Urban Sprawl: Evidence for the Spanish Case", *Journal of Cleaner Production*, Vol. 172, 2018.

Nechyba, T. J., Walsh, R. P., "Urban Sprawl", *The Journal of Economic Perspectives*, Vol. 18, No. 4, 2004.

Nelson, A., Moore, T., "Assessing Urban Growth Management: The Case of Portland, Oregon, the USA's Largest Urban Growth Boundary", *Land Use Policy*, Vol. 10, No. 4, 1993.

Nelson, A., Moore, T., "Assessing Growth Management Policy Implementation: Case Study of the United States' Leading Growth Management State", *Land Use Policy*, Vol. 13, No. 4, 1996.

Nelson, A., "Comparing States with and without Growth Management Analysis Based on Indicators with Policy Implications", *Land Use Policy*, Vol. 16, No. 2, 1999.

Nelson, A., Dawkins, C., *Urban Containment in the United States: History, Models, and Techniques for Regional and Metropolitan Growth Management*, APA Planning Advisory Service Reports, No. 520, 2004.

Nelson, A., Dawkins, C., Sanchez, T., "Urban Containment and Residential Segregation: A Preliminary Investigation", *Urban Studies*, Vol. 41, No. 2, 2004.

Nelson, A., Pruetz, R. et al., *The TDR Handbook: Designing and Implementing Transfer of Development Rights Programs*, Washington, DC: Island Press, 2012.

Nuissl, H., Rink, D., "The 'Production' of Urban Sprawl in Eastern Germany as a Phenomenon of Post-Socialist Transformation", *Cities*, Vol. 22, No. 2, 2005.

OECD, *Rethinking Urban Sprawl: Moving towards Sustainable Cities*, Paris: OCED Publishing, 2018.

Ottensmann, J. R., "Urban Sprawl, Land Values and the Density of Development", *Land Economics*, Vol. 53, No. 4, 1977.

Oueslati, W., Alvanides, S., Garrod, G., "Determinants of Urban Sprawl in European Cities", *Urban Studies*, Vol. 52, No. 9, 2015.

Pendall, R., "Do Land-Use Controls Cause Sprawl?", *Environment and Planning B Planning and Design*, Vol. 26, No. 4, 1999.

Pernice, R., "Urban Sprawl in Postwar Japan and the Vision of the City Based on the Urban Theories of the Metabolists' Projects", *Journal of Asian Architecture and Building Engineering*, Vol. 6, No. 2, 2007.

Phelps, N. A., *An Anatomy of Sprawl: Planning and Politics in Britain*, London: Routledge, 2012.

Poelmans, L., Van Rompaey, A., "Detecting and Modelling Spatial Patterns of Urban Sprawl in Highly Fragmented Areas: A Case Study in the Flanders-Brussels Region", *Landscape and Urban Planning*, Vol. 93, No. 1, 2009.

Ponnusamy, J., "Operational Urban Sprawl Monitoring Using Satellite Remote Sensing: Excerpts From the Studies of Ahmedabad, Vadodara and Surat, India", Proceedings of the 18th Asian Conference on Remote Sensing, 1997.

Popenoe, D., "Urban Sprawl: Some Neglected Sociological Considerations", *Sociology and Social Research*, Vol. 63, No. 2, 1979.

Porter, D. R., *Managing Growth in America's Communities*, Washington, DC: Island Press, 1997.

Pradhan, B., ed., *Spatial Modeling and Assessment of Urban Form—Analysis of Urban Growth: From Sprawl to Compact Using Geospatial Data*, Springer International Publishing, 2017.

Qian, Y., Weingast, B., "Federalism as a Commitment to Perserving Market Incentives", *Journal of Economic Perspectives*, Vol. 11, No. 4, 1997.

Razin, E., Rosentraub, M., "Are Fragmentation and Sprawl Interlinked? North American Evidence", *Urban Affairs Review*, Vol. 35, No. 6, 2000.

Robinson, L., Newell, J. P., Marzluff, J. M., "Twenty-Five Years of Sprawl in the Seattle Region: Growth Management Responses and Implications for Conservation", *Landscape and Urban Planning*, Vol. 71, No. 1, 2005.

Salem, M., Tsurusaki, N., Divigalpitiya, P., "Land Use/Land Cover Change Detection and Urban Sprawl in the Peri-Urban Area of Greater Cairo Since the Egyptian Revolution of 2011", *Journal of Land Use Science*, Vol. 15, No. 5, 2020.

Salvati, L., Carlucci, M., "Patterns of Sprawl: The Socioeconomic and Territorial Profile of Dispersed Urban Areas in Italy", *Regional Studies*, Vol. 50, No. 8, 2016.

Schmidt, S., "Sprawl without Growth in Eastern Germany", *Urban Geography*, Vol. 32, No. 1, 2011.

Schweitzer, L., Zhou, J., "Neighborhood Air Quality, Respiratory Health, and Vulnerable Populations in Compact and Sprawled Regions", *Journal of the American Planning Association*, Vol. 76, No. 3, 2010.

Shahraki, S. Z., Sauri, D., Serra, P., Modugno, S., Seifolddini, F., Pourahmad, A., "Urban Sprawl Pattern and Land-Use Change Detection in Yazd, Iran", *Habitat International*, Vol. 35, No. 4, 2011.

Shalaby, A., Moghanm, F. S., "Assessment of Urban Sprawl on Agricultural Soil of Northern Nile Delta of Egypt Using RS and GIS", *Chinese Geographical Science*, Vol. 25, No. 3, 2015.

Sheehan, M., *City Limits: Putting the Brakes on Sprawl*, Washington, DC: Worldwatch Institute, 2001.

Shen, J., Wu, F., "Moving to the Suburbs: Demand-Side Driving Forces of Suburban Growth in China", *Environment and Planning A*,

Vol. 45, No. 8, 2013.

Siedentop, S., Fina, S., "Who Sprawls Most? Exploring the Patterns of Urban Growth across 26 European Countries", *Environment and Planning A*, Vol. 44, No. 11, 2012.

Sierra Club, "The Dark Side of the American Dream: The Costs and Consequences of Suburban Sprawl", College Park, MD: Sierra Club, 1998.

Singh, R., Kalota, D., "Urban Sprawl and Its Impact on Generation of Urban Heat Island: A Case Study of Ludhiana City", *Journal of the Indian Society of Remote Sensing*, Vol. 47, No. 9, 2019.

Sokhi, B., Sharma, N., Uttarwar, P., "Satellite Remote Sensing in Urban Sprawl Mapping and Monitoring a Case Study of Delhi", *Journal of the Indian Society of Remote Sensing*, Vol. 17, No. 3, 1989.

Song, Y., Knaap, G., "Measuring Urban Form: Is Portland Winning the War on Sprawl?", *Journal of the American Planning Association*, Vol. 70, No. 2, 2004.

Soule, D. C., *Defining and Managing Sprawl. Urban Sprawl: A Comprehensive Reference Guide*, Westport: Greenwood Press, 2005.

Squires, G. D., ed., *Urban Sprawl: Causes, Consequences, and Policy Responses*, The Urban Insitute Press, 2002.

Staley, S. R., Gerard, C. S., *Urban-Growth Boundaries and Housing Affordability: Lessons from Portland*, Los Angeles, CA: Reason Public Policy Institute, 1999.

Stanilov, K., Sykora, L., eds., *Urban Sprawl on the Danube*, John Wiley and Sons, Ltd., 2014.

Stojanovski, T., Alam, T., Janson, M., "Transit-Oriented Development (TOD): Analyzing Urban Development and Transformation in Stockholm", *Proceedings of the Symposium on Simulation for Architecture and Urban Design*, No. 1, 2014.

Stone, B., "Urban Sprawl and Air Quality in Large US Cities", *Journal of Environmental Management*, Vol. 86, No. 4, 2008.

Stone, B., Hess, J. J., Frumkin, H., "Urban Form and Extreme Heat Events: Are Sprawling Cities More Vulnerable to Climate Change Than Compact Cities?", *Environmental Health Perspectives*, Vol. 118, No. 10, 2010.

Su, Q., Desalvo, J. S., "The Effect of Transportation Subsidies on Urban Sprawl", *Journal of Regional Science*, Vol. 48, No. 3, 2008.

Sudhira, H., Ramachandra, T., Jagadish, K., "Urban Sprawl: Metrics, Dynamics and Modelling Using GIS", *International Journal of Applied Earth Observation and Geoinformation*, Vol. 5, No. 1, 2004.

Sun, H., Forsythe, W., Waters, N., "Modeling Urban Land Use Change and Urban Sprawl: Calgary, Alberta, Canada", *Networks and Spatial Economics*, Vol. 7, No. 4, 2007.

Sutton, P., "A Scale-Adjusted Measure of 'Urban Sprawl' Using Nighttime Satellite Imagery", *Remote Sensing of Environment*, Vol. 86, No. 3, 2003.

Tan, R., Qu, F., Heerink, N., Mettepenningen, E., "Rural to Urban Land Conversion in China—How Large is the Over-Conversion and What are Its Welfare Implications?", *China Economic Review*, Vol. 22, No. 4, 2011.

Tavares, A., "Can the Market Be Used to Preserve Land? The Case for Transfer of Development Rights", ERSA Conference Papers, 2003.

Terando, A. J., Costanza, J., Belyea, C., Dunn, R. R., Mckerrow, A., Collazo, J. A., "The Southern Megalopolis: Using the Past to Predict the Future of Urban Sprawl in the Southeast U. S", *PLOS ONE*, Vol. 9, 2014.

Tian, L., Li, Y., Yan, Y., Wang, B., "Measuring Urban Sprawl and Exploring the Role Planning Plays: A Shanghai Case Study", *Land*

Use Policy, Vol. 67, 2017.

Torrens, P. M., Alberti, M., "Measuring Sprawl" (CASA Paper 27), London: Centre for Advanced Spatial Analysis, 2000.

Torrens, P. M., "Simulating Sprawl", *Annals of the Association of American Geographers*, Vol. 96, No. 2, 2006.

Triantakonstantis, D., Stathakis, D., "Examining Urban Sprawl in Europe Using Spatial Metrics", *Geocarto International*, Vol. 30, No. 10, 2015.

Tsai, Y. H., "Quantifying Urban Form: Compactness Versus 'Sprawl'", *Urban Studies*, Vol. 42, No. 1, 2005.

Turner, M. G., "Landscape Ecology: The Effect of Pattern on Process", *Annual Review of Ecology and Systematics*, Vol. 20, 1989.

Turok, I., Mykhnenko, V., "The Trajectories of European Cities, 1960-2005", *Cities*, Vol. 24, No. 3, 2007.

Verburg, P. H., Eck, J. R. R. V., Nijs, T. C. M. D., Dijst, M. J., Schot, P., "Determinants of Land-Use Change Patterns in the Netherlands", *Environment and Planning B: Planning and Design*, Vol. 31, No. 1, 2004.

Verderber, S., *Sprawling Cities and Our Endangered Public Health*, London: Routledge, 2012.

Wagner, F. W., Joder, T. E., Mumphrey, A. J., Akundi, K. M., Artibise, A. F. J., eds., *Revitalizing the City: Strategies to Contain Sprawl and Revive the Core*, New York: Routledge, 2005.

Walker, R., "Industry Builds the City: The Suburbanization of Manufacturing in the San Francisco Bay Area, 1850-1940", *Journal of Historical Geography*, Vol. 27, No. 1, 2001.

Wang, J., Hu, Y., "Environmental Health Risk Detection with GeogDetector", *Environmental Modelling and Software*, Vol. 33, 2012.

Wang, J., Li, X., Christakos, G., Liao, Y., Zhang, T., Gu,

X. , Zheng, X. , "Geographical Detectors-Based Health Risk Assessment and Its Application in the Neural Tube Defects Study of the Heshun Region, China", *International Journal of Geographical Information Science*, Vol. 24, No. 1, 2010.

Wang, L. , "Forging Growth by Governing the Market in Reform-Era Urban China", *Cities*, Vol. 41, 2014.

Wei, Y. D. , Zhao, M. , "Urban Spill over vs. Local Urban Sprawl: Entangling Land-Use Regulations in the Urban Growth of China's Megacities", *Land Use Policy*, Vol. 26, No. 4, 2009.

Wei, Y. D. , "Decentralization, Marketization, and Globalization: The Triple Processes Underlying Regional Development in China", *Asian Geographer*, Vol. 20, No. 1-2, 2001.

Wei, Y. D. , Yuan, F. , Liao, H. , "Spatial Mismatch and Determinants of Foreign and Domestic Information and Communication Technology Firms in Urban China", *The Professional Geographer*, Vol. 65, No. 2, 2013.

Wei, Y. D. , "Restructuring for Growth in Urban China: Transitional Institutions, Urban Development, and Spatial Transformation", *Habitat International*, Vol. 36, No. 3, 2012.

Weitz, J. , Moore, T. , "Development inside Urban Growth Boundaries: Oregon's Empirical Evidence of Contiguous Urban Form", *Journal of the American Planning Association*, Vol. 64, No. 4, 1998.

White, M. J. , "Firm Suburbanization and Urban Subcenters", *Journal of Urban Economics*, Vol. 3, No. 4, 1976.

Whyte, W. H. et al. , *The Exploding Metropolis*, New York: Doubleday and Co. , Inc, 1958.

Wiewel, W. , Persky, J. J. , eds. , *Suburban Sprawl: Private Decisions and Public Policy*, New York: Routledge, 2002.

Williams, D. C. , *Urban Sprawl: A Reference Handbook*, Santa Bar-

bara: ABC-CLIO, 2000.

Wilson, B., Chakraborty, A., "The Environmental Impacts of Sprawl: Emergent Themes from the Past Decade of Planning Research", *Sustainability*, Vol. 5, No. 8, 2013.

Wilson, E. H., Hurd, J. D., Civco, D. L., Prisloe, M. P., Arnold, C., "Development of a Geospatial Model to Quantify, Describe and Map Urban Growth", *Remote Sensing of Environment*, Vol. 86, No. 3, 2003.

Wong, C., Heady, C. J., Woo, W. T., Bank, A. D., *Fiscal Management and Economic Reform in the People's Republic of China*, Hong Kong: Oxford University Press, 1995.

Wu, F., Phelps, N. A., "(Post) Suburban Development and State Entrepreneurialism in Beijing's Outer Suburbs", *Environment and Planning A*, Vol. 43, No. 2, 2011.

Xu, C., Liu, M., Zhang, C., An, S., Yu, W., Chen, J. M., "The Spatiotemporal Dynamics of Rapid Urban Growth in the Nanjing Metropolitan Region of China", *Landscape Ecology*, Vol. 22, No. 6, 2007.

Yan, J., Tao, F., Zhang, S., Lin, S., Zhou, T., "Spatiotemporal Distribution Characteristics and Driving Forces of PM2.5 in Three Urban Agglomerations of the Yangtze River Economic Belt", *International Journal of Environmental Research and Public Health*, Vol. 18, No. 5, 2021.

Ye, L., "State-Led Metropolitan Governance in China: Making Integrated City Regions", *Cities*, Vol. 41, 2014.

Yeh, A. G. -O., Li, X., "Measurement and Monitoring of Urban Sprawl in a Rapidly Growing Region Using Entropy", *Photogrammetric Engineering and Remote Sensing*, Vol. 67, No. 1, 2001.

Yew, C. P., "Pseudo-Urbanization? Competitive Government Behavior and Urban Sprawl in China", *Journal of Contemporary China*,

Vol. 21, No. 74, 2012.

Young, M., Tanguay, G. A., Lachapelle, U., "Transportation Costs and Urban Sprawl in Canadian Metropolitan Areas", *Research in Transportation Economics*, Vol. 60, 2016.

Yu, X. J., Ng, C. N., "Spatial and Temporal Dynamics of Urban Sprawl along Two Urban-Rural Transects: A Case Study of Guangzhou, China", *Landscape and Urban Planning*, Vol. 79, No. 1, 2007.

Yuan, F., Wei, Y. D., Chen, W., "Economic Transition, Industrial Location and Corporate Networks: Remaking the Sunan Model in Wuxi City, China", *Habitat International*, Vol. 42, 2014.

Yue, W., Liu, Y., Fan, P., "Polycentric Urban Development: The Case of Hangzhou", *Environment and Planning A*, Vol. 42, No. 3, 2010.

Yue, W., Liu, Y., Fan, P., "Measuring Urban Sprawl and Its Drivers in Large Chinese Cities: The Case of Hangzhou", *Land Use Policy*, Vol. 31, 2013.

Yue, W., Zhang, L., Liu, Y., "Measuring Sprawl in Large Chinese Cities along the Yangtze River via Combined Single and Multidimensional Metrics", *Habitat International*, Vol. 57, 2016.

Zhang, L., Yue, W., Liu, Y., Fan, P., Wei, Y. D., "Suburban Industrial Land Development in Transitional China: Spatial Restructuring and Determinants", *Cities*, Vol. 78, 2018.

Zhang, L., Qiao, G., Huang, H., Chen, Y., Luo, J., "Evaluating Spatiotemporal Distribution of Residential Sprawl and Influencing Factors Based on Multi-Dimensional Measurement and GeoDetector Modelling", *International Journal of Environmental Research and Public Health*, Vol. 18, No. 16, 2021.

Zhang, T., Zou, H. F., "Fiscal Decentralization, Public Spending, and Economic Growth in China", *Journal of Public Economics*,

Vol. 67, No. 2, 1998.

Zhang, T., "Community Features and Urban Sprawl: The Case of the Chicago Metropolitan Region", *Land Use Policy*, Vol. 18, No. 3, 2001.

Zhang, W., Wang, W., Li, X., Ye, F., "Economic Development and Farmland Protection: An Assessment of Rewarded Land Conversion Quotas Trading in Zhejiang, China", *Land Use Policy*, Vol. 38, 2014.

Zhao, P., "Sustainable Urban Expansion and Transportation in a Growing Megacity: Consequences of Urban Sprawl for Mobility on the Urban Fringe of Beijing", *Habitat International*, Vol. 34, No. 2, 2010.

Zhou, L., Yang, S., Wang, S., Xiong, L., "Ownership Reform and the Changing Manufacturing Landscape in Chinese Cities: The Case of Wuxi", *PLOS ONE*, Vol. 12, No. 3, 2017.

Zhu, J., "A Transitional Institution for the Emerging Land Market in Urban China", *Urban Studies*, Vol. 42, No. 8, 2005.

Zhu, L., Meng, J., Zhu, L., "Applying Geodetector to Disentangle the Contributions of Natural and Anthropogenic Factors to NDVI Variations in the Middle Reaches of the Heihe River Basin", *Ecological Indicators*, Vol. 117, 2020.

索 引

C

长江经济带　11，88，102-107，109，129，143

城市规划　4，17-19，23，25，26，76，141，182，184，188，191，195

城市化　2，12，16，17，21，22，32，37，40，41，56，67，69，72-75，82，102，121，131，132，136，137，140，142，151，153，173

城市扩张　9，16，20，32，36，37，43，56，62，63，66，67，69，70，74，76，78，87，106，112，158，185，194

城市蔓延　1-13，15，16，23，25-55，57-93，95，97，99，101，103-105，107，109，111-113，115-117，119-121，123，125，127，129-131，137，138，140-142，148-151，153-155，157，159-161，163-165，167，169，171，173，175-179，181-185，187-196

城市增长　10，25，26，32，36，38，55，62-64，66，74，78，79，146，178，179，181-184，189，193，195

城市增长管理　24-26，141，182，189，190，193，195

城市治理　16，37

D

大学城　8，12，74，79，120，130，142，147-149，151-153

单维测度　5，6，53，54，58

定量分析　16，54，154，155，157，159，161，163，165，167，169，171，173，175，

177

定性分析 12，13，15，16

动态测度 11，12，88，102，103，109，122，129

多案例比较 5，9，58，62，84

多规合一 184，191，192，195

多维测度 5-7，10-12，16，54，55，57-59，83，123

多样性 7，19，32，45，50，52，56，71，76，79，111

多中心 17，20，21，24，26，39，41，53，55，56，71，73，82，142-147，149-151，153，193

F

房地产 22，37，63，66，133-135，137，138，140-142，151，172-174，194

分权化 12，43，131-133，137，139，142，153

G

工业用地 12，13，26，55，67，88，116，117，122，127-129，135，138，139，141，148，150，151，153，161，164，165，169-172，174-177

功能分区 19，25

国土空间规划 4，184，191-193，195

H

横向比较 10，15，50，59-61，85，129

混合度 44，45，52，55-57，71，80，84，111，112，115-117

J

机理 5，8，10，12，13，15，16，22，26，37，39-41，62-68，131，133，135，137-139，141，143，145，147-151，153-155，157，159，161-165，167，169，171，173，175-177，182，193

建设用地 3，12，22，53，55-58，62，67，71，74，77，78，81，88，90-93，95，97，103，104，107，111-113，120，122-127，129，130，141，143-147，164，166，182-191

郊区化 1，37，41，48，63，66，70，72-74，76，115，117，

121，129，140，166，174－176，182

结构维 56，57，79，80，85，111，112，115，122

紧凑城市 2，23，24，37

经济体制转型 10，12，15，16，40，67，68，131－133，135，137，139，141，143，145，147，149，151，153，154，189

精明增长 2，25，26，34，37，182

静态测度 11，88，89，129

居民 12，18，20，22，45，56，64，65，69，70，79，80，115，137，140，153，172，173，182

居住用地 12，13，20，43，51，55，57，61，62，67，88，116，117，122，126－129，140，153，161，164－169，172，173，176，177

K

开发区 4，8，12，41，66，67，74，79，83，105，113，116，120，125，129，135，137，139，141－143，147，148，150－153，172，174，175，188，194

开发商 12，132，137，138，140，151，153，173，179，180，194

可达性 43，45，53，55－57，64，80，111

空间尺度 7，9，11，50，58，60，62，82，83，129

空间分析 13，15

空间分异 9，99，162，163，165－172，174，177，193

空间结构 4，19－21，26，56，76，131，138，143－146，152，173，191，193

空间生产 22

L

Logistic 回归 13，16，64，67，158，159，176

M

密度维 56，57，78，79，85，91，92，95－97，101－104，107，111，112，114

Q

企业 12，69，132，133，137－140，142，150，151，153，174－176，194

区域主义　23

驱动因子　10，159，165-170，194

全球化　12，131，132，135-137，141，142，153，161

S

时间尺度　7，11，50，59，82，84，88，129

市场化　12，131-134，137，141，142，153，155，157，160，176，189

市场失灵　10，65，69，141

T

田园城市　17，18，20

填充式　61，78，123-128，164

跳跃式　43-45，55，74，77，78，80，82，112，120，123-127，129，130，146，147，150

通达性维　80，81，85，111，112，117

土地出让　37，132，137，138，155，157，160，161，164-171，173，175，176

土地利用规划　141，164-171，177，179，184，185，188-192

土地市场　67，132-134，140，141，148，154，161，164-166，168，169，172，173，175-177，194

W

卫星城　17，18，20，21，26，37，143，146，148，149，151，182

无计划　9，45，53，75，76

X

效率维　56，81，85，87，91，92，97-99，101-104，107

新城　4，8，12，26，66，74，79，83，120，121，130，139，142-144，147-153，164-166，168-175，194

新城市主义　2，25，37，63

形态维　56，57，77，85，90-95，97，101-104，107，111，112

Y

有机疏散　18，20，26

Z

政策失灵　10，69，177，188，

193，195

制造业 22，66，136，138，150，174，175

中心区衰退 5，45-47，70，75

主成分分析 13，16，58，154-156，159-161，176

转型期 2，3，7-10，12，16，26，66，67，131，137，138，141，153，154，178，179，181，183，185，187，189-191，193，195

自上而下 8，189，193

纵向比较 10，15，50，60，61，84，129